ESV

D1925488

GRUNDLAGEN DER GERMANISTIK

Herausgegeben von Werner Besch und Hartmut Steinecke

33

Gesprochenes Deutsch

Eine Einführung

von

Johannes Schwitalla

2., überarbeitete Auflage

ERICH SCHMIDT VERLAG

Bibliografische Information der Deutschen Bibliothek

Die Deutsche Bibliothek verzeichnet diese Publikation in der Deutschen Nationalbibliografie; detaillierte bibliografische Daten sind im Internet über *http://dnb.ddb.de* abrufbar.

1. Auflage 1997
2. Auflage 2003

ISBN 3 503 06168 1

www.ESV.info

Dieses Papier erfüllt die Frankfurter Forderungen der Deutschen Bibliothek und der Gesellschaft für das Buch bezüglich der Alterungsbeständigkeit und entspricht sowohl den strengen Bestimmungen der US Norm Ansi/Niso Z 39.48-1992 als auch der ISO-Norm 9706

Druck: Hans Kock Buch- und Offsetdruck, Bielefeld

Inhaltsverzeichnis

Abkürzungen

Akk-Obj.	Akkusativobjekt
Attr.	Attribut
Dat-Obj.	Dativobjekt
Erg.	Ergänzung
InLiSt	Interaction and Linguistic Structures. Typoskripte der Fachgruppe Sprachwissenschaft, Universität Konstanz, des Instituts für Germanistik der Universität Potsdam, des Deutschen Seminars I der Universität Freiburg, 1998ff.
Konj.	Konjunktion
KontRI	Kontextualisierung durch Rhythmus und Intonation. Arbeitspapiere der Fachgruppe Sprachwissenschaft der Universität Konstanz, 1988ff.
Korr.	Korrelat
NP	Nominalphrase
Perf.	Perfekt
PP	Präpositionalphrase
Präd.	Prädikat
Präd-Obj.	Prädikativobjekt
Präp-Obj.	Präpositionalobjekt
Präs.	Präsens
Prät.	Präteritum
Prop-Erg.	Propositionalergänzung
Rel-Satz	Relativsatz
Subj.	Subjekt
TB I-IV	Texte gesprochener deutscher Standardsprache I-IV
VP	Verbalphrase

Transkriptionszeichen

Die Transkriptionen erfolgen in Anlehnung an das „Gesprächsanalytische Transkriptionssystem“ (GAT) (vgl. Selting u.a. 1998).

?	steigende Intonation
,	mittel steigende Intonation
-	gleich bleibende Intonation
;	mittel fallende Intonation
.	tief fallende Intonation
↓	Tonsprung nach unten
↑	Tonsprung nach oben
(.)	Mikropause
(-), (--), (---)	kurze, mittlere, längere Pausen
(2)	Pause in Sekunden bei mehr als 1 Sekunde
.h, .hh, .hhh	Einatmen, je nach Länge
h, hh, hhh	Ausatmen, je nach Länge
(hehe)	Lachpartikel
<<f> >	forte, laut
<<ff> >	fortissimo, sehr laut
<<p> >	piano, leise
<<pp> >	pianissimo, sehr leise
<<all> >	allegro, schnell
<<len> >	lento, langsam
<<rall> >	rallentando, langsamer werdend
<<acc> >	accelerando, schneller werdend
!NUR!	besonders starker Akzent
NUR	Primär-/Hauptakzent
nUr	Nebenakzent
(eben)	vermuteter Wortlaut

(...)	Unverständliches
:, ::, :::	Dehnung, je nach Dauer
<<gepresst>>	interpretierende Kommentare
[	Beginn einer Überlappung

1. Für wen das Buch geschrieben ist und was man damit anfangen kann

„Man sollte mal heimlich mitstenographieren, was die Leute so reden [...] man sollte wortwörtlich mitstenographieren – einhundertundachtzig Silben in der Minute – was die Leute so schwabbeln. Ich denke, daß sich dabei folgendes ergäbe:

Die Alltagsrede ist ein Urwald – überwuchert vom Schlinggewächs der Füllsel und Füllwörter. Von dem ausklingenden ‚nicht wahr?' (sprich ‚nicha') wollen wir gar nicht reden. Auch nicht davon, daß ‚Bitte die Streichhölzer!' eine bare Unmöglichkeit ist, ein Chimborasso an Unhöflichkeit. Es heißt natürlich: ‚Ach bitte, sein Sie doch mal so gut, mir eben mal die Streichhölzer, wenn Sie so freundlich sein wollen? Danke sehr. Bitte sehr. Danke sehr!' – so heißt das. [...]

Das oberste Gesetz ist: der Gesprächspartner ist schwerhörig und etwas schwachsinnig – daher ist es gut, alles sechsmal zu sagen. ‚Darauf sagt er, er kann mir die Rechnung nicht geben! Er kann mir die Rechnung nicht geben! Sagt er ganz einfach. Na höre mal – wenn ich ihm sage, wenn ich ganz ruhig sage, Herr Wittkopp, gehm Sie mir mal bitte die Rechnung, dann kann er doch nicht einfach sagen, ich kann Ihnen die Rechnung nicht geben!' [...]

Zweites Gesetz: die Alltagssprache hat ihre eigene Grammatik. Der Berliner zum Beispiel kennt ein erzählendes Futurum. ‚Ick komm die Straße langjejangen – da wird mir doch der Kuhkopp nachbrilln: Un vajiß nich, det Meechen den Ring zu jehm! Na, da wer ick natierlich meinen linken Jummischuh ausziehen un ihn an Kopp schmeißn ...'

Drittes Gesetz: Ein guter Alltagsdialog wickelt sich nie, niemals so ab wie auf dem Theater: mit Rede und Gegenrede. Das ist eine Erfindung der Literatur. Ein Dialog des Alltags kennt nur Sprechende – keinen Zuhörenden. [...]

Ungeschriebene Sprache des Alltags! Schriebe sie doch einmal einer! Genau so, wie gesprochen wird: ohne Verkürzung, ohne Beschönigung, ohne Schminke und Puder, nicht zurecht gemacht! Man sollte mitstenographieren. Und das so Erraffte dann am besten in ein Grammophon sprechen, es aufziehen und denen, die gesprochen haben, vorlaufen lassen. Sie wendeten sich mit Grausen [...]" (Tucholsky 1961 [1927], 713f.).

Kurt Tucholsky hat einige Eigenschaften des Sprechens gut beobachtet und witzig beschrieben. In der Tat, wenn Leute, besonders solche, die sich bemühen, lautlich und syntaktisch korrekt zu sprechen, ihre eigenen Worte in verschrifteter Version lesen, sind sie manchmal entsetzt über die vielen „Fehler", die sie machen (über das „Stottern und Stammeln", wie eine Frau sagte, die ein Transkript ihrer eigenen Äußerungen gelesen hatte). Es erfordert einige Übung, Gesprochenes, das „wortwörtlich" aufgeschrieben wurde, überhaupt flüssig lesen zu können.

Und doch steckt in Tucholskys Darstellung ein Vorurteil. Die Alltagssprache – „überwuchert" von Füllseln und Füllwörtern? Haben sie keinen Zweck? Wiederholen wir das, was wir gesagt haben, weil wir den Adressaten für „schwachsinnig" halten? Ist es tatsächlich so, dass wir beim Reden nur uns selbst, nicht auch unsere Adressaten und ihr Verstehensvermögen im Sinn haben? Geradlinigkeit der Formulierung, inhaltliche Kohärenz, Eindeutigkeit des sprachlichen Ausdrucks, Kürze und Logik – das sind Beurteilungsmaßstäbe, die in der Zeit der Aufklärung für schriftliche Texte formuliert wurden.

Von Anfang an dachten Philosophen und Sprachwissenschaftler eher an Geschriebenes als an Gesprochenes, wenn sie über Sprache schrieben, angefangen von Aristoteles, der in seiner Zeichendefinition in *De interpretatione* (16a 3–8) vom Geschriebenen (ta grammata) ausgeht, dieses über die variablen Stimmlaute (ta en tē phonē) mit den allgemein geteilten Wahrnehmungsinhalten (ta en tē psychē pathēmata) und schließlich mit den Objekten der Wirklichkeit (ta pragmata) in Beziehung setzt. Oft denken auch Sprachwissenschaftler an Geschriebenes, wenn sie von „der Sprache" reden oder schreiben. De Saussure z.B. denkt an ein Buch, wenn er die gemeinsame Sprache (langue) der vielen Individuen mit einem Wörterbuch vergleicht, das bei jedem Sprachteilhaber in einem druckidentischen Exemplar vorhanden sei.

Gesprochenes zieht im Vergleich zum Geschriebenen meist den Kürzeren. Es gibt nur wenige Ausnahmen (Plato, Rousseau, Herder, W. v. Humboldt, Nietzsche). Manche Philosophen und Literaturwissenschaftler haben bis heute die Vorstellung, die Alltagsrede sei durchdrungen von Stereotypie, Formelhaftigkeit und gedanklicher Seichtheit. Tucholskys Formulierung: „was Menschen so schwabbeln"; Bewertungen wie „das Plappern, das Geschnattere, dieses Geschwätz" (Flusser 1992, 33, vgl. 59); „die zu Floskeln, hohlen Redewendungen, nichtigem Geschwätz verschlissene und versteinerte Umgangssprache" (Frankfurter Hefte, Nov. 1965); abwertende Metaphern[1] und generelle Urteile[2] zeugen von einer geringen Achtung des Sprechens.

Vielleicht hatte diese Einstellung dem Gesprochenen gegenüber in der deutschen Vergangenheit eine besondere Bedeutung, da ja bei uns die freie Rede

---

1 „Abgeschliffen", „verbraucht", „die ausgelatschten Schlappen", „bloße Sprachhülsen".

2 „Die satzsyntaktischen und textgrammatischen Enkodierungen [sind] oft einfach und auf wenige Konstruktionsmuster beschränkt"; „etwa 90% alles Geredeten [...] ist grammatikalisch falsch"; „Wir reden zum guten Teil nicht in Wörtern, sondern in festen Wendungen, die wir gewohnheitsmäßig verwenden" (L. Reiners, zit. bei Stein 1995, 92).

nur selten zur Bildung einer Öffentlichkeit beitrug.[3] Ernst Moritz Arndt verglich Deutsche und Franzosen so: „Der Franzose ist ein sprechendes, der Deutsche ein denkendes Volk".[4] Die Verunglimpfung geselliger Rede hatte in Deutschland Tradition bis zu Martin Heidegger („Gerede" vs. „Rede") und den existenzphilosophischen Schulen der Nachkriegszeit.

Den Verächtern der gesprochenen Sprache möchte ich hier die These von der „Würde der Alltagssprache"[5] entgegenhalten. In 40 Jahren linguistischer Forschung wurden so viele, zunächst erstaunliche, inzwischen aber verallgemeinerbare Erkenntnisse gewonnen, dass wir heute ein genaueres Bild nicht nur von einzelnen Phänomenen, sondern von mündlicher Kommunikation überhaupt haben. Vieles, was anfangs als überflüssig und als verwirrend angesehen wurde, hat eine präzis zu beschreibende kommunikative Funktion. Alltagssprache ist nur so stereotyp und formelhaft wie ihre Sprecher. Beim genauen Hinhören steckt sie voller Überraschungen. Sie ist lebendig und geschmeidig, hat zuweilen Witz und ästhetische Reize.[6] Beim genauen Hinhören entdeckt man aber auch die innere Gesellschaftlichkeit der Sprache: Gesprochenes zeugt immer vom Sprecher, zielt aber auf andere, nimmt deren Äußerungen auf und mögliche Reaktionen vorweg.

Für wen ist diese Einführung geschrieben? In erster Linie natürlich für Studierende der Germanistik, die ein Inventar von Begriffen und Methoden haben möchten, um Texte, in denen Gesprochenes vorliegt oder imitiert wird, zu analysieren. Gesprochene Äußerungen sind ja nicht nur die Materialgrundlagen in den Forschungsgebieten der Phonetik und Phonologie, der Dialektologie, der Soziolinguistik und Pragmatik. Eigenschaften der gesprochenen Sprache werden auch in literarischen Texten analysiert; und im Deutsch-als-Fremdsprachenunterricht wird nicht nur gelehrt, wie man schreibt, sondern auch, wie man spricht.

Darüber hinaus ist Gesprochenes in vielen Zweigen der Humanwissenschaften Untersuchungsobjekt oder gar methodisches Instrument: als Material in den verschiedenen Zweigen der Psychologie, als Vergleichsbasis für pathologisches Sprechen, als Forschungsobjekt der Soziologie und Ethnographie,

---

[3] „Das öffentliche Leben der Deutschen geht in Schreibstuben und auf Paradeplätzen vor" urteilte Carl Gustav Jochmann 1828 (C. G. Jochmann: Politische Sprachkritik. Aphorismen und Glossen. Stuttgart 1983, 81).

[4] E. M. Arndt: Schriften für und an seine lieben Deutschen. Leipzig 1845, 401.

[5] So der Titel von Steger (1982). „Die Alltagssprache ist in der gegenwärtigen Welt für den Menschen eine der ganz wenigen funktionierenden und konsenssichernden Einrichtungen" (ebd.,16).

[6] Viele Transkribenten müssen bei ihrer Transkriptionsarbeit über die gelungenen oder überraschenden Formulierungen lachen.

die sich um sinnhafte Rekonstruktionen der sozialen Realität bemüht. Gesprochenes ist Gegenstand der Medienwissenschaften, seitdem mit Radio und Fernsehen wieder mehr die spontane Rede und nicht nur das abgelesene Schriftstück zu einer massenmedialen Verbreitung kommt („sekundäre Oralität“)[7] und in den neuen Medien auf eine gesprochensprachliche Art geschrieben wird wie nie zuvor. Mit dem Studium politischer und propagandistischer Reden tritt die Wirkkraft der Prosodie in den Mittelpunkt. Historiker der Oral History begreifen mündliche Erzählungen und Berichte als Quellen der Zeitgeschichte.

Viele der folgenden Beispiele stammen aus Korpora des Instituts für Deutsche Sprache in Mannheim, insbesondere aus dem Projekt „Kommunikation in der Stadt“ (darauf beziehen sich Textsiglen mit der Anfangsziffer 27). Beispiele aus anderen Quellen werden der leichteren Lesbarkeit wegen nach dem GAT-System umgeschrieben. Textbeispiele mit stichwortartigen Bezeichnungen sind nicht veröffentlicht und stammen z.T. aus studentischen Arbeiten.[8] Bei Gegenüberstellungen wird Gesprochenes kursiv und durchweg kleingeschrieben wiedergegeben, Geschriebenes recte und in doppelten Anführungszeichen.

Methodisch stringent wäre es gewesen, nur Äußerungen von Standardsprachesprechern aufzunehmen, weil man damit den Einfluss von Dialekten geringhalten könnte. Das würde aber der gesprochensprachlichen Realität in den deutschen Sprachgebieten nicht entsprechen, denn weithin wird mehr oder weniger (regional-)dialektal gesprochen, selbst in Norddeutschland wegen der Stadtsprachen der großen Städte und der lautlichen Einwirkungen des Niederdeutschen.

Diese Einführung ist im Wesentlichen aszendent angelegt, von den kleinen sprachlichen Einheiten zu den größeren und komplexeren. Dabei gehe ich von den sprachlichen Phänomenen aus und frage nach ihren Funktionen. Prinzipiell wäre auch das Umgekehrte möglich: ausgehend von kommunikativen Funktionen (z.B. Anrede, Informationsstruktur, Hervorhebung, Emotionsausdruck) zu beschreiben, wie sie sprachlich realisiert werden können. Dies ist aber schwieriger darzustellen, setzt schon am Anfang mehr Wissen voraus und erfordert mehr Hin- und Herverweise.

---

[7] Mit zunehmendem Zwang zur „Natürlichkeit“, sowohl bei Politikern (Holly 1995) als auch bei Journalisten (Ramge 2000).

[8] Ich danke Sigrid Obst für „verunglimpfung“, Andrea Becker und Stefan Gerber für „lateinstunde“, Karin Herrmann für „kino“, Daniel Röper für „notruf“, Antje Müller für „talkshow“, Marita Roth für „wasserbombe“, Imke Hofstedde für „rudern“ und Gudrun Kiener für „schuhe“.

Das Buch ist (nur) eine Einführung. Das (aus meiner Sicht) Wesentliche des gesprochenen Deutsch soll knapp und anschaulich mitgeteilt werden. An keiner Stelle werden Eigenschaften der mündlichen Kommunikation eingehend behandelt. Dazu sind die Literaturverweise gedacht, die zu einer weiteren Beschäftigung führen sollen. Strukturen des Dialogischen werden nur soweit mitbehandelt, als es für die Beschreibung der jeweiligen Phänomene erforderlich ist.

Bei der Überarbeitung für die zweite Auflage habe ich einige Kapitel umgestellt, um der Abfolge vom Kleinen zum Großen gerecht zu werden; ich habe mir einige Anregungen von Rezensenten zu Herzen genommen, denen ich an dieser Stelle danken will. Im Kapitel 6. „Äußerungseinheiten" habe ich meine Vorschläge präzisiert; und ich habe – soweit es ging – die neueren Arbeiten zur gesprochenen Sprache aufgenommen. In den vergangenen fünf Jahren sind so viele Untersuchungen zur gesprochenen Sprache erschienen, vor allem in den Gebieten Grammatik, Prosodie und nonverbale Kommunikation, dass es allmählich schwierig wird, den Überblick zu behalten. Die Transkription wurde auf GAT umgestellt.

Ich widme die zweite Auflage dem Andenken meiner Schwester Ilse Schwitalla († 1.6.1998) und meiner ehemaligen Kollegin Gisela Schoenthal († 9.6.1998).

2. Was ist ‚gesprochene Sprache'?

2.1. Gesprochene Sprache als Gegenstand der Linguistik

Am 1. Oktober 1899 hielt Otto Behaghel vor der Hauptversammlung des Deutschen Sprachvereins in Zittau einen Vortrag über das Thema „Geschriebenes Deutsch und gesprochenes Deutsch" (= Behaghel 1927). Er war der erste Sprachwissenschaftler, der die Unterschiede des gesprochenen zum geschriebenen Deutsch festgehalten hat: Betonung und Satzmelodie, das Lauter- und Leiserwerden der Stimme, die Art, wie man redet, ob „mit leiser gleichgültiger Stimme oder mit starkem Nachdruck" (ebd., 13), die Verschränkung des Gesprochenen mit dem, wie wir heute sagen, Nonverbalen, die Implizitheit und Knappheit der Äußerungen im Vergleich mit dem vom Sprecher Gemeinten und auch vom Hörer Verstandenen, das notwendig vorausgesetzte Wissen von den Redeumständen, das syntaktisch Reihende und wörtlich Wiederholende – all das hatte Behaghel gut beobachtet und dazu auch die Übergänge zwischen Sprechen und Schreiben bemerkt.

Warum hat es mehr als 60 Jahre gedauert, bis diese Beobachtungen zu einem richtigen Forschungszweig der Sprachwissenschaft wurden? Ein Grund unter mehreren war das Fehlen von geeigneten Tonaufzeichnungsmaschinen, mit denen man gleiche Sequenzen von gesprochenen Äußerungen mehrmals nacheinander wiedergeben konnte. Nur beim wiederholten Hören kann man sich nämlich auf unterschiedliche Eigenschaften des Gesprochenen konzentrieren. Dies gelang erst mit der Rückschalttaste des Tonbandgeräts.[1] Nach der Erfindung des Tonbands Mitte der 30er Jahre dauerte es (abgesehen von frühen Versuchen von Eberhard Zwirner) noch ziemlich lange, bis man in den 60er-

[1] Das Tonband hat mehrere Analogien zur Erfindung des Mikroskops: die lange Latenzzeit bis zur wissenschaftlichen Anwendung; die Eröffnung eines bislang unbekannten Mikrokosmos und die damit einhergehende Umorganisation eines wissenschaftlichen Weltbilds; hässliche und formlose Gegenstände (beim Mikroskop: z.B. Fliegen, beim Tonband: z.B. Modalpartikeln, die früher als „Läuse im Pelz der Sprache" gesehen wurden) erscheinen plötzlich als schön und geordnet etc. Dass man Laute festhalten könne, war vor Erfindung des Grammophons eine Wunschvorstellung wie der Traum vom Fliegen. Seit Plutarch wird die Metapher von den „gefrorenen Wörtern" tradiert, die, wenn man sie auftaut, zu tönen anfangen. Rabelais hat daraus in *Gargantua und Pantagruel* (4. Buch, 56. Kap.) eine lustige Szene gemacht, die einen Gutteil seines eigenen literarischen Schaffens versinnbildlicht.

Jahren begann, gesprochene Alltagsrede aufzuzeichnen und ihre sprachlichen Merkmale zu untersuchen.[2]

2.2. „Gesprochene Sprache“ oder „Sprachverwendung“?

Bevor wir daran gehen, die Kriterien zur Definition von ‚gesprochener Sprache‘ zu diskutieren, muss eine terminologische Warnung ausgesprochen werden: Mit dem Terminus „gesprochene Sprache“ soll nicht präjudiziert werden, dass dem Gesprochenen und dem Geschriebenen eine jeweils andere Sprache qua (spezifischem) ‚Sprachsystem‘ (langue) zugrundeliege. Mit dem Terminus wird nur eine abkürzende Redeweise aufgegriffen, die eigentlich „Sprachverwendung“ heißen müsste.

2.3. Die phonische, graphische und gestische Realisierungsweise von Sprache

Sprachverwendung in der Form von hörbaren Lauten ist eindeutig vom Produzieren sichtbarer, schriftlicher Zeichen zu unterscheiden. Die medialen Realisierungen nennt man „phonisch“ und „graphisch“. Das Sprechen geht dem Schreiben zeitlich voraus – sowohl bei der Gattung Mensch insgesamt wie beim Einzelwesen. Auch überwiegt das Sprechen quantitativ gesehen weit über anderen Erscheinungsformen der Sprache.[3] Dennoch können wir gesprochene Sprache als einen Forschungsgegenstand nicht anders als durch seinen einzigen Gegenpart, das Geschriebene (und dessen Varianten: das Gedruckte, das Getippte, das auf dem Bildschirm Erscheinende), in den Blick bekommen.

Das ist bei näherem Hinsehen erstaunlich, denn für die zeitlichen, räumlichen, sozialen und funktiolektalen Variationsmöglichkeiten einer Gesamt- oder Nationalsprache stehen auch immer mehrere Möglichkeiten der Unterscheidung zur Verfügung.[4] Beim Sprechen und Schreiben sind all diese Variationsdimensionen auch immer enthalten: Immer spricht/schreibt jemand in der Sprache einer Zeit, als Angehöriger einer sozialen Gruppe, in der Standardsprache (häufiger als im Dialekt), als Mensch einer bestimmten Altersstufe, als Mann oder Frau, in der Welt des Alltags, der Wissenschaft, der Dichtung oder der

---

[2] Kurzdarstellungen der Eigenschaften gesprochener Sprache: Schank/Schwitalla (1980); Löffler (1985, 90ff.); Rath (1985); Nerius (1987); Mackeldey (1987, 43ff.); Schwitalla (1994c); Gansel/Jürgens (2002, 165ff.). Forschungsbericht bis 1978: Betten (1977/78); bis zu den 80er-Jahren: Rath (1994); Übergang zur Gesprächsanalyse: Schwitalla (2001).

[3] Ausnahmen wären soziale Welten, in denen wegen kultureller Sprechverbote mehr gestisch oder schriftlich kommuniziert wird, wie etwa in mittelalterlichen Klöstern.

[4] Eine Ausnahme macht die geschlechtsspezifische Variation.

Religion. Es fragt sich aber, ob die mediale Realisierung von Sprache überhaupt unter diese Variationsmöglichkeiten gefasst werden soll, denn zum Begriff ‚Sprache' gehört immer eine irgendwie geartete materielle Erscheinungsweise. Eine Sprache, die nur gedacht werden kann, ist keine Sprache.[5]

So scheint der einzige Blickpunkt, von dem aus man die gesprochene Sprache in ihrer Eigentümlichkeit betrachten kann, die geschriebene Sprache zu sein. Diese Ausschließlichkeit ist aber einzuschränken. Es gibt noch eine dritte Weise, in der Sprache materiell erscheinen kann, nämlich die Gebärdensprachen der Gehörlosen, welche Handbewegungen im dreidimensionalen Raum für die Vergegenständlichung sprachlicher Strukturen ausnützen.[6]

2.4. ‚Spontan' gegenüber ‚geplant'

Schank/Schoenthal (1976, 7) definieren ‚gesprochene Sprache' als

> „frei formuliertes, spontanes Sprechen aus nicht gestellten, natürlichen Kommunikationssituationen, Sprache also im Sinne von Sprachverwendung, nicht von Sprachsystem."

Welchen Grad von ‚Natürlichkeit' man fordern soll, hängt vom Untersuchungsziel ab. Für die Analyse gesprochensprachlicher Verfahren genügt wohl das Kriterium ‚Spontaneität' im Sinne nicht vorher festgelegter Formulierungen. Ein solches Maß an Spontaneität kann auch in arrangierten Gesprächen gegeben sein. Will man jedoch gesprächs- und soziolinguistische Fragestellungen erforschen, so ist es notwendig, die Gespräche dort aufzuzeichnen, wo sie auch ohne wissenschaftliche Beobachtung stattgefunden hätten.[7]

2.5. Konzeptionelle Mündlichkeit und Schriftlichkeit

Auf eine wichtige Unterscheidung im Bereich der Definition von gesprochener Sprache hat Ludwig Söll in seinem Buch „Gesprochenes und geschriebenes Französisch" (1985, 17ff.) aufmerksam gemacht. Es ist ja ein Unterschied, ob etwas ursprünglich Gesprochenes nachträglich wortwörtlich aufgeschrieben wurde (phonetische oder orthographische Transkriptionen) oder ob eine Mitteilung von vornherein für eine schriftliche Fassung formu-

---

[5] Zu dieser Frage: Steger (1987, 47ff.).

[6] Erst in den 60er-Jahren hat man entdeckt, dass Gebärdensprachen vollgültige Realisierungsweisen von 'Sprache' sind, mit einem offenen Repertoire an arbiträren Zeichen, mit Analogien zu Phonemen, Flexionssystemen und grammatischen Regeln der Lautsprachen (Poizner u.a. 1990, 21ff.).

[7] Zu diesen Fragen: Schank (1979); Kehrein (2002, 159ff.).

liert wurde. Und umgekehrt gilt dieselbe Unterscheidung für etwas ursprünglich Aufgeschriebenes, dem erst nachträglich eine Stimme geliehen wird, indem es vorgelesen oder auswendig gelernt nachgesprochen wird. Söll nennt die phonische bzw. graphische Präsentation von Sprache die ‚mediale', die ursprüngliche Formulierung die ‚konzeptionelle' Seite des Unterschieds zwischen Mündlichkeit und Schriftlichkeit. Worum es eigentlich geht, ist der konzeptionelle Unterschied.

Diese terminologische Unterscheidung hat Söll in eine Kreuzklassifikation gebracht; ich adaptiere sie mit einem deutschen Beispiel:

	gesprochen	geschrieben
graphisch	*das is ne wichtije angelegenheit*	„das ist eine wichtige Angelegenheit"
phonisch	[das nə vɪçtjə ʔaŋgəleŋhaɪt]	[das ʔɪst ʔaˈnə vɪçtɪgə ʔaŋgele:gənhaɪt]

Schon Söll, aber auch andere Linguisten (Behaghel 1927, 24; W. Hartung 1989, 8f.) haben darauf hingewiesen, dass es zwischen gesprochenen und geschriebenen Äußerungen, jetzt im konzeptionellen Sinne verstanden, keine scharfe Trennlinie gibt, sondern dass es gradweise Abstufungen geben kann. Viele schriftlose Kulturen haben feste Texte zu religiösen oder sonstigen rituellen Zwecken, die einige Züge typisch geschriebensprachlicher Texte aufweisen: Sie sind dauerhaft, vielleicht nicht wortwörtlich gleich, aber dem Inhalt nach und im Gebrauch formaler Elemente wie Reim und Rhythmus von Aufführung zu Aufführung konstant; ein Rezitator spricht den Text monologisch vor einem Publikum, vielleicht mit einer anderen Stimme als beim nicht-rituellen Sprechen; er/sie spricht ohne die vielen Spuren des probeweisen Formulierens (stockendes Sprechen, Korrekturen). Es ist also sinnvoll anzunehmen, dass es auch in rein oralen Kulturen Sprechereignisse gibt, die man „orale Literatur" nennen kann (Chafe 1982, 49ff.; Ong 1987, 17ff.).

Bezogen auf unsere westlichen Gesellschaften haben Koch/Oesterreicher (1985, 19ff.; 1990, 8ff.) sprachliche Äußerungsvorkommen danach unterschieden, in welchen Situationstypen sie verankert sind. Sie unterscheiden Mündlichkeit und Schriftlichkeit nach den Begriffen ‚Nähe' und ‚Distanz'. Nähekommunikation findet zwischen Kommunikationspartnern statt, die sich von Angesicht zu Angesicht begegnen, deren Vertrautheit miteinander Emotionen und Spontaneität zulässt und die sich in einem gemeinsamen Raum befinden, innerhalb dessen sie auf Gegenstände verweisen können. Kommunikation im Distanzbereich ist gegeben, wenn die Beteiligten räumlich (Telefongespräch) oder räumlich und zeitlich (Brief) getrennt sind; wenn sie sich nicht kennen; wenn die Situation ein vorher bestimmtes Thema und Ziel hat (wie viele institutionelle Interaktionen); wenn die Kommunikation vor einem Publikum in der Öffentlichkeit geschieht.

Entscheidend für die Bestimmung von ‚Nähe' und ‚Distanz' wird also der Situationsbegriff. Steger u.a. (1974, 76ff.) haben Bündel von Sprechbedingungen „Redekonstellation" genannt und durch neun Merkmalsdimensionen typisiert (Sprecherzahl, Zeitreferenz, Situationsverschränkung, Rang, Grad der Vorbereitetheit, Zahl der Sprecherwechsel, Themafixierung, narrative, argumentative oder assoziative Themenbehandlung, Öffentlichkeitsgrad).[8]

Je mehr nun die Situationsbedingungen in Richtung Offizialität, Öffentlichkeit, Formalität tendieren und dabei viele Teilnehmer involvieren, die sich nicht kennen, mit zeitlicher und räumlicher Ferne, mit kontrollierter Emotion und reduzierter Spontaneität, ohne Situations- und Handlungseinbindung – desto mehr ist die Sprachverwendung durch eine Kommunikation der Distanz charakterisiert. Je besser sich dagegen die Beteiligten kennen, sich sehen können, je weniger die Situation vorstrukturiert ist, je mehr die Beteiligten ihren Gefühlen freien Lauf lassen können, je mehr sie situativ Gegebenes aufgreifen können – desto mehr agieren sie unter den Bedingungen der Nähekommunikation. Zwischen beiden Polen stehen sich geschriebene und gesprochene Texte aber nicht durch eine klare Linie getrennt gegenüber, sondern es gibt Übergänge.[9] Ein Gesetzestext ist „geschriebensprachlicher" als ein Privatbrief, und ein familiäres Gespräch ist „gesprochensprachlicher" als ein Vorstellungsgespräch (Koch/Oesterreicher 1985, 18).

Im Hintergrund solcher Überlegungen stehen Annahmen über prototypische Verwendungsweisen von Sprechen und Schreiben (Hennig 2000a, 111ff.). Zu den zentralen Situationen des Sprechens gehören Unterhaltungen mit Familienangehörigen, Freunden und Arbeitskollegen; zu peripheren Situationen das Sprechen in Institutionen oder in ein Mikrofon. Zentrale Beispiele von konzeptionell schriftlichen Texten sind solche in Gesetzestexten, Formularen oder

---

[8] Schon Schank/Schoenthal (1976, 51f.) haben darauf hingewiesen, dass sich innerhalb einer Redekonstellation Passagen mit unterschiedlicher Zielrichtung abwechseln können. In den 80er-Jahren hat sich das Bild situationsdefinierender Bedingungen unter dem Einfluss der Kontextualisierungstheorie geändert: Soziale Bedingungen geben nur Handlungsmöglichkeiten und -erwartungen vor, die Sprecher selbst stellen durch die Art ihres Sprechens Interpretationsrahmen her, bestätigen oder ändern sie je nach ihren Kommunikationsbedürfnissen (Schmitt 1993, 331f.).

[9] Auch für individuelle Sprecher in derselben Situation: Kinder am Tisch, wenn sie spontan sprechen oder eine Geschichte aus der Schule nacherzählen (Hausendorf/Quasthoff 1995, 232). Laien im Fernsehen mit mal mehr, mal weniger geschriebensprachlichen Formulierungen (Burger 1996, 67ff.).

Sachbüchern; weniger zentrale eine Notiz an der Tür oder eine Tagebuchaufzeichnung.[10]

2.6. Beruhen gesprochene und geschriebene Sprache auf demselben Sprachsystem?

Diese Frage ist weiterhin umstritten und schwer zu beantworten. Das hat mehrere Gründe:[11]

1. Die Frage setzt voraus, dass das Sprachsystem (de Saussures langue), d.h. grammatische Regeln, die Morphologie und das Lexikon einer Sprache, das Wesentliche einer natürlichen Sprache sei. Das könnte – mit Blick auf die Prosodie und die Prozessierungsformen von mündlichen Äußerungen – für die gesprochene Sprache in Frage gestellt werden.
2. Beide Erscheinungsweisen von Sprache haben jeweils zusätzliche, eigene symbolische Teilsysteme (gesprochen: z.B. die Prosodie; geschrieben: z.B. die Interpunktion).
3. Mündliche und schriftliche Textformen sind sehr heterogen, sodass die Unterschiede zwischen Gattungen und Textsorten innerhalb eines Mediums größer sein können als die medialen Unterschiede bei gleichen Textsorten.[12]
4. In immer mehr geschriebenen Texttypen und Medien (Boulevard-, aber auch seriöse Presse,[13] Werbetexte, Email, Internet-Chats, SMS, Romane und Erzählungen) werden gesprochensprachliche Formen geschrieben bzw. getippt.

Diejenigen, die für eine grundsätzliche Trennung der beiden Medien plädieren (Feldbusch 1989, 153, 156ff.), haben dafür mehrere Agumente. Erstens bilden alle Schrifterfindungen in ihren Ursprüngen nicht Laute ab, sondern geben Begriffe wieder; selbst spätere Phonetisierungen einer Schrift kommen nie zu einer Eins-zu-Eins-Entsprechung zwischen Lauten (Phonemen) und Buchstaben. So gibt es für kein Phonem des heutigen Standarddeutsch nur *einen* Buchstaben als orthografische Realisierung.

---

[10] Neue Formen gesprochensprachlich geprägter schriftlicher Kommunikation sind mit den Medien des Internets (Email, Internet-Chats) und tragbarer Telefone (SMS) entstanden.

[11] Fiehler setzt sich ausführlich mit dieser Frage auseinander (Fiehler 2000a; Fiehler u.a., demn., Teil I).

[12] Richter (1990, 10); Fiehler (2000a, 102); Hennig (2000a, 108, 121f.).

[13] Betz (demn.).

Die Schrift erscheint in einer Folge von isolierten, diskreten Zeichen, deren Diskretheit und Abstraktion im Lauf der Zeit durch Medienerfindungen zunehmen (Buchdruck: Leerräume zwischen den Buchstaben; Morsealphabet und digitale Rechner: Plus-Minus-Opposition). Gesprochene Laute sind dagegen wegen der Koartikulation (vgl. 4.1.2.) maschinell nicht eindeutig in Einzellaute segmentierbar; außerdem ist Gesprochenes im Vollzug immer zeitgleich verbunden mit Prosodie und Nonverbalem (Krämer 1996, 104f.).

Sprachwissenschaftliche Kategorien wurden fast immer[14] aufgrund schriftlicher Texte, d.h. aufgrund sichtbarer, fixierter sprachlicher Einheiten erstellt. Es fällt uns sehr schwer, Gesprochenes nicht durch die Brille der Schrift zu sehen; dadurch übersehen wir ihre Spezifik. Es fragt sich also, ob man zur Beschreibung des Gesprochenen nicht ganz andere Kategorien braucht.[15]

Die Befürworter der These, dem geschriebenen und gesprochenen Deutsch liege ein einheitliches sprachliches Modell zugrunde, gehen vom Systembegriff oder zumindest einer konventionellen Norm aus und argumentieren, dass man nur dann, wenn die gemeinsame Teilmenge sprachlicher Regeln und Einheiten sehr gering sei, von zwei völlig getrennten Erscheinungsweisen sprechen könne (Steger 1987; Rath 1994, 386). Zumindest für das Deutsche gibt es auf den Ebenen der Laute/Buchstaben, der Flexion, der syntaktischen Regeln und der Wörter nur wenige Kategorien, die ausschließlich konzeptionell mündlich sind.[16] Umgekehrt gibt es wenige, die nur konzeptionell schriftlich verwendet werden (vielleicht das Futur praeteriti). Alles andere sind Häufigkeitsunterschiede gleicher sprachlicher Kategorien.[17]

Manche scheinbaren Strukturunterschiede sind oft auf Performanzbedingungen zurückzuführen. Elisionen und Kontraktionen, die beim Sprechen häufig

---

[14] Eine Ausnahme ist die Grammatik Pāṇinis für nur mündlich rezitierte vedische Texte; vgl. Raible (1994, 2) und Günther/Ludwig (Hgg.) (1994, 326).

[15] So Rupp (1965, 23); Sandig (1976, 98ff.); Betten (1976, 223); Fiehler (2000, 25ff.). Als Kandidaten solcher ganz anderen Begriffe nennt Fiehler (2000, 29f.) den Sprecherwechsel, Gliederungssignale, Höreräußerungen, Reparaturen und Gesprächsstrukturen.

[16] Z.B. zur Flexion tendierende Klitika bei dialektalen Präpositionen, vgl. Nübling (1998); oder (noch!) die Subjunktionen *weil/obwohl* mit Verbzweitstellung (Betz (demn.) registriert schon einige Vorkommen in Glossen, Kolumnen und Kritiken von Tageszeitungen). Selbst das Superperfekt und – häufiger noch – das Superplusquamperfekt („Mignon hatte sich versteckt gehabt", Goethe), von denen man meinen könnte, sie seien typisch gesprochensprachlich, erscheinen in Romanen auch dann, wenn nicht Mündlichkeit imitiert wird (Hennig 2000, 91, 94).

[17] Selbst anspruchsvolle literarische Verfahren wie die Mischung von Erzähler- und Figurenrede (vgl. 5.7.) oder die erlebte Rede (Schank 1989, 23, 267; Bredel 1999, 85, 123) gibt es auch in mündlichen Erzählungen.

vorkommen, werden wieder aufgehoben, wenn man langsam oder emphatisch spricht (Vachek 1989, 38); sie sind also im System vorhanden. Und umgekehrt: Ellipsen, Korrekturen, norm- und konventionswidriges Formulieren gibt es auch beim privaten Schreiben (Steger 1987, 43ff.; Weigand 1993, 143) und in literarischen Texten. Ähnlich ist es im Englischen (Biber 1988, 24, 204f.) und Französischen (Koch/Oesterreicher 1990, 150ff.). Selbst wenn man also einzelne Kategorien findet, die beim Sprechen nicht verwendet werden – im Französischen das *passé simple* oder der *subjonctif imparfait* – stellt sich die Frage, ob diese wenigen Kategorien ausreichen, um ein anderes Sprachsystem anzusetzen. Was lexikalische Alternativen betrifft (*schmeißen – werfen* etc., vgl. 8.1.1.), so werden beim Sprechen beide Formen gebraucht und die „gesprochensprachlichen" finden sich auch in Feuilletons von Tageszeitungen. Anders steht es mit Gesprächspartikeln (*mhm?, ne?, na*) und manchen Interjektionen (*au*), die tatsächlich nur in konzeptioneller Mündlichkeit vorkommen (Hartmann 1994, 195; vgl. 8.3.4.).

3. Einige grundsätzliche Unterschiede zwischen gesprochener und geschriebener Sprache

In diesem Kapitel sollen die zentralen Eigenschaften des Sprechens genannt, noch nicht analysiert werden, ausgehend von einem kleinen Ausschnitt aus einer Unterhaltung von vier guten Bekannten. Birgit und ihr Freund Gerd sind bei Karin und Martin eingeladen. Birgit erzählt von einem Besuch bei ihrem früheren Freund Bodo und dessen Frau Silvia. Ihre Erzählung entwickelt sich immer mehr zu einer Klatschgeschichte. Alle Sprecher stammen aus Südbaden.

Text 1 „verunglimpfung“

01 BI: <<kanns dir gAr nit SAge.>> (-)
<<lächelnd ----------------- >>
02 es war NUR wichtig?
03 WER <<het>> im haus die meischde GRUNDfläche?
<<= hat>>
04 wEr het noch am längschde <<siebbe BE>> abzuschreibe? (--)
<<der Abschreibungsparagraf 7b>>
05 GE: aHA?
06 BI: und WER KLEIdet SEInen SPECK am VORteilhafteschde.
07 MA: (hahahaha)
08 BI: die SIlvia? (-) het also so ein ein medikaMENtenköfferle
09 noch dabei ghAbt?
10 denn sie het ja au TAUsend wehWEHle.
11 SIlvia SIlvia isch NICHT berUfstätig,
12 SIlvia kümmert ich NUR um das neue HAUS,
13 und um die AUFzucht von diesem [JÜRgen.
14 KA: [<<AUFzucht.>>
<<lächelnd >>
15 BI: <<f>aber de JÜRgen isch noch ein liebliches->
16 wenn der [BOdo mol mich über de DISCH
17 GE: [wie rEds du wie rEds denn du.
18 BI: <<ff>NEIN? SO wArs.>
19 <<all>hab ich dir doch erZÄHLT?>
20 no het der BOdo mol so wie er des früher so schön
21 <<kEnne het so e weng ZWINgert un a weng gflIrdet,>>
<<= können hat so ein wenig gezwinkert und ein wenig geflirtet>>
22 het er GWAGT, (-)
23 sei matrOne nebedrAn <<verSCHDEHSCH,>> (-)
<<= verstehst du >>
24 de BOdo [guckt mich AN, rEdet mit mir
25 GE: [isch jetzt doch ne kOmische ZEITform

26 wie er so schön kEnne het.
27 MA: hm?
28 GE: des gIbts grammatikAlisch gAr nich. nE?
29 MA: dOch dOch.
30 GE: JA? is des PERfekt?
31 MA: do gibts Alles grammatikAlisch.
32 BI: im BAdische GIBTs des. (-)
33 BI: <<do hEr mol>>
<<= da hör mal>>
34 vor so (-) er isch mir sO gegenÜbergsEsse,
35 het mir dann was erZÄHLT? (-)
36 un het mir dann so ZUgezwIngert.
37 s isch natÜrlich seiner sIlvia NICHT entGANGge. (-)
38 un soFORT het er sich en schdrAfende BLICK eingfange, (-)
39 weil die SIlvia nehm ich uff jEden fall amol an WEISS? (-)
40 dass des vor hUndert johr mol mit uns was WAR.
41 [un SOwas von einer (-) <<f>TRANfunsligen ALten [FRAU.>
42 KA: [(hahahaha)
43 GE: [die
44 HOrrorparty war des.
45 BI: jA des war die rOcky hOrror PICture show war des.

3.1. Das Arbeitsgedächtnis

Dieser Ausschnitt dauert 1 Minute und 21 Sekunden. Wenn man nur die Äußerungen Birgits so schnell wie möglich nach Diktat mit der Hand aufschreiben würde (nicht stenografisch), so dauerte dies ca. 4 Minuten. Das heißt also, wir können sehr viel schneller sprechen als schreiben.[1] Wenn wir bei normalem Tempo ca. 2,5 Wörter pro Sekunde sprechen (d.s. ca. 15 Phoneme oder 5 bis 6 Silben),[2] dann ist die Wortmenge, die wir ohne Mühe an einem Tag produzieren können, gewaltig.[3]

Beim Sprechen bringen wir Mitteilungen in einzelne Äußerungseinheiten. Nach Chafe (1979, 164) enthalten sie durchschnittlich 5 Wörter und sind etwas

1 Chafe (1982, 36) meint, dass das Schreiben mit der Hand zehnmal länger dauere als das Sprechen.

2 Winkler (1969, 284); Levelt (1989, 22, 306).

3 Man sollte aber die täglich gesprochene Wortmenge von Personen, die keinen Sprechberuf haben, nicht überschätzen. Köhler u.a. (1973) haben die täglichen Sprechzeiten eines Studenten während 10 Tagen gemessen und einen Durchschnitt von 14–15 Minuten reiner Sprechzeit errechnet. In einem Experiment haben Krüger/Vollrath (2001) festgestellt, dass jüngere Paare an einem Wochenendtag zwischen 11 und 18 Uhr durchschnittlich 78 Minuten lang miteinander sprachen, ältere Paare nur 41 Minuten.

weniger als 2 Sekunden lang. Die ersten Äußerungen Birgits wurden in folgenden Einheiten gesprochen (vgl. Kap. 6.):

1) kanns dir gAr nit SAge. (-)
2) es war NUR wichtig?
3) WER het im haus die meischde GRUNDfläche?
4) wEr het noch am längschde siebbe BE abzuschreibe? (--)
5) und WER KLEIdet SEInen SPECK am VORteilhafteschde.
6) die SIlvia? (-)
7) het also so ein ein medikaMENtenköfferle noch dabei ghAbt?
8) denn sie het ja au TAUsend wehWEHle.

Die Einheiten 1–5, 7 und 8 gruppieren sich um finite Verben mit ihren Ergänzungen. In 1) wurde das Subjekt *ich* weggelassen; 2) ist ein Trägersatz mit einem Korrelat (*es*) für das Subjekt, das in den folgenden Einheiten 3) bis 5) als abhängige Fragesätze mit Verbzweitposition ausgeführt wird; 6) thematisiert den Redegegenstand ‚Silvia', zu dem in 7) etwas Neues mitgeteilt wird; 8) ist wieder ein vollständiger Hauptsatz. Alle Einheiten sind relativ kurz; sie bestehen durchschnittlich aus 6,25 Wörtern, die beiden längsten aus 8 Wörtern.

Sprechen als psychischer Prozess geschieht sehr schnell, automatisch, „inkrementell" (auf Zuwachs) und teilweise parallel (interagierend) auf den Ebenen der semantischen Makroplanung, der Auswahl der Wörter, deren syntaktischer und morphologischer Anpassung, schließlich der phonetischen Gestalt.[4] Die automatische Prozessierung reicht immer nur für eine Strecke von ein paar Wörtern, welche in eine syntaktische, morphologische und phonetische Form gebracht werden, die aber offen ist für Revisionen.[5] Obwohl die phonetische Kette beim Sprechen der output, beim Verstehen der input ist, sind Sprechproduktion und -rezeption keine spiegelbildlichen Prozesse, wie es viele Kommunikationsmodelle darstellen.[6]

Aus der Wahrnehmungspsychologie weiß man, dass die Zeitdauer, mit der wir visuelle und auditive Informationen verarbeiten, drei Sekunden nicht übersteigt. Was innerhalb dieser Zeit liegt, wird zu einer Einheit zusammengefasst und bildet sozusagen unsere psychische Gegenwart (Pöppel 1989, 30).[7] Die Psycholinguistik setzt für das Hören von Äußerungen einen phonologi-

---

[4] Modelle für die Sprechproduktion im Überblick bei Levelt (1989, 23ff.; 236ff.); Leuninger (1993,129ff.); Blanken (2002, 364ff.).

[5] Selbst noch in den letzten Silben kann man einen Satz in seiner Gesamtbedeutung abändern. Ein Professor sagt in einer allmählich kritisch werdenden Diskussion: *das ist ja ne ganze menge, was sie mir da vor(.)sagen.* Geplant war: *vorwerfen.*

[6] Th. Herrmann (1992, 291ff.).

[7] Pöppel sieht diese Zwei- bis Drei-Sekunden-Grenze gegeben bei sprechsprachlichen Einheiten, Gedichtversen, musikalischen Motiven, beim Händeschütteln, beim Vorausberechnen von Bewegungen (z.B. eines Balls beim Tennisspielen).

schen Arbeitsspeicher an, in dem die Lautkette nur kurz gespeichert[8], danach vergessen wird, es sei denn, man wiederholt sie in Gedanken. Die Bearbeitung der gehörten Lautkette setzt automatisch, „online" auf allen linguistischen Ebenen ein. Wir behalten dann nur den semantisch verdichteten Inhalt.[9] Schon in den 50er-Jahren hat man festgestellt, dass unverbundene Wörter oder Zahlen, präsentiert in vorgelesenen Listen, nur bis zu einer Größenordnung von „7 plus minus 2" behalten werden (Miller 1956), dass jedoch beim Hören von zusammenhängenden Äußerungen die Gedächtnisspanne wesentlich weiter reicht.[10]

Da unser Arbeitsspeicher zeitlich begrenzt ist, kommt es beim Sprechen immer darauf an, den Hörer unmittelbar in die Gegenwart der Mitteilungsabsicht zu nehmen. Rede muss „auf Anhieb zünden", wie Zumthor (1990, 114) schreibt. Beim Schreiben haben wir dagegen mehr Planungszeit. Wir können probeweise formulieren und dabei mehrere Gedankeneinheiten in komplexeren syntaktischen Formen zusammenfassen. Beim Vergleich mündlicher und schriftlicher Versionen des gleichen Stoffes ist immer wieder festgestellt worden, dass die schriftliche Version kürzer ist als die mündliche.[11]

Seit ungefähr 150 Jahren schreibt man in Deutschland einen „kompakten Nominalstil", wodurch Nominalblöcke entstehen, deren Attribute möglichst viel Informationen enthalten (v. Polenz 1988, 40ff.). Ein geschriebener Satz wie der folgende (aus einem Reklametext):

> „In der Genossenschaft wird aus vorrangig in Steil- und Terrassenlagen des bestimmten Anbaugebietes Sachsen geernteten Trauben trockener Wein mit einem typischen Charakter angebaut"

hat in der Nominalphrase „aus ... Trauben" eine sechsstufige dependenzielle Hierarchie. Einem Sprecher dürfte es schwer fallen, eine solch komplizierte Substantivgruppe auf Anhieb fehlerfrei zu formulieren.[12] Noch komplizierter

---

8 Ein bis zwei Sekunden nach Baddeley (1990, 59).

9 Sprachverarbeitungsmodelle bei Th. Herrmann (1992, 298f.). Der syntaktische Arbeitsspeicher ist außerdem in seiner Kapazität beschränkt, synatktisch komplizierte Strukturen aufzulösen, denn sonst könnten wir einen relativ kurzen Satz mit einfacher Lexik, aber zweifach eingebetteten Objektsrelativsätzen wie „die Maus, die die Katze, die die Frau schlug, jagte, fraß die Wurst" auf Anhieb verstehen (Dittmann 2001, 134).

10 15 bis 21 Wörter und darüber hinaus (Butterworth u.a. 1990, 187). Die phonetische Oberfläche ist nur bis zum Ende des nächsten Teilsatzes (clause) erinnerbar, selten jenseits des nächsten Ganzsatzes (sentence); vgl. Strube (1997, 899).

11 Helmig (1972, 21); Chafe (1979, 167ff.); Tannen (1982a, 9f.); Müllerová (1989, 22); Tophinke (2000, 16).

12 Dependenzielle Unterordnungen von Substantiven gehen beim Sprechen selten über die zweite Stufe hinaus; vgl. 7.6.1.

schrieb man im sog. Kanzleistil, wie er vor 1800 in offiziellen Texten in Deutschland üblich war. In einem gedruckten Ausschreiben (damals noch) König Maximilians I. vom 12. 11. 1503 an die Fürsten des Reichs steht folgender Satz (es geht um einen Meteoriten, der 1492 auf ein Feld schlug; Nebensätze sind nach rechts eingerückt, tragende syntaktische Positionen fett):

> „Anfånngklich so **hat der allmechtig uns**. als das oͤbrist
> haubt der Cristenhait. vor etlichen Jaren mit ainem herten
> stain ungefårlich zwayer Cennten [Zentner] swer
>> **der** auf einem weyten veld mit grosser ungestymigkeit von
>> himel für uns
>>> als **wir** an unserm herzug zů widerstand der
>>> Franntzosen můtwillig fürnemen **gewesen sein** [sind]
>>
>> **gfallen ist.**
>> **den wir** auch in die kirchen in unser Statt Ensisheim.
>>> dabey **Er** sich **nidergelassen hat**.
>>> und da **unser Regiment** der vordern lannde **gehallten**
>>> **wirdet.**
>>
>> **haben hencken lassen**
>
> **Ermanet** unnd erfordert.
>> **das wir** die Cristenheit von Iren sweren sünden und
>> unordnungen **laidten**
>> und in ein erkenntlichs såligs leben gegen seinen gnaden
>> **keren**
>> unnd dardurch seinen heiligen glauben meren **Erretten und**
>> **behallten** soͤllen."

Zwischen dem Subjekt „der allmechtig" und dem Vollverb „ermanet" stehen 72 Wörter, welche fünf Nebensätze mit dreimal zweifacher Einbettung umfassen:

der Allmächtig hat uns	ermahnet
der	gefallen ist
als wir	gewesen sind
den wir	haben hängen lassen
wo er sich	niedergelassen hat
da unser Regiment	gehalten wird

Nach dem letzten Nebensatz muss man auf die oberste Stufe, die man vor 54 Wörtern verlassen hat, zurückkehren. Betrachten wir nun zum Vergleich einen langen gesprochenen Satz (aus Spranz-Fogasy 1997, 62). Er hat ein sehr langes Vorfeld, das aus 91 Wörtern besteht (Subjekte und Prädikate fett):

> wenn **sie** die letzte entwicklung **beobachtet haben**
> wenn **sie** auch die analysen sich **angeschaut haben**
>> die aus der studie von hirajaa
>>> **die** ja die ganze passivrauchdiskussion in den frühen 60er
>>> jahren **in gang gebracht hat** [Anakoluth]

wenn sie sich diese [Anakoluth]
die nach epidelmo lo mologischen gesichtspunkten **aufgebaut ist**
was nichts anderes **ist** als eine medizinische statistik
[Parenthese:] **es hat** mit medizin gar nichts **zu tun**
[Anschluss unklar:] dass diese dinge heute von namhaften professoren
[Parenthese:] aber wirklich
und **die haben**
wenn **sie** das sich **anschauen**
kein interesse uns als industrie beizustehen
wenn **sie** sich die **anschauen**
so **werden diese dinge** sehr sehr abgewogen heute **betrachtet**

Auch hier ist die Struktur kompliziert: Gleich der erste Konditionalsatz enthält zwei Relativsätze, von denen der zweite in den ersten eingebettet ist. Aber: Das Vorfeld wird durch fünf *parataktisch* verbundene, dazu syntaktisch parallel gestaltete Konditionalsätze und durch die geringen Entfernungen zwischen Subjekten und Prädikaten verständlich gemacht. Der einzige Nebensatz, nach dem man zu einem übergeordneten Satz zurückkommen muss, besteht nur aus fünf Wörtern. Dennoch merkt man an den Anakoluthen, Parenthesen und einem unklaren Anschluss, dass der Sprecher Schwierigkeiten bei der syntaktischen Planung hatte.

3.2. Die Anwesenheit von Sprecher und Hörer

In kopräsenter Interaktion können wir diejenigen, mit denen wir sprechen, auch sehen. In privaten Situationen wissen wir auch meist, mit wem wir es zu tun haben. Wir können auf uns selbst mit dem Pronomen *ich* und auf den Adressaten mit *du* oder *Sie* verweisen. Das geht schon nicht mehr so leicht, wenn es keinen Sichtkontakt mehr gibt, z.B. im Dunkeln oder beim Telefonieren. Auf Gegenstände können wir mit Zeigegesten und Pronomen verweisen (*kannst du mir <u>das</u> mal geben?*). Schreiben und schon Telefonieren erfordert einen größeren sprachlichen Aufwand, die beteiligten Personen zu identifizieren und Objekte als Redegegenstände einzuführen (8.3.1.). Otto Behaghel hat diese Eigenschaft des Gesprochenen so beschrieben:

> „Was man im Aufbau des Dramas als Exposition bezeichnet, die Voraussetzungen, aus denen Handlung und Rede des Handelnden hervorgeht, das muß das geschriebene Wort oft erst unmißverständlich schildern: für den Redenden sind sie zumeist unmittelbar gegeben; und zwar nicht bloß Ort und Zeit. Er kennt in der Regel die Stimmung des Hörenden, den Umkreis und die Beschaffenheit der Vorstellungswelt, über die er gebietet, die Verhältnisse, unter denen er lebt [...]. Diese Gemeinsamkeit der Voraussetzungen gestattet es, mit wenigen Worten, ja mit einem einzigen ganze Reihen von Vorstellungen abzutun; eine große Sparsamkeit, ja übermäßige Bequemlichkeit und Trägheit des Ausdrucks wird hierdurch begünstigt" (Behaghel 1927, 15).

Das mit der „Bequemlichkeit und Trägheit“ sehen wir heute anders (7.2.); aber Behaghel hat neben anderen Linguisten Ende des 19. Jahrhunderts (Wilhelm Wundt, Philipp Wegener) erkannt, wie Mimik und Gestik („ein Zucken der Lippen, ein Aufleuchten der Augen“, ebd., 14) dem, was man sagt, eine kontextualisierende Interpretation verleihen.

Das Hören hat gegenüber dem Lesen einige qualitative Wahrnehmungsunterschiede. Der wesentliche Unterschied besteht nicht so sehr darin, dass das Sehen ein Raumerfassen ist, das Hören eine zeitliche Struktur hat.[13] Entscheidend ist die Tonqualität des Gesprochenen. In der Stimme ist immer der ganze Mensch präsent, auch mit seinen „Stimmungen“ und Gefühlen. Wir hören, ob jemand ein Mann oder eine Frau ist, ein Kind oder ein Erwachsener, gesund oder krank, gut oder schlecht gelaunt, woher jemand kommt. Weniger gut können wir dagegen das Alter von Erwachsenen erkennen (Neuber 2002, 36). Eine Stimme trifft viel stärker unsere Psyche als etwas Geschriebenes: Sie kann schrill oder anziehend klingen, sanft oder bedrohlich, autoritär oder unterwürfig. Unser Hörvermögen ist sehr fein ausgebildet. Tillmann/Mansell (1980, 114) vergleichen es mit dem Riechvermögen von Hunden. Eine Stimme wird zwar aus ihrem lokalen Ursprung wahrgenommen (wir schauen auf denjenigen, der spricht), aber sie ist – wie die Musik – mehr als ein Geräusch: Sie umfasst uns, sie dringt in uns ein und nimmt uns vielleicht sogar gefangen.

Ein dritter Aspekt raum-zeitlicher Anwesenheit von Menschen, die miteinander sprechen, betrifft die verschiedenen Weisen des Reagierens von Hörern auf das, was ein Sprecher sagt (Chafe 1979, 45). Nicht selten geht dieser dann auf solche Reaktionen und Mitwirkungen ein, baut das vom Hörer Gesagte in die eigene Rede ein, sodass im Fortlauf beide Äußerungen zusammen einen Sinn ergeben. Auch dies hat schon Behaghel als typisch für das Gesprochene festgehalten:

> „Diese Gemeinsamkeit der Voraussetzungen, im Verein mit der Einwirkung, die der Redner durch den Angeredeten erfährt, bedingt es, daß die Rede in hohem Maße als das Ergebnis *zweier* Größen erscheint: nicht lediglich aus dem Haupte des Redenden entsprungen, sondern gemeinsames Erzeugnis des Sprechers *und* des Hörers“ (Behaghel 1927, 14f.).

Hörer begleiten die Rede des Sprechers durch Kopfnicken, aufmerksames Ansehen, durch Hörersignale wie *ja* oder *mhm*, durch Wiederholungen, syntaktische Vervollständigungen und Ergänzungen, sinnentsprechende Parallelformulierungen usw. (Bublitz 1988, 197ff.).

---

[13] Man kann mit dem Ohr die räumliche Geräuschquelle ausmachen (Richtungshören), und der Blick auf den Mund des Sprechenden hilft uns, die gesprochenen Laute zu verstehen (Pompino-Marschall 1995, 164).

In unserem Ausgangsbeispiel reagiert Martin z.B. in Zeile 7 mit einem Lachen auf die mit vielen starken Akzenten gesprochene und übertreibende Redewiedergabe von Birgit. Karin wiederholt mit lächelnder Mundstellung das Wort *aufzucht* (Z. 14). Karin lacht auch, als Birgit ihr früheres Verhältnis mit Bodo erwähnt (Z. 42). Gerd greift kritisierend in die Rede Birgits ein: *wie rEds du wie rEds denn du* (Z. 17), worauf diese emphatisch die Art ihrer Darstellung verteidigt und ihren Freund darauf hinweist, dass sie ihm das alles schon erzählt habe. In Z. 25f. kritisiert Gerd die dialektale Tempusform, und es folgt ein kleiner Disput darüber, ob man bei Modalverben ohne Vollverb den Ersatzinfinitiv verwenden kann. Drei von vier Anwesenden beteiligen sich daran; alle drei verwenden eine syntaktische Konstruktion mit *gibt es*. Birgit muss die Aufmerksamkeit für ihr Thema eigens wieder herstellen (*do her mol*). Gerd gibt abschließend eine Wertung des ganzen Besuchs im Sinne der Erzählerin: *die HOrrorparty war des* (Z. 43f.), und Birgit reformuliert diese Wertung mit einer Anspielung auf einen bekannten Filmtitel: *ja des war die rOcky hOrror PICture show war des.*

Die Entdeckung der gemeinsamen, koordinierten, aufeinander abgestimmten sequenziellen Produktion der verbalen Interaktion stand am Anfang der Konversationsanalyse. In sehr vielen Aspekten, insbesondere bei der Errichtung und Beendigung einer Kommunikationssituation (Schegloff 1972; Schegloff/Sacks 1973), beim Sprecherwechsel (Sacks/Schegloff/Jefferson 1974), beim Bewerten und Beurteilen (Goodwin/Goodwin 1992, 159f.; Selting 1994, 389ff.; Uhmann 1996, 304ff.) und bei vielen anderen kommunikativen Aufgaben hat sich herausgestellt, dass Miteinander-Sprechen eine auf subtile und meist unbewusste Weise koordinierte Tätigkeit mehrerer Beteiligter ist („joint production“).[14]

Ein letzter Aspekt der unmittelbaren Kopräsenz betrifft Sprache im Hinblick auf Vielfalt vs. Einengung von sprachlichen Handlungstypen, Emotionen und Geltungsweisen. Da wir meist in lebenspraktischen Zusammenhängen sprechen, sodass immer der ganze Mensch gefordert ist – mit seinen Interessen und Bedürfnissen, mit allen seinen psychischen Anlagen, sind die Typen der Illokutionen (Mitteilungen, Aufforderungen, Beziehungshandlungen usw.), die Ausdrucksmittel für Gefühle und die Modalisierungen der Rede als scherzhaft, ironisch, phantastisch usw. (vgl. 8.7.) ungleich vielfältiger und abwechs-

[14] Diese Forschungen bekamen mit den Untersuchungen von Goodwin (1981) und Erickson/Shultz (1982) neue Anstöße, weil nun auch prosodische und nonverbale Phänomene in die Analysen einbezogen wurden. Nicht nur Sprecher und Hörer, sondern auch Hörer untereinander können mit ihren Äußerungen aufeinander Bezug nehmen (Schwitalla 1993, 79f.).

lungsreicher als das meist auf ernsthafte Information, Beweisführung und Rationalität ausgerichtete Medium der Schrift.[15]

3.3. Variabilität und Normiertheit

Variabilität und Normiertheit bestimmen in hohem Maße den Unterschied zwischen gesprochener und geschriebener Sprache. Während das Schreiben von Lauten eingeschränkt ist auf einen festen Bestand von Buchstaben (29 im Deutschen), das der Wörter durch die Orthografie, ist man beim Sprechen ungleich freier. Kein Laut gleicht dem anderen; ob ein [t] besonders stark oder schwach, behaucht oder nicht, etwas weiter vorne oder weiter hinten an den Alveolen artikuliert wird, macht keinen Unterschied für die Lauterkennung, solange der phonemische Unterschied zum /d/ gewahrt bleibt. Allophone, großregionale Unterschiede, Wechsel von einer Variante zur anderen tragen zu dieser Variabilität noch bei (4.2.).

In unserem Ausgangsbeispiel spricht Birgit einen gemäßigten alemannischen Dialekt: Sie lässt das N am Wortende weg (*meischde, längschde, en schdrafende blick*), spricht es aber bei besonderer Emphase auch aus: *seinen speck; tranfunsligen alten frau*. Beim Wörtchen *nicht* variieren *nit, nich, nicht;* in ähnlicher Weise variieren: *de* und *der, is* und *isch, ein* und *e(n)*, die Vorsilbe *ge-* mit und ohne Schwa (*gsesse, zugezwingert*), langes [i:] und kurzes [I] (*lieblich, siebbe*), das T am Wortanfang als [t] und [d] (*tausend, disch*), gerundete und ungerundete Vokale (*so schön kenne*). Auch die Stilebenen wechseln von umgangsprachlichen (*wehwehle*) zu eher schriftsprachlichen Wörtern (*grundfläche, kleiden, aufzucht*). Geduldet werden Übertreibungen (*tausend wehwehle, vor hundert johr*), die in einer schriftlichen Version sicher vermieden werden würden (8.4.3.).

Der Zufall will es, dass sich Gerd an der dialektal morphosyntaktischen Form *wie er des früher so schön kenne het* stört (Z. 25f., Ersatzinfinitiv statt Partizip mit *ge-*, wenn ein Vollverb fehlt). Ähnliche Freiheiten gibt es für die Verberststellung in Aussagesätzen (*hab ich dir doch erzählt; het er gwagt; isch jetz doch ne ...;* 7.2.2.), für Ellipsen (*kanns dir gar nit sage; sowas von einer tranfunsligen alten frau;* 7.2.3.) und für Drehsätze (Apokoinukonstruktionen) mit einer doppelt besetzten syntaktischen Position: *des war die rocky horror picture show war des* (7.4.6.).

---

[15] Außer in dichterischen Texten. Ehlich (1994, 26) spricht von einem propositionalen Übergewicht der Schrift gegenüber den Illokutionen im Medium der Mündlichkeit. In der sprachlichen Theoriebildung sei es deshalb zur „Illokutionsvergessenheit“ gekommen.

Im geschriebensprachlichen Bereich kontrollieren Rechtschreibebücher, Sprachlehrbücher, Grammatiken und in Wörterbüchern die Markierungen **ugs.*, **vulg*. den richtigen oder falschen bzw. unangemessenen Gebrauch der Sprache. Er ist zwar abhängig von Schreibsituation und Textsorte, aber dennoch viel normierter als im Bereich des Gesprochenen.

3.4. Spuren der Gedankenbildung

Ein weiterer wesentlicher Unterschied zwischen mündlicher und schriftlicher Sprachverwendung liegt darin, dass beim Sprechen Korrekturen nicht verborgen bleiben, dass falsche, später zurückgenommene oder einfach blind auslaufende Formulierungen hörbar bleiben, während dies alles beim Schreiben und Wieder-Schreiben gelöscht werden kann, sodass am Schluss eine sprachliche Form erscheint, der man die Anzahl und die Art der Korrekturvorgänge nicht mehr ansieht.

Abbrüche stören nicht unbedingt den Interaktionsfluss; sie haben sogar kommunikative Vorteile (7.4.). Birgit bricht dreimal syntaktische Konstruktionen ab:

a) *aber de JÜRgen isch noch ein liebliches* (Z. 15), wahrscheinlich, weil ihr ein wichtigeres Thema einfällt: *wenn der BOdo mol mich über de DISCH* (Z. 16);

b) auch dieser Satz bleibt unvollendet, wahrscheinlich, weil Birgit auf den Einwurf von Gerd antworten will;

c) der Neueinsatz mit *vor so* (Z. 34) bleibt unvollständig; die Sprecherin setzt mit einer ganz anderen Konstruktion ein: *er isch mir sO gegenÜbergsEsse.*

Wiederaufnahmen von Mitteilungen mit spezifizierenden Nachträgen sind ein allgemeines Kennzeichen gesprochener Formulierungen (7.4.3.; 9.8.). Beim Schreiben können dagegen zusammengehörende Informationseinheiten in einem Zug formuliert werden. Die Szene, wie Bodo mit Birgit geflirtet hat, wird zweimal formuliert (Z. 16-24, 34-40). Beim ersten Mal wird die Reaktion von Silvia nur angedeutet: *sei matrOne nebedrAn verSCHDEHSCH*, (Z. 23). In der zweiten Version wird sie ausführlich dargestellt und mit einer Begründung versehen.

3.5. Bedeutungskonstitution

Wegen des tastenden, ausprobierenden, vom Vagen zum Präzisen oder umgekehrt vom Abstrakten zum Konkreten fortschreitenden Formulierens beim Sprechen baut sich die Bedeutung dessen, was man eigentlich sagen will, langsam auf. Der Hörer kann diese allmähliche Bedeutungsherstellung mitverfolgen (8.5.).

Birgit schildert in Z. 1–13 die Lebensorientierungen des besuchten Paares, die sich deutlich von ihren eigenen unterscheiden. Dazu zählt sie zuerst die Gesprächsthemen dieses Paares auf und schildert dann ironisch die Position Silvias aus deren eigener Sicht. Die erste Reihe von Gedanken folgt einer listenartigen, syntaktisch parallel formulierten Aufzählung (gleiche syntaktische Positionen werden nach Blanche-Benveniste u.a. 1979 untereinandergeschrieben):

WER het im haus die meischde GRUNDfläche?
wEr het noch am längschde siebbe BE abzuschreibe? (--)
und WER KLEIdet SEInen SPECK am VORteilhafteschde. (Z. 3–6)

Vieles von dem, was Birgit sagen will, bleibt dabei implizit und kann es bleiben, da die Sprecherin mit dem Verstehen der Mithörer rechnet. Implizit bleibt z.B., dass der Stolz, eine große Grundfläche eines Hauses zu besitzen, die Sorge um finanzielle Abschreibemöglichkeiten und das Thema Mode als bürgerlich-spießig gelten.

Die kritische Haltung der Sprecherin kommt in der Metonymie *speck* zum Ausdruck, in der ihre ganze Verachtung des unsportlichen und interesselosen Lebens dieser Leute zum Ausdruck kommt. Die Bezeichnung *speck* ist jedenfalls eine Wertung aus ihrer Sicht, nicht aus der Sicht der beschriebenen Personen. Unausgesprochen, aber mitverstanden bleibt schließlich eine zusammenfassende Kategorisierung dieser drei aspektualisierenden Mitteilungen, die für ‚Spießigkeit', ‚Beschränktheit', ‚angeberisches Verhalten' usw. sprechen.

Auch die zweite Gedankeneinheit, die Lebensorientierung von Silvia, wird wieder in mehreren Schritten formuliert:

die SIlvia? (-) het also so ein ein medikaMENtenköfferle noch dabei ghAbt?
denn sie het ja au TAUsend wehWEHle.
SIlvia
SIlvia isch NICHT berUfstätig,
SIlvia kümmert sich NUR um das neue HAUS,
und um die AUFzucht von diesem JÜRgen. (Z. 8–13)

Nach dem Thematisierungsausdruck *die Silvia*? (7.3.1.) folgt eine für die Zuhörer neue Information, dass sie nämlich ein *medikamentenköfferle* bei sich hatte. Anfälligkeit für Krankheiten, vielleicht auch Hypochondrie, bringen einen neuen Charakterzug zum Vorschein. Die Modalpartikel *ja* setzt dabei als gemeinsame Annahme voraus, dass Silvia viele Leiden hat. In der Übertreibung durch *tausend* und in der Verkleinerungsform *wehwehle* kommt aber wieder die skeptische Beurteilung der Sprecherin zum Vorschein.

Da Sprechen meist dialogisch erfolgt, können Adressaten der Rede auf die allmähliche Bedeutungsentwicklung Einfluss nehmen, sie können widersprechen, korrigieren, präzisieren, zusammenfassen usw., kurzum: Sie brauchen sich nicht blindlings dem anzuschließen, was jemand sagt. Bedeutungsherstellung ist manchmal ein konsensuelles, manchmal ein konfliktäres, in jedem Fall ein interaktives Geschehen (8.5.). In unserem Beispiel kritisiert Gerd die Art, wie Birgit über Silvia spricht (*wie reds du wie reds denn du*, Z. 17); andererseits fasst er ihre Erlebnisse zustimmend in dem Kompositum *horrorparty* (Z. 44) zusammen.

4. Laute und Silben

4.1. Phonetische Aspekte

Die Äußerung: *hast du ihn nicht gesehen?* kann phonetisch als [hasnɪçgəze:n] gesprochen werden; *das ist eine feststellung* als [dasnəfɛʃdɛlʊŋ]; *guten abend* als [na:mtʰ] und *guten Abend, meine Damen und Herren* als [gʊna:maɪnəda:mthɛ:ɐn]. Wir können uns aber trotz solcher starken Verkürzungen darauf verlassen, verstanden zu werden.

4.1.1. Assimilation, Synkope, Elision

Sprechen ist, physiologisch gesehen, ein äußerst komplexer Prozess; er involviert sehr viele Muskeln vom Zwerchfell bis zu den Lippen.[1] Es ist deshalb kein Wunder, wenn wir beim normal schnellen Sprechen, noch mehr beim Allegro-Sprechen, nicht alle Bewegungen so ausführen, wie sie das deutliche Sprechen erfordert, sondern einzelne Laute auch überspringen bzw. sie an Stellen produzieren, die in der Nähe von benachbarten Lauten liegen. Diese Phänomene nennt man „Elision“ und „Assimilation“.

Die sog. regressive Assimilation entsteht, wenn ein Laut an den folgenden angepasst wird (die folgenden Beispiele nach Kohler 1995, 207ff., wobei jeweils die unterstrichenen Laute phonetisch wiedergegeben werden): *anbinden* [mb], *angeben* [ŋg], *bunt kariert* [ŋk]. Bei der progressiven Assimilation wird der nachfolgende Laut an den vorhergehenden angeglichen, so [n] an [b] in *eben* [bm], [n] an [p] in *Lappen* [pm] oder [n] an [g] in *Gegend* [gŋtʰ]. Assimilationen können sich auch auf die Artikulationsart auswirken, z.B. wenn [g] zwischen zwei Vokalen leicht geöffnet gesprochen wird (*ich lege*: [ɣ]) oder wenn die Stimmhaftigkeit eines Lauts nach einem stimmlosen Laut reduziert wird: *setzt sich*: [ts], *messbar*: [sp].[2]

Elisionen (Lautweglassungen) betreffen am häufigsten den Schwa-Laut [ə] am Ende (Apokope) oder in der Mitte eines Wortes (Synkope). Auch das [t] in einer konsonatischen Dreiergruppe (*Glanz*: [ns], *beachtlich*: [xl], *Entwurf*: [nv]) fällt oft weg. Einige Elisionen sind typisch für einen regionalen Dialekt

---

[1] Pompino-Marschall (1995, 66ff.) beschreibt auf sechs Seiten, welche Muskeln bewegt werden, wenn man den Satz *Er ist nur ein Phonetiker* deutlich artikuliert spricht.

[2] Vgl. auch die Beispieltranskriptionen und die Listen für Plosiv + [ə] + Nasal und Plosiv + Morphemgrenze + Plosiv bei Pompino-Marschall (1995, 260ff.).

(*hasse = hast du, krisse = kriegst du, gehse = gehst du* für das Ruhrdeutsche), andere gelten weiträumig ([hamvɐ] = *haben wir*).

Folgende lautliche Veränderungen kommen beim Sprechen sehr häufig vor (Bethge 1973, 18ff.; Mihm 1995, 19):

1. die Apokope des unbetonten [ə] am Wortende: *ich sag, ich mein, ich wollt;*
2. die Apokope des [t] nach Frikativ: *nich, er is;*
3. die Synkope einer Endsilbe mit einem Schwa [ə]: *sie warn, sie fingn, sie sind gekommn;*
4. die Verkürzung und Assimilation der Endsilbe *-ben* zu [m]: haben → [ham], *-den* zu [n]: *laden* → [la:n] und *-gen* zu [ŋ]: wegen → [ve:ŋ];
5. die Abschwächung des enklitischen Vokals [ʊ] zu [ə] in Verben der 2. Pers.: *kriegste, haste, willste.*

Betrachtet man Elisionen von der Morphologie her, so muss man wohl ein partiell unterschiedliches System für die gesprochene Sprache annehmen. Während wir Pluralallomorphe, die auf <-en> enden, allesamt schreiben, lassen wir sie beim Sprechen oft weg, wenn ihnen ein Nasal vorausgeht: „Damen und Herren“ = [da:mʊndhɛɐn], „alle Anstrengungen gemeinsam“: [ʊŋgə], „für Investitionen“: [tsjo:n].[3] Da wir in der Schriftsprache für den Plural schon das Nullallomorph haben (*Lehrer, Käse*), wird diese Möglichkeit eben beim Sprechen ausgenützt (Schank 1975, 368).[4]

Auch die Enklise[5] geht beim Sprechen weiter als beim Schreiben *(aufm, fürs, überm)* und führt in manchen Dialekten zu flexionsartigen Systemen von Präpositionen (alem. *im* vs. *ime* (in einem) *huus; ufem* (auf dem) vs. *ufeme* (auf einem) *dach*; Nübling 1998, 287; ruhrdt. *inne/inner schule, auffe/auffer treppe;* Hartmann 1995, 154).

Dass wir verschliffen gesprochene Wörter und Wortverbindungen trotzdem verstehen können, liegt daran, dass wir sie nicht mit anderen verwechseln. Ungefähr gleiche Wortverbindungen fallen mit zunehmender Wiederholung

[3] Die Apokope von [-en] wirkt sich aber auch auf das Schreiben aus. Immer häufiger liest man „ein“ statt „einen“, z.B.: „Schicke ein Boten zu Tarquinius“ (Librettoübersetzung in der Oper).

[4] Auch in der Morphologie herrscht das Prinzip der mündlichen Variation. Fünf Flexionsformen der Kasusmorphologie in der Schrift stehen 14 gesprochene Realisierungsformen gegenüber, die in vielen Fällen zu Homonymen führen. Zwölfjährige Hamburger Schüler sprechen das em-Flexiv mit dem artikulatorisch aufwändigeren N („gibt ihm“ als [gipt in], „auf dem“ als [aufn]), wodurch der Unterschied zwischen Dat. und Akk. aufgehoben wird (Reck 1987, 61, 68).

[5] ‚Enklise‘ ist die „Anlehnung“ eines abgeschwächt gesprochenen/geschriebenen Wortes an das vorhergehende wie bei „gibt’s“.

der lautlichen Verkürzung zum Opfer.[6] Fehlende Laute können wir durch die bekannte Lautgestalt des Wortes ergänzen.[7]

4.1.2. Koartikulation

Schriftliche Texte in einer Buchstabenschrift legen die Ansicht nahe, wir würden auch beim Sprechen einen Laut nach dem anderen hervorbringen und jeder Laut sei an einer anderen Äußerungsstelle mit sich selbst identisch. In Wirklichkeit beeinflussen sich aber nacheinander gesprochene Laute. Jeder Vokal ändert seine Qualität, je nachdem welcher Konsonant vorausgeht oder folgt. Das K im Wort *Kirche* wird vom Zungenrücken weiter vorne am Gaumen produziert als das K im Wort *Kuchen*. Das U von *und* klingt anders, wenn das vorhergehende Wort auf [a] endet, als wenn es auf [e] oder [n] endet (Tillmann/Mansell 1980, 105). Ein P vor einem Vokal ist hörbar anders, nämlich behaucht [p^{h}], als vor einem F. Dasselbe gilt für K: Vor einem Vokal gesprochen, ähnelt K eher einer Affrikate als einem einfachen Laut; vor Vordervokalen klingt es wie [k^{ʕ}], vor hinteren Vokalen wie [k^{x}] (König 1989, 159f.). Unsere Gewöhnung an das Nacheinander von Buchstaben in schriftlichen Texten disponiert uns dazu, solche gleichzeitigen Lautphänomene nicht zu hören.

Ein zweites Beispiel: Im Wort *Glück* bewegt sich die Zunge, noch während der Zungenrücken am Gaumen das G produziert, nach vorne zu den Schneidezähnen, um den Laterallaut [l] hervorzubringen. Aber noch bevor überhaupt ein Laut gesprochen wurde, runden sich schon die Lippen für das Ü: „Die Lautverbindung GL wird als lateralisierter Plosivlaut realisiert, ja sogar mit gleichzeitiger Labialisierung, wenn die Silbe einen gerundeten Vokal enthält" (Tillmann/Mansell 1980, 96).

Ebenso ist es mit dem R-Laut: Geschriebenes R wird oft als „rhotazierter Vokal" gesprochen, d.h. der dem R vorausgehende Vokal bekommt eine R-Färbung, während der R-Laut nicht mehr deutlich als [R] oder [r] etc. gesprochen wird.[8] Oder das R mischt sich nach einem Plosiv mit [h], [x], sodass man für die Folge [tr] eigentlich [t^{h}ʁ] schreiben müsste (König 1989, 160). In Lautfolgen wie [ka] oder [pa] hören wir den Plosiv gleichzeitig mit dem

---

[6] In einer Erzählung mit einigen Redewiedergaben (Textausschnitt vor Text 7) verkürzt die Erzählerin den Redeeinleitungssatz immer mehr: *na hab ich gsagt – dann hab ich gsa – ha i gsa;* schließlich sagt sie etwas Ähnliches wie *gsa*; danach aber, in der detailliert geschilderten Pointe, artikuliert sie wieder fast vollständig: *und hab gesagt* (2742/3,8).

[7] Beim Telefonieren werden z. B. die hohen Frequenzen des S-Lauts nicht übertragen; es ergeben sich keine Probleme beim Hören, außer vielleicht bei Namen.

[8] Z.B. in den Wörtern *lernen, Korb, Garten* am Oberrhein; König (1989, Bd. 1, 81).

Vokal; dieser macht die Öffnung der Verschlussstelle erst möglich (Tillmann/Mansell 1980, 96). Ein bloßes [b], [d] oder [k] ohne einen vokalischen Rest zu sprechen, ist unmöglich. – Nicht diskretes Nacheinander, sondern partielles Miteinander beherrscht also unsere Artikulationspraxis.

4.1.3. Phonetische Versprecher und Lautkontrolle

Lautversprecher kommen sehr häufig vor. Besonders Wortanfänge sind dafür anfällig. In der Versprecherforschung seit Meringer/Mayer (1895) hat sich herausgestellt, dass phonetische Versprecher (wie morphologische und lexikalische) einem Prinzip folgen, das nur gleiche Einheiten zulässt: Silbenanfänge werden mit Silbenanfängen, Silbenkerne mit Silbenkernen, Silbenschlüsse mit Silbenschlüssen vertauscht (unit-similarity-constraint; Levelt 1989, 329ff.), z.B.:

Silbenanfang:	*nass vor bleid*	für:	*blass vor neid*
Silbenkern:	*spektukalär*	für:	*spektakulär*
Silbenende:	*außerseitentum*	für:	*außenseitertum*

(Beispiele aus Leuninger 1993, 104).

Seit Rudolf Meringer unterscheidet man bei Versprechern Vertauschungen, Antizipationen („Vorklänge"), Postpositionen („Nachklänge") und Kontaminationen (Ineinanderschiebungen). Dazu kommen noch fehlerhafte Auslassungen, Hinzufügungen und Einfügungen an der falschen Stelle. Für Psycholinguisten sind solche Versprecher aufschlussreich für die psychische Prozessierung von Verbalisierungsabsichten. Rein phonetische Versprecher (Zungenbrecher) greifen dabei erst spät ein, nachdem schon die Wörter und ihre syntaktischen Verbindungsregeln festgelegt wurden. Wortstammvertauschungen wie: *wir pfeifen nicht nach ihrer tanze* (für: *tanzen nicht nach ihrer pfeife*) oder: *so einen pfeif' ich doch in der rauche* (für: *rauch ich doch in der pfeife*) zeigen, dass der syntaktische Plan schon festgelegt war, weil die grammatischen Morpheme erhalten blieben (Leuninger 1993, 102).

Bei Versprechern zeigt sich auch, welch große Bedeutung die Silben für die Artikulation haben. Silbenanfänge werden viel häufiger von Versprechern betroffen als Silbenenden, aber alle drei (bzw. mit dem Silbenreim vier) Kategorien von Silbenteilen tauschen nach der unit-similarity-constraint Laute aus (Levelt 1989, 334). Dabei werden die in den einzelnen Sprachen geltenden phonotaktischen Regeln (d.s. Regeln für mögliche Lautverbindungen) eingehalten.

Phonetische Versprecher liefern auch einen Beweis dafür, dass die unterhalb der Lautebene liegenden distinktiven Merkmale für Phoneme eine psychische Realität haben. Es gibt nämlich erstens Versprecher, in denen nur einzelne phonetische Merkmale verschoben werden, z.B. die Antizipation des Merkmals [stimmlos] im Versprecher: *die muse ist mit pier getauft,* oder die Postposition des Merkmals [Rundung] in: *geschlossene lüste äh liste* (Leuninger 1993, 85, 105). Zweitens werden Laute mit Merkmalen der gleichen Artikulationsart leichter an verschiedenen Artikulationsorten ausgetauscht (z.B. [p] und [k]). Resistenter sind Stimmhaftigkeit und Nasalierung (feature-similarity-constraint; Levelt 1989, 350).

Versprecher, die einen überraschend neuen Sinn ergeben, entstehen nach Sigmund Freud dadurch, dass sich das Unbewusste meldet. Aber wie semantische Gegensätze[9] auch sprachpsychologisch erklärt werden können, weil Antonyme eng miteinander vernetzt sind (Leuninger 1993, 114), so auch Versprecher, die man als typisch Freudsche Versprecher interpretieren würde. Wenn jemand sagt: *die beerdigung findet im engsten familienstreit* [statt: *-kreis*] *statt*, so kann dieser Versprecher auch phonetisch erklärt werden: Der Silbenkopf [ʃt] von *statt* wird vorweggenommen, das [R] von *-kreis* bleibt erhalten. Dennoch wird mit der Verbreitung des Wissens von psychoanalytisch deutbaren Versprechern der Sprecher für seine/ihre sprachliche Fehlhandlung haftbar gemacht (z.B. bei Politikern), und sie werden von Satirikern aufgrund desselben Deutungsschemas auch bewusst produziert (*wir brauchen neue kernquatsch äh kernkraftwerke,* Dieter Hildebrandt 21.1.1991).

Versprecher werden häufig weder vom Sprecher selbst noch vom Hörer bemerkt, d.h. der Hörer hört eine Lautfolge gleich „richtig".[10] Dass wir Versprecher überhaupt bemerken können, liegt daran, dass die Aktivitäten der Sprechwerkzeuge über drei Rückmeldungskanäle kontrolliert und gegebenenfalls korrigiert werden: das lautliche Ergebnis über das Ohr, die Lautproduktion selbst über Tastsinnesnerven in Zunge, Lippen und Mundraum[11] und über die sog. propriozeptive Reafferenz, durch welche Informationen über Spannungsänderungen in den Muskelfasern zum Gehirn zurückgeschickt werden.

Die auditive Rückmeldung vergleicht – mit einer gewissen zeitlichen Verzögerung – die produzierten Laute mit den geplanten. Zwar können wir auch

---

[9] Freuds Beispiel war, dass jemand statt *ich eröffne die Sitzung* sagt: *ich schließe die Sitzung.*

[10] Nur ca. ein Viertel aller Versprecher werden bemerkt (Leuninger 1993, 122); ähnliche Werte gibt Dittmann (1988, 47): nur 28% aller vorwegnehmenden und sogar nur 13% aller wiederholenden Lautversprecher.

[11] Ungefähr ein Drittel aller Tastsinneszellen liegen im Mundraum. Bei Frikativen und Plosiven werden die jeweiligen Druckverhältnisse im Gehirn zu einem Druckbild verarbeitet. So entsteht eine Folge von „retinalen Bildern" (in Analogie zur Retina des Auges), die im sensorischen Bereich unseres Gehirns mit den Druckbildern der dort zuvor gespeicherten Laute aus dem motorischen Bereich verglichen werden.

ohne auditive Rückmeldung sprechen (bei großem Lärm zum Beispiel), aber nicht, wenn wir eigene Laute hören, die nicht mehr zum Rhythmus von Lautproduktion und -kontrolle passen. Stört man die auditive Rückmeldung dadurch, dass man die eigenen Laute mit 0,1 Sek. Verzögerung Versuchspersonen über Kopfhörer hören lässt, dann können diese nicht mehr sprechen; sie lachen und kommen ins Stottern. Man produziert also neue Lautfolgen erst dann, wenn die schon produzierten kontrolliert wurden (Lee-Effekt; Tillmann/Mansell 1980, 194ff.). Viele Assimilationsvorgänge lassen sich über Wahrnehmungsunterschiede bei der auditiven Kontrolle erklären. Die Assimilation von [nm] zu [mm] in *a<u>nm</u>elden* ist möglich, weil [n] vor [m] nur schwach zu hören ist. Eine Assimilation von [t] nach einem Labial zu [p] geschieht nur dann, wenn das [t] nicht deutlich als [tʰ] aspiriert wird: Wenn in *Bea<u>mten</u>* das [t] aspiriert wird, folgt [mtʰən]; nur wenn das [t] nicht hervorgehoben wird, kann eine Assimilation [mpm] erfolgen (Kohler 1995, 203).

4.1.4. Laut(folgen)wiederholungen

Wer schriftlich einen Text aufsetzt, dem wird schon aufgefallen sein, dass ihm/ihr Wörter einfallen, deren Lautstruktur Wörtern gleichen, die kurz zuvor geschrieben wurden. Sie werden dann geändert, da gleiche oder ähnliche Lautfolgen kurz nacheinander stilistisch verpönt sind.[12] Beim Sprechen bleiben sie erhalten. Kleine Kinder sprechen oft phonetisch ähnliche Äußerungsketten, die um der Lautähnlichkeit willen gar keine bedeutungshaften Wörter mehr sind (Ochs 1979, 61). Bei Erwachsenen können Laute ungewollt ansteckend wirken (*die als <u>fi</u>kt<u>i</u>ve <u>fig</u>ur <u>fung</u>iert; man sollte sich nicht mit bal<u>last</u> über<u>last</u>en; <u>hin</u>ter<u>her</u> war <u>hin</u> und <u>her</u>*) und auch von einem Hörer übernommen werden (AW und BM sprechen über Fußball):

AW: da kannst du gAr nicht mItreden.
BM: ja vÖllig. vÖllig.
AW: was der VÖller macht und so.

Psychologisch kann man Lautwiederholungen dadurch erklären, dass gleiche Laute bis zu Intervallen von 0,2 Sekunden gehemmt werden (dieses Prinzip liegt den <u>Zu</u>ngenbrechern <u>zu</u>grunde – hier ein Beispiel für nicht-korrigierte schriftliche Lautwiederholungen), danach gibt es Bahnungseffekte zu lautähnlichen Wörtern (Spitzer 1993, 155).[13]

---

[12] Sie fallen auf, wenn sie nicht zurückgenommen werden. Ein Beispiel aus einem Werbeblatt der Pharmaindustrie 1990: „Kann der Arzt in Zukunft noch seiner Aufgabe gerecht werden, Menschen mit den Methoden und Mitteln der modernen Medizin zu helfen."

[13] Viele Lautwiederholungen (sound rows) des amerikanischen Englisch hat Sacks (1992) unter den Vorlesungsüberschriften „Poetics" analysiert.

4.1.5. Kommunikative Verwendungen

Artikulationsweisen steuern das Verständnis dessen, was wir sagen; sie gehören zu den sog. Kontextualisierungshinweisen. ‚Kontextualisierung' heißt: dem Gesagten einen sprachlich oder nonverbal ausgedrückten Kontext zu geben, der ihm Interpretationshinweise verschafft.[14] Weniger stark Artikuliertes kann bedeuten, dass es auch weniger wichtig ist, deutlich Artikuliertes dagegen schon. So werden bei der Redewiedergabe die Einleitungssätze oft verschliffen ausgesprochen, die Zitate dagegen deutlicher artikuliert. Beim emphatischen Sprechen spricht man Plosive mit überstarker Fortis-Artikulation und Behauchung aus; man fügt der Normallautung also etwas hinzu.

Einige Passagen aus einer Erzählung sollen diese Verhältnisse erläutern. Eine Frau aus Mannheim erzählt davon, wie sie bei einer nächtlichen Omnibusfahrt in den Urlaub Männer (Polizisten in Zivil), die sehr laut waren, zurechtgewiesen hat:

Text 2 „polizisten" (2742/11,2)

01 <<haww isch sAch->>
<<= habe ich gesagt>>
02 wenn JETZ nicht ABsolute RUhe hErrscht;
03 IS was los.
04 ich sach (.) <<len>wenn HIE:R die ANwesenden ZU feige sind;>
05 die !MÄ!nner;>>
06 <<all>>die ANwesenden (.) !MÄ!nner hab ich gesagt;> .hh
07 <<len>ZU fEI:ge sind (.) EUCH den mArsch zu blAsen; (-)
08 dann tun die (.) MÄnner (.) mir LEID.
09 ICH als frAU (.) habe (.) !KEI!ne angst vor EUch.>
[...]
10 A:ch das hat der aber verSTANden; .hh hm?
11 was glAA:bsch denn DU? ha isch sach-
[...]
12 ich sAch un wenn sie MEInen;
13 sie hätten als poliZISten; (.)
14 MEHR rrEchte hier im BUS als Alle ANwesenden-
15 dann ham se sich aber schwEr geTÄUSCHT, .h
16 <<all>meine HERRN.> .hh
17 <<len>un da sAchte der EIne, .h
18 <<aber schÖ:ne, (-) aber schÖne DAme
<<das Zitat imitiert schmeichelnd, affektiert>>
19 rEgn se sich doch nich so AUF->>
20 ich sAch ich bin weder SCHÖN noch eine DAme;
21 ich bin eine FRRAU?
22 und als SOLche will ich akzepTIERT werden.
23 ham se mich ver<<ff>!STAN!den>; (hehehehehe)

[14] Einführungsartikel: Schmitt (1993).

In Zeile 1 und 11 werden die Redeeinleitungen als unwichtige Mitteilungen verkürzt, während die Zitate geradezu in überbetonter Artikulation ausgesprochen werden:

[ven jets nɪçt ʔabsolutə Ru:ə hɛʀʃt ʔIs vas lo:s]

Lautverstärkungen drücken die Nachdrücklichkeit der Sprecherin aus: das mehrmals gerollte [R] in *rrEchte* (Z. 14) und in *FRRAU* (Z. 21), aber auch das mit besonders starkem Luftstrom geöffnete [k^h] in *!KEI!ne* (Z. 9).[15] Die anderen ikonischen Formen für Emphase sind prosodischer Natur; so auch das sozial abbildende gezierte Sprechen in Z. 18f., das auf hoher Tonhöhe und mit fallenden Akzenten gesprochen wird.

Artikulationsweisen, die fremde soziale Welten abbilden, sind z.B. eine näselnde Aussprache (und eine abgehackte Sprechweise) für die Welt des preußischen Militärs (Zimmermann 1987, 47ff.), eine dumpfe, gepresste Artikulation für jugendliche Rocker (Schwitalla 1994a, 486) oder eine lallende Aussprache für Betrunkene. Auch das, was eine Stimme an Emotionalität vermittelt: Sanftheit, Gereiztheit, Aggressivität, Keifen etc., kann artikulatorisch (nicht nur prosodisch) übertrieben nachahmend in die eigene Rede eingebaut werden. Man tut das regelmäßig dann, wenn man in einer Konfrontationserzählungen einen Gegner zitiert (5.7.).

Manche Artikulationsweisen sind gruppenspezifisch. Eine Jugendlichengruppe hatte es sich zur Angewohnheit gemacht, bei bestimmten Themen, z.B. solchen, die peinlich sind oder aggressiv wirken könnten, in einer vokalreduzierten, nuschelnden Aussprache zu sprechen, die diese Jugendlichen selbst als „kindlich" bezeichneten (Schwitalla 1994a, 484). Einen solchen Übergang von normaler Rede zum genuschelten, „kindlichen" Sprechen gibt folgender Ausschnitt wieder (die Jugendlichen sprechen über die Frisur eines Jungen; der Betroffene sagt):

a MÄ a SCHNALL aus meiner klass hot gsAcht,
dass <<da sch GOLdisch ausseh.>>
<<nuschelnd ---------------- >> (2703/15,12)

Um sich nicht offen loben zu müssen, versteckt der Jugendliche die Anerkennung seiner Frisur in der kindlichen Sprechweise, wie wenn sie von einem nicht ganz ernst zu nehmenden Kind käme.

4.1.6. Analyse eines Beispiels

An einem Dialogausschnitt sollen nun phonetische Phänomene im Zusammenhang beobachtet werden. Er dient auch als Demonstrationsobjekt für spätere

[15] Sornig (1989, 525) erwähnt die Aufhellung von [o] zu [a] in *um gatteswillen* und die Einfügung eines Sprosslauts *(du schəwein)* als Emphasesignale.

Kapitel. Der Text wurde 1966 aufgenommen und schon von mehreren Linguisten als Untersuchungsmaterial herangezogen.[16] Ein Student und eine Studentin sprechen über die Ehe:

Text 3 „ehediskussion“ (TB I, 221ff.)

01 SIE: dass das noch (-) SEHR viel be↑DEUtet,
02 und ICH zum bEIspiel,
03 ich eh ich fInde fInde es SCHRECKlich wenn ich geHÖRT habe,
04 ja gUt in in RUSSland da ha hat man natürlich keine trauung
05 vorm alTA:R mehr,
06 da gEht man in ein schön hEIratspa↑LAST? .hhhh
07 dA: beZAHLT man- (--) ↓nA ich wEIß nich wieviel GELD dafür,
08 dann hAt man bIsschen (.) bIsschen muSIK?
09 un dann hÄlt irgend (ne) beZIRKSleiter noch ne ↑ANsprache,
10 und (.) dann werden pro TACH vierzich EHen geschlOssen. (-)
11 <<len>↓alles KÜHL und SACHlich.>
12 ER: ja das geNÜCHT ja AUch.
13 SIE: <<all>↑JA>, (-) (che) MIR nIch, (hehe <<che>>) (-)
<<lachendes Ausatmen>>
14 ER: also mir genÜcht die formaliTET, .h
15 dass es auf m pePIER stEHt, .h
16 SCHÖN, also:; (-) <<he>> geHÖRT <<mir nun Endlich; JA?
<<Ausatmen>> <<lächelnd ----------
17 das geNÜCHT [mir>> (hehe)
----------------------- >>
18 SIE: [↑JA, (-) äh i eh (-) ja vieLLEICHT?
19 [(aber ich ↑mEIne)
20 ER: [ich brAUch da nich noch grOßartich eine (-) eine
21 beSTEtijung von (.) vom pasTOR und sO:.
22 SIE: nEIn, pAss mal AUf;
23 ER: Eh: (--)
24 SIE: eh GU:T.
25 ER: dAss sie dAss sie mir geHÖRT. jA?
26 SIE: ja de de <<ff,all>>↑AU ja also die frau [gehört !DIR!,>>
27 ER: [dazu brauch
28 SIE: das is ja überHAUPT mal die frAge.
29 [<<das is nach deiner vOrigen (he he) definiTION,
<<lächelnd bis Z. 31>>
30 ER: [ja ich mEIne
31 SIE: darf die [DIR die frAU gar nich geHÖren.>>
32 ER: [nEIn nEIn verSTEH das nich
33 SIE: ihr gehört zuSAMM. [jA,
34 ER: [also dass wir zuSAMMgehörn. (-)
35 äh das wird durch eine formaliTET beSTEticht; jA,
36 SIE: <<p>oh das is für DICH nur ne formaliTÄT.>

[16] Z.B. von Schank/Schoenthal (1976) und Rath (1979).

37 ER: jA.
38 SIE: GU:T. äh (-) ICH eh m m gestEh dir das ZU,
39 es is eine formoliTÄT, (-)
40 <<f>[Aber,>
41 ER: <<f>[oder es sollte nur eine for[malitÄt sein.>
42 SIE: [es sollte nur eine
43 formalitÄt sein,
44 <<len>wenn der mensch STARK genug IST?>
45 <<all>mit sOlcher formalitÄt ↑AUSzukomm.>
46 ICH aber glAUbe dass die menschen, (-)
47 VIEL zu schwAch sind,
48 und dass sie gewIsser symbO:le beDÜRfn,
49 um sich zuwEIlen dran (-) FESTzuklammern;
50 und dass ich also zum bEIspiel- (-)
51 m den m m das symBOL des rI:nges, .hh
52 von dem sie sEHr VIEL halte;
53 und es es (.) zum bEIspie:l hhhh
54 es (-) UNverständlich finde,
55 wenn manche männer SAGn,
56 ich BRAUche keinen rInk. hhh

Wir können folgende Phänomene beobachten:

1. Verschleifungen und Elisionen, vor allem bei Nasalfolgen: *ein[en] schön[en] heiratspalast* (6); *zusamm[en]* (33). Das bedeutet in manchen Fällen die Aufgabe von Flexionsmorphemen.
2. Elision des Schwa am Wortende und in schwachen Tonsilben: *ich brauch* (20); *ich gesteh* (38); aber: *ich finde* (54).
3. Aufeinanderstoßende gleiche Laute bei Wortgrenzen werden teils nur einmal realisiert: *man natürlich* (4); *un dann* (9); teils auch doppelt: *und (.) dann* (10); *wenn der mensch stark genug ist* (44).
4. Allomorphe Wortverkürzungen: *is* (29); *ne* (36) statt eine; *m* statt *dem* (*vor m altar*, 5; *auf m pepier*, 15).
5. Ein unkorrigierter phonetischer Versprecher: *formolität* (39), erklärbar durch die Perseveranz des [ɔ] in der ersten Silbe (die Transkribenten der Version im TB I haben gleich „richtig" gehört).
6. Morphosyntaktische Versprecher: In Z. 9 ist an *irgend* ein kaum hörbares Schwa angehängt, sodass es eher wie *irgend ne* als *irgend en* klingt; in Z. 52 sagt die Studentin deutlich hörbar *sie* statt *ich*. Auch diese Versprecher wurden beim Transkribieren nicht bemerkt.
7. Bestimmte Laute werden auf eine regional beschränkte Weise ausgesprochen. Beide Sprecher spirantisieren [g] zu [j] im Inlaut zwischen Vokalen: *bestetijung* (21), zu [ç] nach einem vorderen Vokal: *genücht* (12), *bestеticht* (35) und zu [x] nach hinterem Vokal: *tach* (10). Damit folgen sie der Spirantisierung von [g] im nördlichen und mittleren Deutschland.

Der Student sagt [e:] statt [ɛ:] (*formalitet, bestetijung*) und die Studentin spricht [ŋ] im Auslaut als [ŋk] (*ringk*, 56). Beides ist in einigen Gegenden in Norddeutschland üblich (König 1989, 89). Man hört also heraus, woher ungefähr ein Sprecher kommt.

4.2. Dialekt und Standarddeutsch

In Mittel- und Süddeutschland, in Österreich und in der Schweiz sprechen viele Leute auch in nicht-privaten Situationen mit einer abgeschwächten oder starken dialektalen Färbung. Von Norden nach Süden findet der Dialekt immer mehr Akzeptanz; in der Schweiz wird er auch in vielen öffentlichen Situationen gesprochen (Eichhoff 1977, Bd.1, 10f.). Mehrere Dialektologen teilen die Bandbreite zwischen Ortsdialekt und genormter Standardsprache in drei Schichten ein: den Ortsdialekt, eine regionale Umgangssprache und die Standardsprache. Die Verhältnisse sind aber komplizierter. Erstens sprechen Vertreter unterschiedlicher sozialer Schichten in allen Dialektgebieten auch unterschiedlich häufig und qualitativ (phonetisch, prosodisch) einen etwas anderen Dialekt; zweitens ist der Gebrauch dialektaler Merkmale in verschiedenen Situationstypen anders verteilt.

4.2.1. Standardlautung

Die Einheitsaussprache, das Bühnendeutsch, war das Ergebnis einer Kommission unter der Leitung von Theodor Siebs im Jahre 1898. Es gibt aber keine absolut einheitliche Norm und schon gar keine einheitliche Praxis. Die Aussprachewörterbücher unterscheiden sich bei Angaben für einzelne Wörter, und sie lassen neben der Hochlautung eine gemäßigte Hochlautung zu. König (1989) hat beim Vorlesen von Wortlisten durch Sprecher hoher formaler Ausbildung in der alten Bundesrepublik festgestellt, dass einzelne Laute regional ganz unterschiedlich realisiert werden. Dazu einige Beispiele:

1. Das nach den Aussprachewörterbüchern stimmhafte S = [z] wird im Anlaut vor einem Vokal südlich einer Linie Mosel – Fulda stimmlos ausgesprochen, nördlich davon auch nicht konsequent stimmhaft; in intervokalischer Stellung ersetzt im Süden eine Lenis-Fortis-Opposition den Unterschied zwischen stimmhaft und stimmlos, wenn man Minimalpaare aussprechen lässt (*reißen – reisen;* ebd., 93ff.).
2. Die Aussprache der Endsilbe -ig als [Iç] gibt es nur nördlich einer Linie Köln – Fulda; wo [Iç] im Süden gesprochen wird, ist es von Lehrern oder Pfarrern vermittelt worden (*obrichkeit, üppichkeit*; ebd., 117f.).
3. Das kurze, offene O = [ɔ] vor [l] *(Gold)* wird nur im Norden, aber schon weniger an den westlichen und östlichen Rändern der alten Bundesrepublik offen realisiert, im gesamten Süden geschlossen (ebd., 46f.).

4. Das Präfix *an-* wird im Südosten oft gedehnt ausgesprochen.
5. Das Suffix *-tum*, standardsprachlich: [tu:m], wird überall in der alten Bundesrepublik, aber am häufigsten im Süden auch kurz gesprochen.
6. Für den Diphthong AU gibt es vier großregionale Aussprachegebiete, in denen er als [ao], [oʊ], [aɔ] und [ɑɔ] gesprochen wird (ebd., 53).
7. Theodor Siebs bevorzugte das Zungenspitzen-R = [r] für die Stellung im Anlaut, obwohl es fast im ganzen Aufnahmegebiet, außer im Südosten, als Zäpfchen-R – [R] gesprochen wird (ebd., 68ff.). Ansonsten ist der R-Laut der variationsreichste Laut im Deutschen.

Selbst für den Bereich der Standardsprache gibt es also ein großes Maß an Variabilität von Lauten. Die Unterschiede sind zwar oft in ein nördliches und südliches Gebiet geteilt; dabei entstehen aber keine abgegrenzten Lautgebiete, in denen mehrere Lautvarianten zusammenfallen.

4.2.2. Der Wechsel zwischen Standardsprache und Dialekt

Lange gab es in der Soziolinguistik die Ansicht, dass in komplexen sozialen Gebilden (Staaten, Ethnien) mit mehreren Sprachen oder Sprachvarianten eine Sprache/Variante für die „höheren Zwecke“ einer Kultur benutzt wurde (z.B. in der Verwaltung, in öffentlichen Situationen, in Religion und Dichtung), während die anderen für den alltäglichen und privaten Gebrauch dienten. Der Domänenverteilung von „Hoch-“ und „Tief“-Variante, wie sie zum Beispiel das klassische Arabisch und die Volkssprachen in den nordafrikanischen Staaten oder bis vor kurzem die Katharevoussa und die Dhimotiki in Griechenland repräsentierten, entspricht ungefähr die Funktionstrennnung von öffentlich (Standardsprache) vs. privat (Umgangssprache, Dialekt)[1] bei uns. Einen Variantenwechsel beim Übergang von einem Situationstyp zum andern nennt man „situativen Wechsel“.

Blom/Gumperz (1972, 424f.) haben den Begriff des ‚metaphorischen Code-Switchings‘ eingeführt und damit Fälle gemeint, wo Sprecher auch ohne einen Wechsel des Ortes und der Beteiligtenkonstellation (aber ihrer Rollen) von einer Variante in die andere übergehen, um „metaphorisch“ konnotative Bedeutungen der Variante, in die gewechselt wird, zu vermitteln. Diese Mitbedeutungen hängen an den gesellschaftlichen Werten, Kommunikationssituationen usw. der fremden oder anderen Variante (vgl. Gumperz 1994, 623).

Sprecher, die einen Dialekt aktiv beherrschen, haben die Möglichkeit, vom Dialekt zur Standardsprache und umgekehrt von der Standardsprache zum Dialekt

1 Aber nicht immer: Bürkli (1999, 294) beobachtet in einem Basler Betrieb tieferen Basler Dialekt als in formellen Situationen.

zu wechseln. Das kann schlagartig geschehen (Code-Switching) oder langsam von der einen Variante in die andere übergehend (Code-Shifting). Ein plötzlicher Wechsel findet oft statt, wenn Sprecher andere Leute zitieren (Salewski 1998, 152ff.). Im folgenden Textausschnitt aus einer Mannheimer Frauengruppe beklagt sich eine Sekretärin über das unfreundliche Verhalten ihres Chefs:

Text 4 „chef" (2742/8,4f.)

01 AL: der hot misch SO <<ferddisch gmacht,>>
<<fertig gemacht>>
02 dass isch frEIdach Obends zum Arzt kumme bin
03 mit hUnnertNEUNzisch blU:tdruck. ne? (-)
04 der hat misch gleich KRONKgschriwwe.
05 der is bald vum [STUHL gfalle.
06 NW: [mit wOrttn
07 AL: isch hab ja JA:? (--)
08 <<↑SIE: (-) sie könn nisch mal rIschdisch ABschreiben;>>
<<hohes Intonationsniveau --------------------------------- >>
09 zwEE dag spEter hab isch n selwer verwischd
10 wie er verkehrt ABgschriwwe hot.

Beim nicht eingeleiteten Zitat des Vorgesetzten in Z. 8 wechselt AL plötzlich zum Standard (außer [ʃ] statt [ç], was aber auch viele rheinfränkische Standardsprachesprecher tun); ihre eigene Rede spricht sie im Mannheimer Dialekt. Aber der bloße Variantenwechsel bedeutet nicht immer eine implizite Abwertung der mit der Fremdvariante gemeinten Person, Gruppe oder Kultur; Wertungen werden meist durch prosodische Stimmänderungen ausgedrückt.

Beim Code-Shifting nehmen die Variablen der anderen Variante allmählich zu; an den zunehmend dichteren Unterstreichungsstellen kann man den zunehmenden Dialekt erkennen (bayerischer Sprecher):

also wenns dich intressiert des weiß ü no ned genau
ü woaß a dass du wenig blotz host des woaß i no [...]
wie kemmsd ets do draaf [...] du woaßt vui zvui

[also wenn es dich interessiert, das weiß ich noch nicht genau. Ich weiß auch, dass du wenig Platz hast, das weiß ich noch ... wie kommst du jetzt darauf? ... du weißt viel zuviel] (Auer 1986, 100ff.).

Das Code-Shifting kann durch einen Stufenwechsel alternativer Laut- und Lexikmöglichkeiten zwischen dem Standardpol und dem Dialektpol dargestellt werden. Der erste Satz des Beispiels würde auf der zweiten Stufe liegen:

vɛn ɛs dɪç Intərɛsiːɒt
vɛns dɪç Intrɛsɪad
vans dyç yntrɛsyard
dy
də

Der letzte Satz auf der letzten Zeile hätte folgende Abstufungen zwischen Standard und Dialekt:

dʊ	vaɪst	fi:l	tsʊfi:l
			tsfi:l
		fyl	tsfyl
		fyI	tsfyɪ
	vɔasd	fʊɪ	tsfʊɪ

Im Folgenden sollen einige Funktionen des Variantenwechsels dargestellt werden.[2]

1. Wiederholung, Reformulierung

Gesprochene Sprache verläuft ohnehin oft in wiederholenden Schüben. Dabei wechseln viele Sprecher die Variante (Henn-Memmesheimer 1997, 62), im folgenden Beispiel eine Mannheimerin vom (fast) Standarddeutschen ins Mannheimerische:

das is GAR nischt wAhr. des is net wOhr. (3001.03,8).

Wechsel vom Dialekt zum Standard als Rahmenschließung:

selbsch dAnn is es kään grUnd,
wenn isch zu derre klÄÄne saach des derfscht nit mAche;
[selbst dann ist es kein Grund. wenn ich zu der Kleinen sage,
das darfst du nicht machen]
selbsch DAS is kein grUnd misch wIldsau drEcksau [zu nennen] (3001.03, 10)

und als bekräftigende Wiederholung:

un die glOgg werd rO:d gemachd. (--)
die werd rot ANgemalt die glOcke. (2742/4,2).

2. Markierung des Anfangs oder Endes einer Äußerungseinheit (vgl. 6.2.6.) und Thematisierung (vgl. 7.3.1.).

3. Markierung der eigenen Welt (der eigenen Anschauungen) gegenüber einer fremden Welt (gegenüber fremden Anschauungen)[3]

4. Markierung der Interaktionsmodalität

Dialektsprecher verwenden Standardlautung zur Markierung von Eindringlichkeit und fester Überzeugung (Salewski 1998, 187; Bausch 1998, 146, 150; Macha 1991, 213), von moralischem Ernst, Pathos und Feierlichkeit (Keim

---

2 Es sei betont, dass nicht jedes Switching eine kommunikative Bedeutung haben muss (Bürkli 1999, 288), insbesondere nicht in zweisprachigen Gemeinschaften (Elsaß) oder Familien, in denen Sprecher ständig zwischen zwei Sprachen hin und her fluktuieren.

3 Vgl. oben Text 4; Kallmeyer/Keim (1994a; 1996, 283f.); Gumperz (1994, 636f.); Keim (1995, 341ff.); Roth (demn., 9.2.1.5.).

2001, 394f.), umgekehrt aber auch für komische Effekte (Bausch 1998, 151; Macha 1991, 214f.). Ein Grazer Lehrer mahnt seine Schüler erst dialektal sprechend, dann – strenger – im Schriftdeutsch:

> hei buaschn [Burschen] reißt aich a bissl tsaumen [reißt euch ein bisschen zusammen]
> bissl leiser [der Lärm wird stärker]
> meine herrn? aus. schluss mit der vorstellung.
> setzt euch bitte nieder.
> [wiederholend dialektal:] setzts aich niede
> [Aufforderung im Standarddeutsch:] wir nehmen die bücher heraus und lesn auf seite zehn (Sornig 1983, 241).

5. Markierung von Distanz und Nähe, Beziehungsgestaltung

Standardsprachesprecher nutzen einen nachgeahmten oder aktiv beherrschten Dialekt oft, um den Beziehungscharakter ihrer Rede zu ändern, sei es in Richtung größerer Nähe (Ramge 1978, 213f., 216f.; Bausch 1994, 431ff.; Mihm 1995, 29f.), sei es als Abschwächungsform gesichtsbedrohender Sprechakte (Ramge 1978, 215f.; Schwitalla 1995, 239ff.), sei es als Diskreditieren oder Resistenz-Zeigen (Henn-Memmesheimer 1997, 59). Standardsprachesprecher machen sich natürlich auch mit einem Variantenwechsel über Dialektsprecher lustig (Sandhöfer-Sixel 1988, 210f.; Kotthoff 2000, 167f., 170), wie auch Türken der zweiten Generation über das holperige Deutsch ihrer Eltern (Keim 2002, 142ff.).

Politiker wechseln in ihren Reden zum Dialekt, wenn sie sich an bestimmte Personen wenden und wenn sie größere Direktheit, Emotionalität und Nähe zum „Volk" herstellen wollen (Holly 1990, 148f.). Ein österreichischer Politiker sagt im Parlament zu einem Zwischenrufer:

> schaans ich les jetz do ian ääganen aandrog
> den keenans aa ned scheinboa
> sie underschräm blango wos ihre segredäre ausoabäädn [...]

Danach spricht er wieder im Wiener Standard:

> und do steht drinnen dass also also dass schon schon anlässlich der diskussion des bundeszuschusses für die verstaatlichte [...] (Moosmüller 1989, 170f.).

Eine ähnliche Wendung zum Berlinischen vollzog der ehemalige Bundespräsident Weizsäcker in einer Talk-Show. Weizsäcker sprach grundsätzlich Standarddeutsch, wechselte aber bei Nebenbemerkungen an bestimmte Adressaten ins Berlinische, z.B. als er von einer jüngeren Frau unterbrochen wurde:

> [Standard:] ich war mit meiner früheren haarfarbe mehr zufrieden als mit meiner heutigen, das kann ich nicht bestreiten.
> [Lachen, Zwischenrufe des Publikums und von Ina Deter]
> [Berlinisch:] na, dit is aber so. ja, sie ham mich ja früher jarnich jekannt.
> [Standard:] sie sind ja vierzig jahre jünger als ich (Schlobinski 1988, 89f.).

Weizsäcker zeigt durch sein Berlinisch-Sprechen, dass er ebenso schlagfertig und direkt sein kann wie seine Adressatin.

6. Markierung eines Interaktionstyps

Bestimmte Interaktionstypen verlangen eine bestimmte Variante. Der Übergang von einem informellen Vorgespräch zu einer offiziellen Sitzung wird in Dialektgebieten oft mit einem Wechsel vom Dialekt zur Standardsprache vollzogen. Bei einem Treffen einer politischen Gruppe in einer Wohnung versucht die Leiterin, das private Vorgespräch in das offizielle Gespräch überzuführen. Bei ihrem ersten Versuch spricht sie noch Standarddeutsch mit ein paar Mannheimer Dialekteinschlägen:

> jetz ham mer wenn mer <<f>hier so grOßzügisch beWIRtung haben nischt mal n paar BLÜMschen für unsere gAstgeberin.>

Beim zweiten Versuch geht sie ganz zur Standardsprache über, verwendet dabei sogar das in Norddeutschland übliche [e:] für [ɛ]; sie vermeidet Verschleifungen und verwendet eine Formel der öffentlichen Rede: *wir bedanken uns zunechst mal für die* [Abbruch]. Im dritten Versuch vermeidet die Leiterin sogar [ʃ] für [ç]; die Formelhaftigkeit nimmt zu, und die deutliche Artikulation bleibt erhalten (außer bei *glaub*):

> also ich glaub (-) zunechst <<f>ehm bedanken wir uns ganz HERZlich für die EInladung,
> dass wir hier in der sOmmerküche tAgen dürfen,
> und unsre ge (-) spritzigen geDANken freien lAUf lassen dürfen.> (2742/10,1).

Auch innerhalb einer offiziellen Interaktion kann Variantenwechsel zum Dialekt größere Vertraulichkeit und damit verbundene Interaktionstypen signalisieren (Ramge 1978, 215). Im folgenden Ausschnitt initiiert ein Beamter eines Sozialamts im Ruhrgebiet mit einem unverschobenen [t] (und anderen prosodischen Signalen) einen Übergang von einer amtlichen Überprüfung von Versorgungsansprüchen zu einem eher privaten Klatschgespräch:

> wat̲ war denn mit der HOCHzeit wo die frau g. mi m: BROTmesser angeblich irgndwo lOsgegangen sein soll (Selting 1989, 215).

7. Adressatenspezifik

Variantenwechsel können aus der Tendenz erklärt werden, den jeweiligen Adressaten in der für ihn/sie bevorzugten Variante anzusprechen, was natürlich zum sozialen Ausschluss anderer führen kann (Löffler 1989, 109).[4] Die Interviewerin Carmen Thomas spricht mit einem Psychologen standardsprachlich:

---

[4] Vgl. auch Bausch (1994, 431ff.); Gumperz (1994, 632ff.); Salewski (1998, 140, 166ff.).

sie sind nämlich diplompsychologe,
und speziell beFASST mit der theraPIE von diaBEtikern,
bei denen das problem vielleicht, eh

Dann spricht sie mit einem Jugendlichen mit mehr Dialektlauten (im Text unterstrichen), wobei sie auch weniger deutlich artikuliert:

und ich würd das gern no ma eben überprüfen. war das denn am anfang doch so n schlach mi m hammer als de das gehört has? (Selting 1983, 42).

An einem längeren Redeausschnitt einer Mannheimerin, die in ihrer Normallage gemäßigt Mannheimer Dialekt spricht, sollen einige Wechsel noch einmal in ihrem Zusammenhang dargestellt werden (am linken Rand Erläuterungen, unterstrichene Stellen: dialektale Lautung und Lexik):

Text 5 „plutonium" (2742/7,1)

Welt der	die wollen jetzt den EINstieg in die
Politik	plutOniumwirtschaft machen, [...]
	und die grünen sAchen, SOweit gehn wir nIschd mit.
	un wenn wir nur ein sEchsdel unseres strO:mes (-)
	aTOM(.)strom beziehen,
Wertung:	<<all>dann is des WIRklisch auch nIschd
	gerEschdferdigt. ne? wenn des mal läufd,
	is des NISCHD mehr aufzuhaldn.>
Reformulierung:	sowas is NImmer zu schdObbn [stoppen]
Kommentar:	<<len>und eh: (-) isch mein isch verSTEH do also
	eh eh NULL, isch kann do bloß was isch höre
	UMsetze un mehr wieddergEbn.>

Im ersten Teil passt das Schriftdeutsche zur Rolle der Sprecherin als Leiterin einer politischen Gruppe, außerdem zum Thema „Politik". Dort, wo sie ihre eigene Einschätzung mitteilt, spricht sie schneller und mit sehr viel mehr Anteilen dialektaler Lautungen, die sich in der Reformulierung noch verdichten und sich in dieser Dichte auch im letzten Teil halten. Aber in keinem ihrer Abschnitte spricht die Sprecherin durchweg Standardsprache oder Dialekt; es handelt sich immer um unterschiedliche Mischungen beider Varianten. Schließlich zeigt sich fast bei allen Variantenwechseln, dass auch prosodisch (und oft auch artikulatorisch) anders gesprochen wird.

4.2.3. Hyperkorrektheit

Hyperkorrekturen sind Phänomene der Anpassung von Dialektsprechern an die Standardsprache, indem sie phonetische Übersetzungsregeln vom Dialekt zum Standard übergeneralisieren. Wenn südbairisches [o] generell in [a] überführt wird, entstehen die hyperkorrekten Formen *brat, kla, abstsalat, farelle* (Penzinger 1983, 84; vgl. Sandhöfer-Sixel 1988, 209). Hyperkorrektes Sprechen ist ein Kennzeichen von aufsteigenden Schichten (Labov 1976/78, Bd. 2, 129ff.). Es verrät immer das Bewusstsein, nicht normgerecht zu sprechen, und meist auch etwas von gesellschaftlichen Machtverhältnissen. Hyperkorrekturen werden von den normgerecht Sprechenden bemerkt und dann zur spöttischen Rückverweisung in den sozialen Herkunftsbereich ausgenützt. Aber Hyperkorrektheit kann auch von Dialektsprechern sozial abwehrend gegen solche Leute eingesetzt werden, die sich für etwas Besseres halten. Dann werden (oft in zitierender Rede) hyperkorrekte Formen erfunden, mit denen die damit gemeinten Personen bloßgestellt werden, z.B.:

<<len>ach WAS tas macht doch nÜschts nÜscht?
der sprÜcht doch so hOchteutsch>
<<f>die sin so VORnehm> (Keim 1995, 349f.).[5]

---

5 Vgl. Kallmeyer/Keim (1996, 284). Auf lexikalischer Ebene entsprechen den Hyperkorrekturen manche Malapropismen, die aus Unkenntnis der wirklichen Bedeutung des lautähnlichen Wortes gebraucht werden, z.B. *konifere* für *koryphäe*, *syphilisarbeit* für *sisyphusarbeit*.

5. Prosodie

Das Sprechen unterscheidet sich vom Schreiben durch nichts so sehr wie durch die Prosodie. In welchem Ton jemand etwas sagt, ist oft entscheidender als die inhaltliche Mitteilung („der Ton macht die Musik"). Die Erforschung prosodischer Eigenschaften der Rede geht in Deutschland auf die 50er-Jahre zurück und hat sich lange Zeit mit dem Fokusakzent und dem Zusammenhang zwischen Intonations- und Satztypen beschäftigt. Seit den 80er-Jahren wurden mehr und mehr interaktive Phänomene berücksichtigt.[1]

5.1. Die Kategorien

„Prosodie" ist ein komplexes Symbolsystem, aus dem theoretisch folgende Phänomenbereiche als die wichtigsten unterschieden werden können (in der sprachlichen Wirklichkeit kommen alle Teilbereiche immer zusammen vor):

- Akzent und Rhythmus
- Tonhöhe (Unterkategorien: Tonhöhenrichtung, -verlauf, -bandbreite)
- Lautstärke
- Sprechgeschwindigkeit
- Pausen
- Stimmfärbung (Timbre)

Die meisten dieser Kategorien haben zeitlich gesehen sowohl eine lokale wie eine globale Ausdehnung: Man kann die Tonhöhe von ein paar Silben, aber auch von längeren Äußerungen betrachten. Dasselbe gilt für Lautstärke und Tempo.

5.2. Der Akzent

5.2.1. Definition

Jede Silbe kann unterschiedlich stark betont werden. Nach der sog. Gitterkonstruktion bekommt jede Silbe eine unterschiedliche Anzahl von „Schlägen": auf der untersten Ebene jede Silbe überhaupt, auf der zweiten alle Silben mit unreduzierten Vokalen/Diphthongen (also alle außer [ə], [ɐ], silbischem

[1] Überblicksartikel und Einführungen: Pheby (1981); Couper-Kuhlen (1983; 1986); Bolinger (1986); Wunderlich (1988); Uhmann (1991); Rabanus (2001, Kap. 2.,3.); zu interaktiven Phänomenen: Auer (1993); Halford (1994); Couper-Kuhlen/Selting (Hgg.) (1996); Neuber (2002, 35ff.); für Akzent und Tonhöhenverläufe: Kehrein (2002, 177ff.). Überblick über die Funktionen im Gespräch: Auer/Selting (2001).

[m] und [n]), auf der dritten der Wortakzent von Simplizia, auf der vierten und fünften sekundäre und primäre Satz- bzw. Äußerungsakzente (Uhmann 1991, 176ff.; Rabanus 2001 24ff.), z.B. (ebd., 25):

```
             x
        x    x
        x    x          x
        x    x      x   x
    x   x  x x      x   x  x
(si)n Al-l[ə] WEG nach-he-[ɐ]
```

In der kommunikativen Praxis kann der Primärakzent allerdings zur Hervorhebung eines Worts oder Wortteils auch bis zur untersten Ebene durchgreifen und eine normalerweise unbetonte Silbe zum stärksten Akzent machen (wobei ein Schwa jedoch zum [e] aufgehellt wird: *keine poLIN sondern ein poLE*). Beim Transkribieren richtet man sich am besten nach dem auditiven Eindruck; man kommt mit vier Graden der Hervorhebung gut zurecht: besonders stark akzentuierte Silben (*!BUCH!*), primäre oder Hauptakzente (*BUCH*), sekundäre oder Nebenakzente (*bUch*) und nichtbetonte Silben.

Ein Akzent ist phonetisch gesehen ein sehr komplexes Phänomen, weil sich in ihm die Kategorien Tonhöhe, Lautstärke und Dehnung treffen können. Für das Deutsche ist eine Kombination von höherer, manchmal auch tieferer Tonhöhe und größerer Lautstärke charakteristisch. Lautstärke und lange Dehnung werden auch für sehr starke Akzentuierungen ausgenützt. Akzente sind die Träger und Wendepunkte für den Intonationsverlauf. Meist werden folgende Akzenttöne unterschieden:[2] steigend (T*+H), fallend (H*), steigend-fallend (H*+T) und fallend-steigend (T*), die auf nur einer oder mehreren Silben operieren können.

5.2.2. Satz-/Äußerungsakzent, rhematische Hierarchie, Kontrastakzent (weiter, enger Fokus)

Der Satzakzent markiert diejenigen Redeteile, die als informativ wichtig gekennzeichnet werden sollen (das Rhema).[3] Bei neutraler Wortstellung wird der Akzent auf den rhematischen Teil mit einer Tendenz gegen Ende des Satzes gesetzt, der dann rückwirkend die ganze Prädikat-Ergänzungs-Struktur

---

[2] Vgl. Uhmann (1991, 158ff. mit F_O-Beispielen; „F_O" bedeutet Grundfrequenz); Rabanus (2001, 29ff.; 57f.). H* = hoher Akzentton, T* = tiefer Akzentton, H = hoher Phrasenton, T = tiefer Phrasenton. H% und T% = hoher bzw. tiefer Grenzton.

[3] „Thema" ist das, worüber gesprochen wird, die bekannte, vorerwähnte Information, „Rhema" das, was zum Thema ausgesagt wird, die neue Information, das Relevante (Hoffmann 1992; Lötscher 1999; vgl. 6.4.; 6.5.).

umfasst. Gibt es mehr als ein rhematisches Element, so tritt eine „rhematische Hierarchie“ in Kraft. Nach Pheby (1981, 871), reformuliert in Uhmann (1991, 213ff.), rangieren bei einer normalen Satzgliedstellung bestimmte syntaktische Kategorien vor anderen. Die Akzentstelle liegt auf der am weitesten „rechts“ stehenden, nicht-agentiven Ergänzung,[4] wobei folgende rhematische Hierarchie herrscht (> = stärker als):

> Prädikativ > Objekte [Präp-Obj. > Akk-Obj. > Dat-Obj.] > direktives Adverb > instrumentales/lokatives Adverb > Verbzusatz > Verb > agentives Subjekt > temporales/kausatives Adverb

Beispiele (aus Uhmann 1991, 212ff.):
Objekt vor instrumentalem Adverb: *er schlägt mit der hacke ein LOCH in die wand*
Akk-Obj. vor Dat-Obj.: *karl hat dem kind das BUCH geschenkt*

Liegt ein Akzent nicht auf der für das Wort oder den Satz erwartbaren Silbe, so kann man daran erkennen, dass ein enger Fokus gemeint ist. Die Reichweite kann bis auf eine Silbe zurückgehen (*VOLLtrottel* korrigiert zu: *vOlltrotteLIN*). In vielen Einführungen wird gezeigt, wie die Verschiebung des Akzentes auf eine andere Einheit diese hervorheben kann; ein Beispiel aus Pheby (1981, 855, mit unserem Akzentzeichen):

(1) anna DOre hat keine pilze gefunden
(2) anna dore HAT keine pilze gefunden
(3) anna dore hat KEIne pilze gefunden
(4) anna dore hat keine PILze gefunden
(5) anna dore hat keine pilze geFUNden

(4) hat die Normalbetonung, während in allen übrigen Sätzen die Akzente bestimmte Wörter im Kontrast zu anderen hervorheben (enger Fokusbereich, „Kontrastakzent“).

Nun brauchen Sätze nicht nur *einen* primären Akzent zu haben; der Sprecher kann mehrere Einheiten hervorheben, z.B.:

ich hab mich im BUS mit ZEHN poliZISten angelegt.
(Zifonun u.a. 1997, I, 235)

Hier hebt die Erzählerin den Ort, die Zahl und die soziale Kategorie des Gegners hervor.

In experimentellen Untersuchungen hat sich gezeigt, dass Kontrastakzente gegenüber Satzakzenten eine größere Intonationsbandbreite haben. Der Satz

---

[4] Bei agentiven Subjekten rangiert das Verb vor dem Subjekt. Vgl. die Antworten auf die Frage: *Was ist das für ein Lärm? - Peter GEIGT* vs. *der MÜLLwagen kommt* (Uhmann 1991, 215).

Der französische König war ein launischer Geselle, als erster Satz im zweiten Abschnitt einer Erzählung vorgelesen und somit in allen Teilen für den Hörer neu, kann an vier Akzentstellen betont werden. Er wurde von einer Sprecherin dreimal in der Weise gesprochen, dass bei engem Fokus für *französisch* und *König* die Silben *-zös-* und *Kö-* auf ungefähr gleich hoher Tonhöhe (Grundfrequenz F_O bei 300 Hz), *lau-* auf etwas niedriger (280 Hz) und *-sel-* dem Tonabfall in einem Aussagesatz entsprechend noch niedriger und ohne einen Tonaufschwung intoniert wurden (Bannert 1985b, 292; Abb. 1).

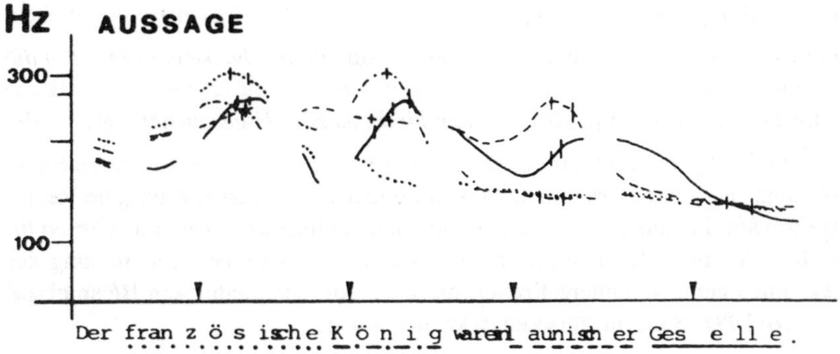

Abb. 1: Unterschiedliche Tonhöhen je nach Fokusakzent der Sprecherin L (Bannert 1985b, 292)

Gegenüber dem Durchschnitt der primären Akzente (Fokusakzente) haben Kontrastakzente einen sowohl höheren F_O-Gipfel als auch ein tieferes F_O-Tal unmittelbar vor dem Kontrastakzent.

5.2.3. Funktionen

Am folgenden Beispiel aus Text 3 (vgl. auch 6.4 zur Informationsverteilung) soll nun betrachtet werden, wozu Akzentuierungen dienen (eckige Klammern geben dabei den Fokusbereich an):[5]

(1) und [ICH] zum bEIspiel,
(2) ich eh fInde [fInde es SCHRECKlich] wenn [ich geHÖRT habe,]
(3) ja gUt in [in RUSSland]
(4) da ha [hat man natürlich keine trAUung vorm alTA:R mehr,]
(5) da [geht man in ein schön hEIratspa↑LAST?]
(6) da [beZAHLT man] (--)

[5] Zu Funktionen von Akzenten: Selting (1995, 120ff.); Stock (1996, 51); Zifonun u.a. (1997, I, 231ff.).

(7) na [ich wEIß nich] [wieviel GELD dafür,]
(8) dann [hAt man bIsschen (.) bIsschen muSIK?]
(9) un dann [hÄlt [irgend (ne) beZIRKSleiter] noch ne ↑ANsprache,]
(10) und dann [werden [pro TACH] vierzich EHen geschlOssen.]
(11) <<len>↓alles [KÜHL] und [SACHlich.>]

In (1) hat der primäre Akzent die Funktion, einen Redegegenstand zu thematisieren (zuvor hat die Sprecherin über die Unauflöslichkeit der Ehe gesprochen). Dabei ist natürlich die Sprecherin eine für alle Beteiligten bekannte Person. Hervorhebung mittels Akzent fällt also nicht immer mit der Markierung neuer Information zusammen, sondern kann auch der Thematisierung dienen.

In (2) haben wir zwei stark akzentuierte Einheiten, die sich zwar auf zwei syntaktische Einheiten verteilen, intonatorisch aber eine Einheit bilden. Beide Akzentuierungen heben sowohl inhaltlich Neues wie kommunikativ Relevantes hervor.

In (3) dient der Akzent auf *RUSSland* wieder der Thematisierung, wie in (1) verbunden mit dem syntaktischen Mittel der Herausstellung (7.3.1.). Im Fokus stehen in diesen Einheiten nicht nur die akzentuierten Wörter, sondern die mit ihnen verbundenen syntaktischen Einheiten (VP: *finde es SCHRECKlich; geHÖRT habe*; PP: *in RUSSland*).

In (4) betont der Akzent auf der untergeordenten Präpositionalphrase *vorm alTA:R* den Gegensatz zu einem christlichen Konzept einer Trauung und entwirft schon vorausweisend das Kontrastglied in (5) *in ein schön hEIratspa↑LAST*, welches zugleich rhematisches Element ist. Die Hervorhebung relevanter Information überlagert hier also die Kontrastfunktion.

In (6) bis (8) folgen wieder Markierungen von rhematischen Teilen. In (9), (10) und (11) werden jeweils zwei Wörter stark akzentuiert: in (9) der *beZIRKSleiter* als Agens (vielleicht im Gegensatz zu einem Pfarrer) und seine Handlung (*ANsprache*); in (10) hebt *pro TACH* im Zusammenhang mit *vierzich EHen* das Bürokratische hervor, und in (11) sind die teilsynonymen Adjektive (*KÜHL und SACHlich*) auch kommunikativ gleichgewichtig.

Wichtigste Funktion des primären Akzentes ist es also, den rhematischen Bereich einer Äußerung zu markieren (Stock 1996, 51). Speziell in Antworten, Korrekturen und inhaltlich gegensätzlichen Formulierungen sind enge Fokusbereiche vorgegeben. In einer W-Frage wird der durch das Fragepronomen gekennzeichnete Bereich des Nicht-Wissens akzentuiert, dessen informative Ausfüllung in der Antwort dann ebenfalls akzentuiert wird:

Richter: seit WANN sitzen sie in u-haft.
Angekl.: fast n halbes JAHR. (Hoffmann 1995, 29).

Ähnlich ist es mit Korrekturen:

A: da sind die mädchen (-) [...] ALle denselben weg gegangen.
B: VIEle wollen wer mal sAgen. (2740/10,7).

In inhaltlich gegensätzlich konstruierten Äußerungen mit *sondern, aber* usw. werden die sich ausschließenden semantischen Einheiten akzentuiert und bekommen so eine Kontrastfunktion:

weil sie MICH als lÜgnerin hInstellt,
denn SIE ist die lÜgnerin. (3001.03).

Wenn der Sprecher eine inhaltliche Umorientierung vornimmt, so erleichtert er/sie mit einer Akzentverschiebung das Verständnis:

RUFT der rEktor An.
un da hab ich zu IHM gesacht. (Zifonun u.a. 1997, I, 235).

Aus dem ersten Satz wäre zu erwarten, dass als nächstes mitgeteilt wird, was der Rektor sagt; die Erzählerin will aber ihre Initiative in den Vordergrund stellen; sie markiert deshalb die Umkehrung der Adressierung durch einen Akzent auf *IHM*. Kontraste sind also auch dann zu erschließen, wenn im verbalen Kontext kein Kontrastierungsteil vorgegeben ist (wie in Text 3: *alTA:R – hEIratspaLAST*).

Liegt der Akzent auf dem finiten Verb statt auf einer Ergänzung oder auf dem trennbaren Verbteil (s. den Fall (2) in Phebys Akzentreihe, S. 58), so wird die Tatsächlichkeit der damit bezeichneten Handlung hervorgehoben (Höhle 1991/92: „Verum-Fokus“). Damit können unterschiedliche kommunikative Aufgaben geleistet werden, z.B. die Unterscheidung einer Vorwurfsfrage von einer Begründungsfrage: *warum SA:↑↓gen sie dann konstanz* (als Vorwurf, nicht gleich nach dem richtigen Ort gefragt zu haben; Günthner 1996, 284) oder die Unterscheidung einer ironischen Bestätigung von einer nicht-ironischen:

ER: dieses ZWIschen den stÜhlen stEhen (3) muss AUFhörn.
SIE: ja MUSS aufhörn. MUSS aufhörn. (TB III, 35).

Ein weiteres Funktionsfeld bekommt der Akzent zum Ausdruck von Emotion, Wertung, Emphase und Eindringlichkeit. Dehnung und weite Intonationsbandbreite sind die Ressourcen von Emphaseakzenten. Zwischen der Tonhöhenbandbreite und dem Grad der Expressivität herrscht eine direkte Entsprechung (hier und im Folgenden werden zur genaueren Tonhöhenwiedergabe Kreise über die Silbenkerne gesetzt):[6]

[6] Wenn auffallende Akzente von anderen Beteiligten übernommen werden, erzeugt dies ein hohes Maß an Übereinstimmung und Harmonie; Beispiele bei Schwitalla (1995), S. 49 (Demonstration von Überraschung), S. 219f. (Begrüßungssequenz), S. 224f. (gemeinsames Lob), S. 228 (gemeinsames Rezeptionssignal).

```
                                 o
   o                             o        o
    o                             o   o
     o
TO::LL                        SCHÖ:N bist DU: (2740/5,1).
```

Wiederholungen solch starker Akzente intensivieren den Sprechakt des Lobens noch mehr:

```
                              o          o
                               o          o
(sie hat doch) einen schÖnen puLLO:ver an (-) OH:
                         o    o
                          o    o
also is se GANZ grO:ße m GANZ grO:ß (2740/5,1).
```

Manchmal kann man auch aus der expressiv gestalteten Akzentuierung einer Silbe schließen, dass die in dem Wort enthaltenen Konnotationen verstärkt werden sollen, z.B. wenn jemand sagt: *oh gott des is ja e KNEI::be*, dabei den Ton in *knei-* langsam fallen lässt, um anzudeuten: ‚eine schlimme Kneipe'.[7]

Durch starke Akzentuierungen auf hoher, z.T. auch tiefer Tonebene kontextualisieren Sprecher Äußerungseinheiten als etwas, was nicht zu ihren Erwartungen passt. Dadurch können Wörter wie *WAS?, WO?, BItte?*, laut, hoch, Letzteres auch phonetisch verstärkt mit behauchtem [t^h] gesprochen, die Bedeutung von erstaunter Nachfrage oder leicht entrüsteter Forderung der Wiederholung einer unglaublichen Information bekommen. Sie unterscheiden sich dadurch von Bitten um Wiederholung bei akustischen oder semantischen Verstehensproblemen (Selting 1991; 1996; Auer/Selting 2001, 1126f.). Ebenso ist es mit den Wörtchen *ja* und *nein*: Ein tief und gedehnt gesproches *NEI:N.* drückt Erstaunen, ja Fassungslosigkeit aus; ein lautes und langes *JA::.* bedeutet feste eigene Überzeugung gegenüber einem prosodisch flach gesprochenen Antwort-Ja (Rabanus 2001, 219); ein gedehntes, hoch steigendes *E:CHT?* drückt mehr Überraschung aus als ein kurzes *Echt?* (Rehbein 1999, 110).

5.2.4. Akzentverdichtung, Rhythmus

Mehrere Grammatiker und Phonetiker haben für das Englische die Regel der Akzentalternanz, d.h. eines regelmäßigen Wechsels zwischen akzentuierten und nicht-akzentuierten Silben aufgestellt; sie wurde auch für das Deutsche postuliert (z.B.: *es WAR einMAL ein KÖnig*).[8] Jedoch müssten bei strenger

---

[7] Zu Vokaldehnung mit starken Tonhöhenunterschieden zum Ausdruck von Wertung: Redder (1994, 244, 247: *rie:senkawenzmann*); Rehbein (1999, 122f.); Deppermann (2002a, 164: *ASSI::*).

[8] Überblick über die Forschung: Lösener (1999, 83ff.); Auer/Couper-Kuhlen/Müller (1999, 3ff.).

Anwendung viele Wortakzente geändert werden. In der gesprochenen deutschen Alltagssprache ist hörbarer Rhythmus selten; er hat dann rhetorische Funktionen (Uhmann 1996, 326) oder gehört zur Ressource bestimmter Gruppen (z.B. das „stampfende“ Sprechen von Türkinnen der zweiten Generation; Keim 2001, 381ff.).[9]

Wenn es das Prinzip der Akzentalternanz im Deutschen gäbe, dann müssten zwischen zwei akzentuierten Silben (Mikro-)Pausen entstehen oder sich der Wortakzent verschieben. Uhmann (1996, 329, 339) hat aber gezeigt, dass bei starken Wertungen bis zu fünf akzentuierte Silben nacheinander ohne Pause gesprochen werden (*!IR!-RE: HEISS; !JAH!-rE-LANG; WIE:: ENT-SETZ-LICH; (eine) chI-NE-sIn zUm !TEE! (einzuladen)*). Akzentverdichtungen widersprechen dem Prinzip der Vermeidung direkt aufeinander folgender Akzentuierung (beat clash). Sie sind daher eine sehr auffallende prosodische Form. Ihre Produktion braucht mehr Zeit (Dehnungen, Mikropausen nach Silben) und hat die Tendenz, „ansteckend“ auf die Umgebung zu wirken (ebd., 327ff.). Sie werden meist als eine emphatische Verstärkung von Wertungen produziert:

ich wollte ja Immer nach floRENZ fahren.
aber lEtztes jahr war es
→ <<f>SO: (.) UNerTRÄGlich HEISS,>
dass ich dIeses jahr NICHT hinfahre.

Wie hier erleichtert eine Mikropause das Aufeinandertreffen von akzentuierten Silben; man kann aber auch die Wortgestalt in einen Rhythmus einpassen, wie im folgenden Beispiel (das Adjektiv *fett* wird nicht flektiert):

und dann hat die echt die PAUsenbrote geSCHMIERT,
Echt so DIcke DINger; (-)
so FETT saLAmi;

Starke Akzente auf nah benachbarten Silben haben die Funktion, die mit diesen Äußerungen verbundenen Sprechakte zu intensivieren, z.B. eine Behauptung:

DAmals HAbe ICH die WEIchen FALSCH geSTELLT (2740/10,8),

einen Appell zur Zustimmung in der Anrede:

die kann überHAUPT nicht mehr Arbeiten; E:RI:KA::, (2740/3,3),

einen Vorwurf (zitierte Rede eines Kindes):

UND ICH DARF DAS nIch und die ANdern hAben DAS (2740/10,7),

den Ausdruck von Empörung:

[9] Es ist eindrucksvoll, wie Erickson (1992) an einer amerikanischen Unterhaltung beim Essen demonstriert, wie alle Beteiligten durch Sprechen, Gestik und aktionale Handlungen einen gemeinsamen Rhythmus etablieren.

das MÄdel UNgepflEgt; die FRAU (.) BAbbich; .h
also der HE:RD, also AsoziAles !PACK!. (2742/7,9).

Rhythmisches Sprechen kann zusammen mit deutlicher Artikulation auch der Verständnissicherung dienen:

Kunde: haben sie FETTreduzierte lEberwurst?
Verkäufer: bItte WAS?
Kunde: <<f>FETTreduZIERte (.) LEberwurst.>

Akzentverdichtungen werden von Hörern in ähnlicher Weise beantwortet (Beispiele in Uhmann 1996, 333ff.). Mehrere Sprecher können gemeinsam rhythmisch sprechend ihre Rede in ungefähr gleichen Abständen (Takten, Schlägen) akzentuieren. Dabei muss man mit leeren Takten (silent beats) rechnen, die zeitlich in die Taktfolge passen. Rhythmische Redestrecken heben sich von ihrer Umgebung ab.[10] Solche Passagen bekommen die kommunikative Bedeutung von Eindringlichkeit, besonders dann, wenn zum Rhythmus noch eine (in etwa) regelmäßige Anzahl von unbetonten Silben (Isometrie) hinzukommt.[11] Längere Passagen können so, wenn auch in wechselnden Rhythmen, gemeinsam gesprochen werden (/ / = Takteinheiten):

RE: weil du / RUHiger /
/ IS und /
/ AUSge- /
/ GLIsche- /
/ NER
[Rhythmuswechsel:)
WI: / JA weil ma /
/ WEM ma kommt /
/ LIEber wieder nach /
/ HAUse
[Rhythmuswechsel:]
RE: / JA und man /
/ GIBT ab man /
/ STRAHLT aus /
/ JA-a (...) /
/ WÄRme und so /

An drei Stellen (*-NER, GIBT ab, STRAHLT aus*) wird wegen des Rhythmus' eine „falsche“ Silbe akzentuiert. Zusammen mit der Lexik drückt diese Sequenz ein hohes Maß an Einverständnis aus.

---

10 Vgl. die Beispiele in 9.7. Zur Festlegung von Rhythmen durch eigenes Mitklopfen: Auer/Couper-Kuhlen (1994, 91).

11 Für silbenzählende Sprachen wie das Italienische werden skandierende Rhythmen zusammen mit anderen rhetorischen Mitteln für Beitrags- und Themenbeendigungen ausgenützt (F. Müller 1989; 1991).

Besondere Aufmerksamkeit hat in der Forschung die Frage erfahren, ob beim dialogischen Sprechen grundsätzlich ein gemeinsamer Rhythmus etabliert wird (so die These von Erickson/Shultz 1982, 88ff.)[12] oder ob ein gemeinsamer Rhythmus (Isochronie) nur phasenweise aufgebaut und übernommen wird (das scheint für das Deutsche der Fall zu sein).[13] Am Ende von Telefongesprächen kann man aber fast regelmäßig auch im Deutschen erkennen, wie Anrufer und Angerufener vor dem Austausch von Verabschiedungsformeln Isochronie herstellen (Auer 1988; Auer/Couper-Kuhlen/Müller 1999, 116ff.):

```
A:  MACH dir halt mAl en pAAr geDANken; gEll?
B:  / MACH ich /
    / MACH ich /
A:  / JA (--)
B:              bis /
    /SPÄter ne   /
A:  / TSCHÜSS /
B:  / TSCHÜSS / („kino“).
```

Oft werden dabei die Takte gegen Ende kürzer. Auch bei Verabschiedungen face-to-face kann man solche gemeinsamen Rhythmen beobachten:

```
A:  das / LÄUFT uns nicht  /
        / WEG
B:                    o-   /
        /KAY
A:      / TSCHÜSS /
B:      / TSCHÜSS /
```

Mitten im Gespräch einen gemeinsamen Rhythmus herzustellen, bedeutet immer, in ohrenfälliger Weise Gemeinsamkeit zu demonstrieren. Im nächsten Beispiel unterstützt auch formelhaftes Sprechen den Rhythmus; die Wendungen heißen ins Standarddeutsche übersetzt: „rupf einmal einem eine Feder raus, die er nicht hat“, „wo der Name steht, steht der Kopf“ und „reiß ein Haar raus, wo keine sind“ (Keim 1995, 417f.):

---

[12] Erickson/Shultz (1982, 104ff.) haben auch demonstriert, wie das Durchbrechen eines etablierten Rhythmus Störungen inhaltlicher und einstellungsbedingter Art anzeigt.

[13] Stock (2000) findet in der Forschung zum Rhythmus im Deutschen keine Anhaltspunkte für isochronen Rhythmus. Couper-Kuhlen (1989/90) hat Rhythmusübernahmen und -durchbrechungen bei Sprecherwechseln in englischen Unterhaltungen untersucht und gezeigt, wie Sprecher, wenn sie einen vom vorhergehenden Sprecher präferierten Anschluss vollziehen, auch den Rhythmus aufnehmen, dispräferierte Züge aber mit einem Rhythmusbruch folgen lassen (deutsche Kurzdarstellung in Auer/Couper-Kuhlen 1994, 94ff.).

A: oh / rObb emol / [Äm e / FEder / rAUs (-) /
B: / [wU de / NOme / stEht (-) /
A: / [dIe er net / HOD (-) /
B: / [stEhd de / KOBB (-) /
C: / rEIß e / HOAHR raus wu känni / SIN (-) /

Sprecherin B fällt in den Rhythmus von A ein und beide sprechen gleichzeitig im gleichen Takt. Danach beginnt eine dritte Sprecherin in anderer Rhythmisierung eine neue Formel.

5.3. Intonationsverläufe

5.3.1. Allgemeines

Akzente haben eine wichtige Funktion für die Ausbildung der Sprechmelodie, weil sie Träger und auch Wendepunkte von globalen Tonhöhenverläufen sind.[14] Beim Hören nehmen wir einen durchgängigen Verlauf von Tonhöhen wahr, obwohl in Wirklichkeit nur Vokale und stimmhafte Konsonanten eine Tonhöhe haben. Globale Intonationsverläufe können auf insgesamt tiefem, mittlerem oder hohem Tonhöhenregister gesprochen werden. Tiefes Register wird für untergeordnete, „herabspielende" bzw. dispräferierte Sprechhandlungen verwendet (Selting 1995, 159ff.), hohes für „drängende" und relevanzhochstufende Aktivitäten.

Seit v. Essen (1965) unterscheidet man global fallende, steigende und gleichbleibende Tonhöhenverläufe. In der Transkriptionspraxis hat sich die Einteilung in tief fallend (.), leicht fallend (;), gleichbleibend (-), leicht steigend (,) und stark steigend (?) am Ende einer Äußerungseinheit bewährt. Anders als Akzente sind Muster von Intonationsverläufen unabhängig von syntaktischen Strukturen. Dennoch fallen Satzgrenzen und (leicht) fallende bzw. (leicht) steigende Intonation sehr oft zusammen.[15]

---

[14] Überblick über die Forschungsgeschichte: Schmidt (2001, 10ff.); Rabanus (2001, Kap. 2 und 3); Kehrein (2002, Kap. 2).

[15] Schönherr (1997, 93); Auer/Selting (2001, 1123); im Englischen: Cruttenden (1986, 75ff.); zur prosodischen Abgrenzung von Parenthesen vgl. 7.3.4. Intonatorische Einheiten können aber auch mehr als einen Hauptsatz überspannen, vgl. die Beispiele S. 98 Anm. 15 und S. 59 (2) für eine Intonationseinheit mit zwei syntaktisch nicht zusammengehörenden Einheiten; (3) und (4) für eine syntaktische Einheit, die in zwei intonatorische Einheiten gegliedert ist; dazu Gumperz (1992, 234); Halford (1994, 72f.). Zehn Prozent aller parataktischen Hauptsätze haben nach Schönherr (1997, 96) mehr als eine intonatorische Phrase.

Lange wurde darüber diskutiert, welche Typen von Intonationsverläufen es gibt und ob sie eine bestimmte Bedeutung haben.[16] Gewiss ist nur, dass in sehr vielen Sprachen das Ende von Redeeinheiten mit fallender Intonation korreliert. Oft herrscht dabei eine Analogie zwischen dem Grad der Tontiefe und dem Grad der Beendigung: Der tiefste Ton wird gesprochen, wenn jemand zu sprechen aufhört. Es ist aber fraglich, ob im Deutschen die global fallende Intonation über die Segmentierung hinaus weitere kommunikative Funktionen hat (Kehrein 2002, 180f., 189).

Umgekehrt verwenden die meisten Sprachen steigende Intonation als Signal für erhöhte Relevanz und für Unabgeschlossenheit, z.B. bei Entscheidungsfragen, ebenfalls mit einer Analogie zwischen Tonhöhe und Intensität der Frage bzw. Ausdruck von Erstaunen. Auch für Ergänzungsfragen scheinen jedenfalls die europäischen Sprachen Tonanstieg zu bevorzugen (Bolinger 1978, 494ff.). Im Deutschen hat er oft die Funktion zu signalisieren, dass die Interaktion weitergehen soll, sei es durch den Sprecher selbst oder durch den Partner (Frage, lokaler Steigton in Rückversicherungs- (*ne?*) und Hörersignalen (*hm?*)).[17]

5.3.2. Intonationsverläufe und Satztypen

Experimentell arbeitende Linguisten haben versucht, bestimmte Intonationskonturen mit Satztypen zu korrelieren.[18] Altmann/Batliner/Oppenrieder (1989) beschreiben „intonatorische Prototypen", nach denen z.B. Fragesätze mit Verberst- und Verbzweitstellung folgendermaßen gestaltet sind (Beispiele aus Altmann 1987, 42f.):

[16] Die Klassifizierungen für das Deutsche sind recht uneinheitlich; Überblick: Uhmann (1991, 156f.). Féry (1993, 81ff.) nennt folgende Funktionen von globalen Intonationsbögen: fallend in Aussage-, W-Fragesätzen und Antworten; steigend in Fragen, unvollständigen Äußerungen, Rückversicherungssignalen, in Deklarativsätzen mit der Funktion einer Warnung oder Aufforderung, bei Antworten auf eine Frage nach etwas Offensichtlichem, bei Unsicherheit und Entrüstung; fallend-steigend bei markierter Frage, bei Drohung (*du\/*); steigend-fallend (selten), um Aufmerksamkeit zu wecken (*frau KRA/mer*), zu drohen oder Selbstverständliches (*ge/\rn*) auszudrücken.

[17] Féry (1993, 85ff.); Selting (1996a, 374ff.); Schönherr (1997, 94); Bannert/Schwitalla (1999, 317f.); Auer/Selting (2001, 1124); Kehrein (2002, 203f.).

[18] Bannert (1985a) für isoliert gesprochene Aussage-, Informations- und Echofragesätze; Wunderlich (1988, 6) für den Interrogativsatz.

Verberst-Fragesatz, neutraler Akzent: tief – hoch – (höher):

```
                  o
        o    o
     o
  o
GEHen wir (denn jEtzt)
```

Verberst-Fragesatz, emphatischer Akzent: (mittel) – tief – hoch:

```
             o
       o o
      o
SCHLA:fen sIe
```

Verb-Zweit-Fragesatz, neutraler Akzent: tief – hoch – mittel:

```
    o
         o  o  o  o
                      o
  o
wie ALT ist er gewOrden
```

Ähnliche Muster werden für die anderen Satztypen (Aussage-, Adhortativ-, Imperativ-, Exklamativsatz, assertive Frage etc.) postuliert (Altmann u.a. (Hgg.) 1989). Insbesondere wortgleiche Sätze können durch unterschiedliche Intonationskonturen syntaktisch differenziert werden: steigend vs. fallend für assertiven Fragesatz vs. Aussagesatz (*Sie lässt die Nina das Leinen weben?/.*); für Verberst-Fragesatz vs. Imperativsatz (*Lassen Sie den Manni die Bohnen schneiden?/.*) und für Verberst-Fragesatz vs. Adhortativsatz (*Lassen wir den Leo die Blumen düngen?/.*).[19] Uhmann (1991, 128ff.) stellt hohe finale Töne für Echo- und Vorläuferfragen (*gibt's was Neues?*), tiefe für Aussagesätze fest. Man hat auch versucht, Normalformen als intonatorisch unmarkierte mit markierten Formen zu vergleichen, z.B. W-Fragesätze mit unmarkierter fallender Intonation (*wie heißen Sie.*) vs. markierter steigender Form als ‚besonders höflich' (*wie heißen Sie?*; Pheby 1981, 857).

Solche Korrelationsstudien von Satz- und Intonationstypen gehen von isolierten Äußerungen aus, deren Ergebnisse man nicht einfach auf die natürliche Rede übertragen kann. Auch vorgelesene Texte unterscheiden sich erheblich von frei formulierten (Stock 1996, 224f.). Deshalb werden für natürliche Dialoge feste syntaktische Funktionen der Intonation bezweifelt (Schönherr 1997, 99; Schmidt 2001, 16). Fragesatzarten scheinen aber einen gewissen Einfluss auf den Intonationsverlauf zu haben. Selting (1995, 232ff.) stellt fest, dass Entscheidungsfragen im Zusammenhang gesprochener Rede prozentual häufiger mit steigender Intonation vorkommen als mit fallender (mehr als drei Viertel); bei den Ergänzungsfragen ist das Verhältnis ungefähr 1:1; und sie

[19] Batliner (1989, 28); Stock (1996, 232); Rehbein (1999, 121, 129).

beobachtet, dass steigende oder fallende Intonation für Ergänzungsfragen wie für Entscheidungsfragen nicht so sehr vom Satztyp abhängt als vielmehr davon, ob der Fragesatz einen neuen thematischen Fokus eröffnet („offene" Frage, dann steigend), oder ob zu einem gerade besprochenen Thema etwas nachgefragt wird, etwa zu einem noch nicht diskutierten Detail (dann fallende Intonation + Modalpartikel *denn, eigentlich*). Ein Beispiel für eine thematisch neufokussierende Frage, Verberst-Fragesatz (Selting 1995, 248, versuchsweise in meiner Notation):

```
                                           o
  o                                      o
      o        o     o  o   o  o  oo
         o   o
BIS du denn AUCH hier an der Uni beschäftlicht
```

und für einen W-Fragesatz (ebd., 244):

```
                  o
o   o            o
      o o   o o
un wAs has du geSA:CHT
```

Dagegen haben Nachfragen zu einem Thema des vorhergehenden Beitrags fallende Intonation, W-Fragesatz (ebd., 259):

```
I: ich MACH das hier zu Ende? un mal SEHN was DANN kommt.

        o
   o        o   o  o  o   o
                              o
                                 o
N: in WELchem semester BIS du denn
```

Verberst-Fragesatz (ebd., 265):

```
R: in muSIK zum beispiel ganz Anders. NE? (-)
   die zuSAMMsetzung.

  o  o
            o          o   o
                  o              o
                                     o
I: is dann MEHR mä (-) sin mehr MÄnner
```

Fragesätze, mit denen man eine Schlussfolgerung aus dem vorhergehenden Beitrag zur Bestätigung oder Ablehnung anbietet, werden steigend intoniert, um das eigene Verständnis zu überprüfen (Vergewisserungsfragen), wohingegen fallend intonierte eine gewisse Präferenz für die eigene Schlussfolgerung enthalten (Bestätigungsfragen; Selting 1995, 270ff.). Nachfragen zur Bedeutung verwendeter Ausdrücke, welche auch einen Akzent auf dem erfragten Element haben, werden fallend gesprochen (*SALsadisko (-) was is DAS denn.; was is den feminNIStische theoloGIE.;* ebd., 287f.).

5.3.3. Intonationverläufe und Redestrukturierung

Eine der wesentlichen Funktionen von Intonationsbögen ist es, Sprecheinheiten so zu gliedern, dass der Hörer weiß, welche Einheiten enger zusammengehören, wo größere Einschnitte sind und welche Einheiten sich inhaltlich widersprechen. Die Folge von mehrmals (leicht) ansteigenden Einheiten, die mit einer fallenden Einheit beendet wird, schließt diese zu einer größeren Einheit zusammen (Chafe 1987, 45f.). Ansteigende Intonation signalisiert, dass der Sprecher weitersprechen will, auch wenn er/sie eine syntaktische Einheit beendet hat (vgl. S. 26, Text 1, 2–4, 8f., 11f.; S. 46, Text 3, 2–9, 43f., 46–47, 53f.; Bannert 1985b, 296).[20] Besonders bei listenartigen Aufzählungen zeigt der jeweils steigende Ton an, dass die Liste weitergeht, der fallende, dass sie beendet ist (vgl. die Beispiele S. 184).

Oft fallen syntaktische Einheiten, insbesondere Hauptsätze, mit (halb) fallenden oder steigenden Intonationskonturen zusammen, z.B. wenn zwei Hauptsätze ohne Konjunktion aufeinander folgen zu 95 Prozent, mit Konjunktion zu 88 Prozent. Zwei Nebensätze in einem Matrixsatz werden dagegen weniger häufig intonatorisch getrennt (Schönherr 1997, 93f.; zu weiteren Kombinationen und Sequenzen von Haupt- und Nebensatzfolgen ebd., 95ff.).

Durch ähnliche Intonationskurven ergeben sich größere intonatorische Einheiten, die die kleineren als zusammengehörig umfassen. Dies entspricht dem Begriff des ‚Paragraphen' in der prosodischen Literatur (Lehiste 1979; Couper-Kuhlen 1986, 189ff.). Dabei können auch komplexere Kombinationen von Intonationsbögen wiederholt werden, die interaktiv oder textstrukturell eine ähnliche Funktion haben.[21]

Bei abgeschlossenen Einheiten folgen gleiche Intonationsbögen dem unterstellten Prinzip, dass das, was gleichartig intoniert ist, auch inhaltlich oder kommunikativ zusammengehört, was dagegen anders intoniert ist, inhaltlich auch mehr oder weniger auseinanderfällt. Ein Beispiel für Ersteres, wobei Satzparallelität die Gleichheit der Intonation unterstützt:

```
–                        o
–                             o   o   o   o
–o   o   o o                                  o   o
–                                                    o o
man sOllte sich WIRKlich nich so drÜber Aufregen
```

[20] Für mehrmals fallende Intonationseinheiten im Englischen, die zum Schluss auf ein tiefstes Niveau fallen, vgl. Couper-Kuhlen (1986, 189ff.), Halford (1994, 81).

[21] Beispiele in Schwitalla (1994b, 523ff.); Selting (1995, 136f.); Bannert/Schwitalla (1999, 321ff.).

```
–           o
–                      o    o o
– o   o   o                        o    o    o
–                                                o
```

man sOll se EINfach fÜnfe grAd sein lAssen (2740/4,2).

Ein oft wiederkehrendes Intonationsmuster ist die Folge von fallender Intonation, die mit einer syntaktischen Grenze zusammenfällt, und steigender Intonation auf dem anschließenden Rückversicherungssignal *ne?* (vgl. Text 4, 3; Selting 1995, 142ff.).

Inhaltlich oppositive Aussagen (Fokusoppositionen mit *ja/zwar – aber; nicht – sondern; früher – jetzt* usw.) haben oft auch intonatorisch konträre Verläufe, z.B. global steigende Intonation auf dem ersten Oppositionsglied und global fallende auf dem zweiten (z.B. Augenarzt beim Wechseln der Linsen: *is SO besser? oder SO besser.*). Im nächsten Beispiel werden zwei sich ausschließende Handlungen mit Tonsprung nach oben für die eine Alternative, mit Tonsprung nach unten für die andere gesprochen:

MACHN wir das mal ↑ANders?
sch un SCHREIBM wir kein pa↑PIER?
sondern DREHN wir ein ↓VIdeo. (Selting 1995, 139).[22]

5.3.4. Intonation und expressives Sprechen

Plötzliche Tonhöhensprünge nach unten oder oben, oft verbunden mit Änderungen der Lautstärke und der Sprechgeschwindigkeit, haben neben einer segmentierenden Funktion (7.4.4.) auch eine expressive. Die Sprecher drücken damit psychische Erregung, Emphase, Überraschung und ähnliche Einstellungen aus. Im folgenden Beispiel geht die (leicht schwäbisch sprechende) Sprecherin am Ende einer Erzählung über das falsche Verhalten einer Person beim ersten Vorkommen des Wortes *witz* in ihren höchsten Tonhöhenbereich, um ihrer Empörung Ausdruck zu verleihen:

```
                  o

                      o                    o
                                            o
o o o o                  o o
```

also so ein (.) WITZ ist das ein <<len>W:ITZ> (2740/4,1).

[22] Wolf (1997) meint, dass prosodische Mittel zur Kennzeichnung von Kontrasteinheiten eher dann eingesetzt werden, a) wenn andere (lexikalische) Mittel schon „abgenutzt" sind, b) wenn zwischengeschobene Einheiten die Oppositionsstruktur verunklaren, c) wenn der zweite Oppositionsteil eine besondere stilistische Hervorhebung bekommen soll (in ihrem Beispiel die Signalisierung von Unnachgiebigkeit, Sachlichkeit und Relevanz).

Vor dem extrem starken Tonanstieg auf *WITZ* hält die Sprecherin kurz inne, und sie verlangsamt bei der Wiederholung des Wortes das Tempo, geht aber mit der Stimme noch einmal nach oben. Anders als der vorhergehende Satz ist diese Bewertung auch standardsprachlich gesprochen (zur intonatorischen Markierung von Erstaunen, Nicht-Erwartetem vgl. Selting 1996, 246ff.).

Sprechen auf insgesamt hoher Tonhöhe verwenden viele Erzähler, wenn sie Gegner oder Leute, die in der Erzählung implizit kritisiert werden, zitieren. Sie selbst können dann ihre Rede auf tiefer Tonlage entgegensetzen und dadurch „cool" wirken (Beispiele in Text 6 und Text 12).

In ähnlicher Weise können pötzliche Tonabfälle Erstaunen, Erschrecken, negative Bewertung und Ähnliches ausdrücken. Dazu folgender Ausschnitt aus der Beginnphase einer Erzählung. Eine Mutter (BA) teilt mit, dass ihre Tochter zu ihrem Freund zieht:

BA: und weil sie doch jetz ENde der woche UMzieht? (-) nit?
da hat sie se bei sich AUSgemistet? (--)
EB: Ach jetz zIEht se zu ihrem KNÜLCH. (--)
BA: <<p>ja (--) und is ↓GAR nich frÖhlich.> (2740/4,1).

Bei der für die Zuhörerinnen überraschenden Information, die Tochter sei nicht glücklich, geht die Sprecherin in eine sehr tiefe Tonlage und spricht zudem leise. Eine der Zuhörerinnen reagiert mit einem lauten, tiefen und fallenden *NEI:N.* (bereits in Kap. 5.2.3. erwähnt).

5.3.5. Regionalspezifische Intonationsverläufe

Aus der Alltagserfahrung wissen wir, dass sich Dialekte und Regiolekte nicht nur durch die Lautung, sondern auch durch spezifische Intonationsverläufe unterscheiden, welche denjenigen, die diese Regiolekte nicht sprechen, sehr auffallen. Ein DFG-Projekt (Auer u.a. 2000) untersucht bestimmte Intonationsverläufe im Berlinischen (Selting 2000; 2001), im Dresdnerischen (Selting 2002, 2002a) und im Hamburgischen (Auer 2000; Gilles 2001).

5.4. Sprechgeschwindigkeit

Sprechgeschwindigkeit ist ein Phänomen, das schwer zu operationalisieren ist. Denn ob man die Zeiteinheiten von Lauten, Silben, Wörtern oder Takten misst, immer stellen sich Probleme: bei Silben Verschleifungen, bei Wörtern ihre ungleichen Längen, bei Takten die Tatsache, dass innerhalb eines Takts eine Tempoveränderung vorkommen kann, bei allen das Problem, wie man mit Pausen umgehen soll. Pausen und Dehnungen erhöhen den Eindruck von Langsamkeit. Außerdem gibt es Langsam- und Schnellsprecher. Es kommt also nicht auf die absolute Zahl der Silben pro Sekunde an, ob man Äußerungen als schnell oder langsam wahrnimmt, sondern auf die Relation zur Durchschnittsgeschwindigkeit eines Sprechers.

Ein erster Funktionskreis von Sprechtempo hat mit dem Rederecht und der Konstruktion mehrteiliger Redebeiträge zu tun. In 6.2.5 wird darauf hingewiesen, dass der schnelle Anfang einer neuen Redeeinheit (eines neuen Satzes) dazu dienen kann, sich das Rederecht zu sichern. Auch das schnelle Sprechen am Ende eines Satzes und des Beginns des nächsten kann verhindern, dass ein anderer die Sprecherrolle übernimmt. Neue Themen werden manchmal mit schnellem Sprechen eingeführt, ebenfalls um sich die Sprecherrolle zu sichern (ein Beispiel S. 76). Insbesondere nach der Einleitung der Beendigungsphase in einem Telefongespräch muss man sich sozusagen beeilen, wenn einem noch ein neues Thema einfällt:

A: ja ja KLAR.
B: nE?
A: mhm:. (-)
B: oKAY alles klAr,
A: alles KLAR, (-) gUt.
B: alla?
A: dann?
B: mh?
→ A: <<all>wie s <<f>gEHsch du am SAMSdag bAde?>>
(Herrmann 1992, 81).

Ein zweiter Funktionskreis betrifft die Relevanz des Gesagten. Uhmann (1992) stellt für wahrnehmbar schneller gesprochene Passagen, z.T. mit leiserer Stimme, folgende Funktionen fest: Einschübe, Selbstkorrekturen, nachgeschobene Hintergrundinformationen (dazu mehrere Beispiele in 7.3.3. und 7.3.4.), zusammenfassende Beendigungen, im Ganzen also Einheiten, die einen untergeordneten Status haben. In Text 11 werden parenthetische Bemerkungen und Anfangsäußerungen von Erläuterungen schnell gesprochen: *sagen wir mal..., des heißt ..., wie man so schön sagt ..., zum beispiel ...* .[1] Umge-

[1] Auch der Status längerer Einheiten kann durch schnelleres Sprechen und weniger Akzente herabgestuft werden. In institutionellen Situationen ist es z.B. wichtig zu signalisieren, ob eine Äußerung Teil der offiziellen Interaktion ist oder ob man mehr in einer inoffiziellen, vertraulichen Weise sprechen will. An einer Diskussion zwischen Professoren nach einem Doktorexamen haben Cook-Gumperz/Gumperz (1994) gezeigt, wie die inoffiziellen Teile (off-record) von Redebeiträgen von den offiziell gültigen dadurch abgesetzt werden, dass die Sprecher schneller und weniger akzentuiert sprechen, während sie bei ihren als offiziell geltenden Äußerungen wieder ruhiger, mit mehr Pausen und in kürzeren Intonationseinheiten sprechen. Auch inneralb einer on-record-Phase kann schnelles Sprechen mit weiterreichender Intonationseinheit signalisieren, dass der Sprecher diesen Teil nicht als letztgültig und verbindlich versteht.

kehrt werden die zentralen Inhalte, um die es dem Sprecher eigentlich geht, eher langsamer gesprochen (vgl. Salewski 1998, 176). Im folgenden Beispiel aus Barden (1991, 29f.) werden die Zeilen 3 und 4 deutlich langsamer als die Durchschnittsgeschwindigkeit der Sprecherin gesprochen, die Zeilen 6, 10 und 11 schneller:

1 <<p>komisch,>
2 <<all>also ich kenn das auch von malaysia und thailand her,>
3 da ist das auch <<len>ganz stark so>
4 <<len>je dunkler die hautfarbe umso minderwertiger.>
5 ehm und da zeigt sich das auch an den indern,
6 <<all>in malaysia ist das so,>
7 dass die inder rüberkamen als gastarbeiter praktisch
8 und den status auch haben; hmhm (--)
9 außer den ärzten,
10 <<all>des gibt indische ärzte,>
11 <<all>die ham irgendwie nen andern status> (-)

Die Zeilen 3 und 4 enthalten die These des ganzen Redebeitrags und werden deshalb langsamer gesprochen. Die Zeilen 5 bis 11 führen die These an einem Beispiel der Inder aus, wobei in Z. 6 an das schon erwähnte Land *malaysia* erinnert wird und in Z. 10/11 die schon in Z. 9 gegebene Information, dass die *ärzte* aus dem Status der Gastarbeiter herausfallen, nur noch einmal paraphrasiert wird.

Bei der zeitlichen Dehnung oder Verdichtung von Äußerungseinheiten wirken nach Uhmann (1992) zwei voneinander unabhängige Parameter miteinander: die Dichte der Silben pro Zeiteinheit (Geschwindigkeitsrate I) und die Dichte der akzentuierten Silben (Rate II). Für die Kombination von Rate I und II scheint es typische funktionale Verteilungen zu geben:

a) hohe Dichte von Silben + hohe Dichte von akzentuierten Silben: Korrekturen, ikonische Verwendung

b) hohe Dichte von Silben + geringe Dichte von akzentuierten Silben: Parenthesen, Seitensequenzen, nachträgliche Erläuterungen, Teile geringerer Relevanz

c) geringe Dichte von Silben und hohe Dichte von akzentuierten Silben: hohe Relevanz, Emphase (Uhmann 1992, 330ff.).

Drittens können schnelles und langsames Sprechtempo eine ikonisch abbildende Funktion haben. Im folgenden Ausschnitt kontrastiert die Erzählerin eine „gemütliche“ Fahrt in einem „Bummelzug“ (Z. 2–4) mit der hektischen Art, wie ihre Begleiterinnen auf sie als Gruppenleiterin einreden (Z. 6), Letzteres doppelt ikonisch durch eine schnelle Folge der sinnleeren Silbe *wü*:

jetz kOmmen wa da AN? (-) der (-)
<<len>geMÜTlich diese bUmmelzüge-
stEIgt also AUS,
GEHT in n bahnhof REI:N,>
UN die frAUn.
<<all>wü-wü-wü-wü-wü-wü-wü> (2740/6,2).

Verlangsamungsphasen werden auch spannungsfördernd eingesetzt, um einer erwarteten Information umso größere Bedeutung zu geben (Redder 1994, 248). In Erzählungen wird die knapp formulierte Pointe durch Verlangsamungsstrategien vorbereitet (gedehntes Sprechen, Pausen, umständliche Schilderung; Kallmeyer 1981, 414), in Witzen ebenfalls (Kotthoff 1997, 129, 160).

5.5. Lautstärke

Wie schnelles Sprechen signalisiert leises Sprechen meist eine untergeordnete Redeeinheit. Mit sehr leisem Sprechen vermindert man auch die Geltung dessen, was man sagt, bzw. die Adressiertheit an andere Personen. Insbesondere kritische Bemerkungen kann man mit ganz leisem Sprechen als nicht offen gesagt kontextualisieren und dadurch die eigene Verantwortung mindern.[2] Tabuthemen kann man durch leises Sprechen etwas von ihrer Brisanz nehmen. Leise gesprochene Hörerkommentare werden als nicht unterbrechend empfunden (Selting 1995, 208ff.).

Lautes Sprechen in Kombination mit höherer Tonhöhe kommt dagegen regelmäßig vor, wenn zwei Sprecher um das Wort konkurrieren; der Unterbrechende spricht dann lauter und höher, z.T. auch langsamer; der Unterbrochene nur lauter.[3] Ein Beispiel aus einer Fernsehdiskussion zwischen Norbert Blüm und Heide-Marie Wiezcorek-Zeul (Kotthoff 1993, 172):

B: ich sehe auch nicht ein, [...]
wieso das mehr emanzipation sein soll
als beispielswei[<<f>se kinder erziehen.>
W: [<<f>nein herr blüm>
das was sie jetzt als rollenbilder festschreiben [...]

Bei einem Themenwechsel ist es oft so, dass das auslaufende Thema leiser, das neu einsetzende lauter (Hausendorf/Quasthoff 1995, 236), manchmal auch schneller und höher gesprochen wird:

---

[2] Während des überschwänglichen Lobs in einer Frauengruppe sagt eine der Beteiligten sehr leise, wie vor sich hinsprechend: *entZÜckend. ich bin begGEI:stert.* (2740/8,2) und imitiert dabei auch noch eine Art gezierten Sprechens durch tief fallende Akzente. Zum nicht-adressierten Sprechen: Fiehler (1994a).

[3] Vgl. Text 3, 40f.; French/Local (1983); Selting (1995, 215ff.).

A: <<p> also des ham wir> (-) SO schnell sind wir nIch;
B: <<pp> mhm,>
A: <<ff,all>↑na ja aber nU was erFREUliches,>
unsre TANja hat ein AUSbildungsplatz (2740/3,4).

Aber die Parallele zwischen lautem Sprechen und größerer Dringlichkeit, Relevanz, Aufmerksamkeitsweckung[4] etc. gilt nicht immer. Man kann auch entscheidende, überraschende oder empörende Mitteilungen sehr leise aussprechen (Text 8, 18: geflüstert: *SCH:LÄGT die auf den TISCH*; vgl. Redder 1994, 249). Ein Schlichter (C) spricht gerade den rhematischen Teil einer Äußerung deutlich leiser, nachdem er vorher besonders laut und schnell gesprochen hatte:

C: <<f,all>frau BECK, im momMENT is die frau KRAFT am rEden.>
un wenn die frau KRAFT ferdisch is, derfe SIE rede.
A: vorgs jOhr hot se gelOge dass die bolizEI kumme is.
C: frau BECK wenn die frau krAft ferdisch is
<<pp>kenne SIE rede;> äns noch m ANnere. (3001.03).

5.6. Pausen

Man unterscheidet „gefüllte" Pausen (*äh, öh, m:*) von „stillen" Pausen. Beide sind funktional nicht gleichwertig. Gefüllte Pausen gehören zu den Gesprächspartikeln (8.3.4.). Vor dem Sprecheinsatz oder während des Sprechens signalisieren sie, dass der Sprecher die Sprecherrolle ergreifen bzw. behalten will. Sie dauern zusammen mit anderen Verzögerungen umso länger, je größer die Komplexität der beabsichtigten Mitteilung ist (6.2.3.). Beide Pausentypen stehen oft auch kurz nach dem Redeeinsatz, wenn also schon klar ist, dass der Sprecher etwas sagen will; sie kommen natürlich bei Wortfindungsproblemen vor;[5] sie können aber auch rhetorisch dazu verwendet werden, um die Aufmerksamkeit des Adressaten herzustellen (7.3.2.), um unwilliges oder vorsichtiges Sprechen anzuzeigen (7.4.5.) und um spannungsvolle Verzögerungen vor einer wichtigen Information zu schaffen.[6]

Wichtig ist, Pausen, die eine Äußerungseinheit unterbrechen („Haltepause"), von solchen nach Äußerungseinheiten, die eine segmentierende Funktion haben („Auslaufpause"), zu unterscheiden (Auer/Selting 2001, 1124; vgl. 6.2.3.). Für beide Pausentypen hat man versucht, beobachtbare Eigenschaf-

---

[4] Hausendorf/Quasthoff (1995, 241). Beim Überspielen von Wortfindungsstörungen: Rönfeldt/Auer (2002, 103f.).

[5] Jürgens (1998, 159); Rönfeldt/Auer (2002), insbesondere vor Namen, seltenen Wörtern (Beattie/Shovelton 2002) und Fremdwörtern (Hartog 1996, 231; Iványi 2002).

[6] Cruttenden (1986, 37); Keseling (1989, 585ff.); Rasoloson (1994, 66ff.); Redder (1994, 248); Selting (1999, 15).

ten festzustellen.[7] Manchmal hört man auch im Deutschen bei Haltepausen einen Glottisverschluss. Zeitliche Verzögerungen des Einsatzes der eigenen Rede spielen eine große Rolle, um unangenehme Themen oder dispräferierte Antwortzüge gesichtsschonend vorzubringen, so beim Widersprechen und bei Kritik (Pomerantz 1984, 70ff., 78ff.), beim Nicht-Zustimmen zu einer Wertung (Uhmann 1996, 311ff.), beim offenen Ablehnen und anderen dispräferierten Zügen (Schegloff 1990, 66, 69).

Pausen nehmen am Ende von thematischen Einheiten zu und sind mit anderen prosodischen Merkmalen (leises, tiefes Sprechen) ein Zeichen dafür, dass ein Thema ausdiskutiert ist und ein neues begonnen werden kann (Schank 1981, 65; Meise 1996, 39ff.: „Gesprächsflaute"). In solchen Phasen reduziert sich die Beteiligungsintensität, während erhöhtes Engagement zu schnellem, lautem und überlappendem Sprechen führt. In manchen Situationen werden entstehende Pausen als unangenehm empfunden, sodass über sie gesprochen wird.

Nicht-Sprechen-Wollen hat unter bestimmten Bedingungen die interaktive Bedeutung einer Verweigerung (Kallmeyer 1979, 72) und bekommt nach einer Äußerung mit aufforderndem Charakter die interpretierbare Handlung als „Schweigezug" (Meise 1996, 57ff.), nach der dann der Auffordernde insistieren kann. Ein französisches Beispiel aus Meise (1996, 60):

A: à qui t'as parlé sur la porte ? (3,5)
   t'as parlé ? (-) non?
B: j'ai dit c'est p.

5.7. Prosodische Redewiedergaben, Stimmenvielfalt

In narrativen Einheiten (Erzählungen, Witzen) kommt es oft vor, dass der Sprecher die Rede fremder Personen in der für sie charakteristischen Weise wiedergibt, weil sie zum Kolorit der Umstände beitragen und den Typ der dargestellten Person präsent machen (vgl. den affektierten Redestil in Text 2, 18f. und das hyperkorrekte Sprechen S. 55). Man spricht ja von einem „pastoralen Ton", von einem „zackigen Offizierston" und von anderen sozial oder charakterlich typisierten Sprechweisen.

In Konfrontationserzählungen wird die Rede des Gegners oft in hoher Tonlage und schnellem Tempo wiedergegeben, der dann die eigene Rede in ruhiger Sprechweise auf mittlerer Tonhöhe kontrastiert. Im folgenden Ausschnitt erzählt ein nordalemannisch sprechender Student, wie er seinen Lehrer, der

[7] Pausenlänge: Chafe (1987, 43); Jefferson (1988); Pausenart durch Offenhalten oder Schließen der Stimmritze: Local/Kelly (1986).

sich immer unheimlich aufgeregt hat, provozierte, indem er sein Fernbleiben schon vor dem Unterricht auf der Schultafel ankündigte:

Text 6 „lateinstunde“

01 sim ma also äh HIgange, (-)
02 habbe geKLOPFT,
03 sin REIgekomme, (-)
04 TAfel MEterweit aufgeklappt; ge? (-)
05 IMmer noch der text da gstande so lieber herr HAmann und so, (--)
06 <<f>↑JA: wo seid ihr denn geWEsen> g e: äh:
07 un un na ha i gsagt haJA,
08 mir habbes doch HINgschribbe,
09 mir ware EIS esse gE. (--)
10 <<f>↑na das STIMMT doch nicht Oder.>
11 un dann ha i no gsagt
12 <<p>ja DOCH des habbe mir ihne doch gschrIbbe,> (-)
13 un mir lüge sie doch nit AN; und so ge. (--)
<<Zuhörer lachen>>
14 <<all,f>↑das ist doch der GIpfel der UNverschämtheit->
15 <<f>jetzt setzt ihr euch HIN,
16 und dann bringt ihr mir ne entSCHULdigungskarte jA?
17 da schreibt ihr DRAUF,
18 wir ham n UNterricht geSTEMMT>,
<<Zuhörer lachen>>
19 <all>na ha i gsagt jaJA,
20 des könne sie hAbbe gell,>
21 des isch jo ALles kei proBLEM.

Die Äußerungen des Lehrers (Z. 6, 10, 14-18) werden auf hohem Tonniveau und mit lauter Stimme gesprochen, z.T. lauter werdend und am Ende ansteigend. Die Stimme des imitierten Lehrers klingt gepresst und angestrengt. Demgegenüber zitiert sich der Sprecher selbst mit einer ruhigen Stimme: langsamer (außer in Z. 19f.), leiser, auf mittlerer Tonhöhe und am Ende fallend. Alles zusammen macht den Eindruck von Verärgerung auf Seiten des Lehrers und von Gelassenheit (auch lexikalisch: *alles kei problem*) auf Seiten des ehemaligen Schülers.

Bei Wiedergaben von Vorwürfen fremder Personen gehen Sprecher intonatorisch oft sehr weit nach oben und karikieren sie dadurch, während Wiedergaben eigener Vorwürfe mit global oder lokal tiefer Tonhöhe gesprochen werden.[8] Kotthoff (1996, 160ff.) analysiert prosodische Stilisierungen von Erzählfiguren, z.B. einen konservativen Beamten durch höhere Intonation, abgehackte Sprechweise und bemühtes Hochdeutsch. In Redewiedergaben

[8] Brünner (1991, 6); Bausch (1994, 457ff.); Günthner (1995, 23ff.; 1997, 232f.); Schwitalla (1995, 415ff.); Selting (1999, 9ff.).

kann man Anteile für den zitierenden und den zitierten Sprecher unterscheiden, z.B. das aufgeregte, laute Sprechen des zitierten und das simultane Lachen des zitierenden Sprechers (Brünner 1991, 10f.).[9]

Auch beim nicht-zitierenden Sprechen kann man sich fremder Sprechweisen bedienen und quasi hinter einer fremden Maske sprechen.[10] Schon kleine Kinder können beim Puppenspielen bis zu vier Rollen stimmlich unterschieden vorführen (Cook-Gumperz 1994; längerer Beispieltext mit vier Stimmen: ebd., 195ff.).

5.8. Artikulationsweise, Klangfarbe, prosodischer Ausdruck von Gefühlen und Einstellungen

Relativ einfach sind bestimmte Artikulationsweisen wie Flüstern, Kopfstimme (Falsetto), Knarrstimme (creaky voice), behauchte Stimme (breathy voice), heisere Stimme (hoarse voice) etc. zu beschreiben (Pompino-Marschall 1995, 36, 40f.). Sehr schwer zu beschreiben sind aber andere Arten der Klangfarbe (Timbre). Oft ist sie wichtiger als die primären prosodischen Merkmale wie Tonhöhe oder Lautstärke.[11] Die Sprechkunde unterscheidet zwischen heller und dunkler, klarer und stumpfer, warmer und kalter, weicher und scharfer Klangfarbe (Fährmann 1982, 144ff.). Die Metaphern zeigen schon, wie schwierig es ist, diese prosodischen Phänomene klar zu fassen.

Das Problem ist einerseits die große Differenzierung psychischer Zustände,[12] andererseits die genaue Bestimmung, welche prosodischen und artikulatorischen Faktoren es im Einzelnen sind, die beim Hören einen manchmal vagen, manchmal eindeutigen Eindruck eines Gefühls entstehen lassen. Sogar beim Telefonieren verstehen wir sehr schnell, in welcher Stimmung sich der/die Andere befindet. Alltagsbezeichnungen für gefühls- und einstellungsbedingte Sprechweisen sind z.B.: *weinerlich, bekümmert, belustigt, verärgert, genervt, keifend, begütigend, tröstend, erstaunt* und viele andere; manche davon ste-

---

9 Eine Erzählung mit der Imitation von fünf Stimmen untersucht Tannen (1989, 119ff.). Weitere Literatur zu typisierenden Redewiedergaben und deren Prosodie: Günthner (1997b); Selting (1999, 9ff.); Kotthoff (2000); Hausendorf (2000, 375ff.); Lucius-Hoene/Deppermann (2002, 228ff.); Keim (2002, 146ff.); Drescher (demn., 5.4.2.).

10 Vgl. das „kindliche" Sprechen S. 45; Beispiele für solches Sprechen mit fremden Stimmen bei Schwitalla (1986, 137ff.; 1995, 249); Brünner (1991, 10f.); Günthner (1995, 19ff.); Nothdurft/Schwitalla (1995, 36ff.); Kotthoff (1997, 136, 140ff., 161f.; 2000, 167f.); Bredel (1999, 86ff.) und der Text am Schluss dieses Kapitels.

11 Neuber (2002, 70); Sachweh (1999, 145ff.) für den schrillen Secondary Babytalk von Pflegerinnen.

12 Schon Wegener (1885, 17) schrieb, dass der „Ton des Vortrages, die Nüancen und Modificationen desselben [...] ausserordentlich mannigfaltig [sind]".

hen in Opposition: *fröhlich* vs. *traurig*, *freundlich* vs. *aggressiv*, *erregt* vs. *gelangweilt*. Manche sind an Rollenstereotypen festgemacht: *pastoral, militärisch, lehrerhaft* usw. oder an sozialen Merkmalen: *vornehm, preziös, rockerartig*. Es liegen erst wenige linguistische Arbeiten über Gefühlsexpressionen in natürlichen Interaktionen vor, die intensiv auf prosodische Phänomene eingehen.[13]

In der Psychologie und experimentellen Phonetik gibt es sehr viele Untersuchungen zu Korrelationen von Gefühlszuständen und Stimmqualitäten.[14] Scherer (1982, 300) fasst mehrere Untersuchungen zu unterschiedlichen Gefühlstypen in folgender Tabelle zusammen (Tab. 1):

Emotionen	**F_O Niveau**	**F_O Streubreite**	**F_O Variation**	**Laut-stärke**	**Sprech-tempo**
Freude	hoch	?	groß	laut	schnell
Ärger	hoch	breit	groß	laut	schnell
Furcht	hoch	breit	groß	?	schnell
Gleich-gültigkeit	niedrig	eng	gering	?	schnell
Verachtung	niedrig	breit	?	laut	langsam
Traurigkeit	niedrig	eng	gering	leise	langsam

Tab. 1: Vokale Indikatoren emotionaler Erregung (Scherer 1982, 300)

Dies sind jedoch Ergebnisse von experimentellen Situationen, in denen Schauspieler bestimmte Emotionen vorführen; sie müssten an natürlichen Gesprächen überprüft werden.[15] Anhand von französischen Gesprächen stellt Drescher (2001, 190) fest, dass prosodische Formen für Gefühlstypen sehr unspezifisch sind und dass sie eher die höhere Relevanz der emotionalen Erregung anzeigen. Auch Kehrein (2001; 2002, 227ff.) beobachtet, dass für psychische Gestimmtheiten nicht die Prosodie allein, sondern Lexik, flüssiges oder sto-

[13] Selting (1994): Emphase, (1995, 164ff.): Erstaunen; W. Hartung (1996, 143ff.): Gereiztheit; Günthner (1996, 289ff.): vorwurfsvoller Ton; Schnieders (2002): Verärgerung.

[14] Literaturberichte: Scherer (1982); Williams/Stevens (1982); Frick (1985). Literatur zu Tonhöhenvariation und Emotionen bei Mozziconacci (1995). Neuber (2002, 58ff.) hat für das in 33 Varianten gesprochene Kunstwort [kata'kalama] drei Prototypen festgetsellt: freundlich-fragend, wütend/ärgerlich/aggressiv und wütend/schimpfend.

[15] Schnieders (2002, 133) z.B. findet in telefonischen Reklamationsgesprächen nicht die bei Scherer angegebenen prosodischen Merkmale für Verärgerung.

ckendes Sprechen oder auch nur der Kontrast zur vorhergehenden Sprechweise ausschlaggebend sind (z.B. ein als ‚sicher/bestimmt' empfundener Satz durch die unsichere Sprechweise zuvor). Die einzige relativ klare Intonationskontur stellt er für den Eindruck ‚freudig' fest: hohe Intonation + lange Dehnung bei unverminderter Lautstärke der akzentuierten Silbe, die dem „gustatorischen" *HM* entspricht (= Typ 6 in Tabelle 2, S. 158). Bei einigen Eindruckstypen gibt es dennoch prosodische Korrelate, z.B. hohe Intonation + laut bei ‚überrascht' und ‚energisch/nachdrücklich', schnelles Tempo bei ‚erregt', global fallend bei ‚sicher' usw.

Was noch mehr erforscht werden müsste, sind als ganzheitlich empfundene Tongebungen von Einstellungen und Beziehungen in natürlichen Gesprächen (zur Rufmelodie: Féry 1993, 100ff.). Vor dem Ausschnitt in Text 8 spricht die Sprecherin z.B. in einem weit verbreiteten Muster eines Beschwichtigungstones, indem sie den Vorgesetzten der von ihr kritisierten Lehrerin zitiert:

u:n dAnn sAchd er-
↓A:CH des kAnn er ned verSTEH:N,
un das is die beste LEHrerin,
und die is die rUhe in <<f>perSO:N,> (2742/3,8).

In genau denselben Folgen von Intonationsbögen zitiert eine andere Frau die beruhigenden Äußerungen ihres zukünftigen Schwiegersohnes:

da hat der Uwe Immer geSACHT, (-)
↓A:CH das stellen wir zu mir in den KEller,
und zu meinen geSCHWIstern in den KEller,
die haben alle KEller,
und da stellen wir die sachen UNter, (2740/4,2).

In beiden Ausschnitten setzen die Sprecherinnen mit einem tiefen Tonabfall auf der gedehnten Interjektion *A:CH* ein und führen dann in den folgenden Äußerungseinheiten die Intonation nach oben mit einem starken Akzent auf der letztmöglichen Betonungsstelle.

Wie man Stimmfärbungen dazu verwenden kann, um sich über andere Personen zu mokieren und die eigene Distanz zu den berichteten Ereignissen zu demonstrieren, soll ein Ausschnitt aus einer Erzählung illustrieren. Eine Mutter spricht von ihrer frisch verheirateten Tochter und berichtet, dass das junge Paar aus lauter Arbeitsüberlastung nicht dazu gekommen sei, auch kirchlich zu heiraten (Schwitalla 1995, 28ff.):

unsere tochter JA: nU:n (hehehe) pausIerte eh äh ha
doch nun AUCH schon immerhIn: (-) zwei JAHre; (--)
<<und DA hat mans <<p>ja SCHWER.>> (-)
<<gespielt tragisch ----------------------- >>
also wenn das kInd <<p>einmal mir sagt

<<MUddi ich bin heute SO: früh Aufjestandn;>
<<leise, weinerlich --------------------------------
und ich dann frAchte WANN?
----
sachd sie DREIviertel Acht.>>
---------------------------------- >>
<<ich bin noch GAR nicht (...)>>
<<lächelnd ---------------------- >> <<Zuhörerinnen lachen>>
(2740/3,3).

Schon vor der Redewiedergabe schlüpft die Erzählerin in die Rolle ihrer Tochter und spricht in einem tragisch-ernsten Ton den Satz *und DA hat mans ja SCHWER.*, den man beim Hören aber sofort als ironisch erkennt. Er wird durch ein gepresstes Sprechen bei *DA*, durch verminderte Lautstärke und eine dunklere Färbung im Kontrast zur hohen, „hellen" Stimme vorher hervorgerufen. Ab *einmal mir sagt* ... spricht die Sprecherin noch leiser. Im Zitat kommt ein schnell gesprochener weinerlicher Stimmton hinzu. Auch in ihrer eigenen Redewiedergabe übernimmt sie den bekümmerten Sprechton, den sie aber zum Schluss mit lächelnder Mundstellung spricht.

Allein die Äußerung *und DA hat mans ja SCHWER.* zeigt, wie Interaktionsbeteiligte durch das Ausborgen von Stimmen eine Weltsicht aus den Augen anderer imitieren können, meist natürlich in parodistischer Absicht. Dieses Verfahren ist in der Literatur seit Petronius' *Gastmahl des Trimalchio* üblich (Auerbach 1971, 28ff.). Michail Bachtin (1979, 195) hat es in Dickens' Roman *Little Dorrit* als „hybride Konstruktionen" bezeichnet. Wie man sieht, wird es auch im Alltag verwendet.

6. Äußerungseinheiten

6.1. Die Schwierigkeiten

Die Segmentierung gesprochener Äußerungen ist weiterhin umstritten. Das liegt daran, dass es mehrere, gleichzeitig wirksame vorausweisende Strukturen gibt, die aber weder gleichartig sind noch gleich weit reichen. Man kann folgende Strukturebenen unterscheiden:

1. die Projektion und Gestaltung komplexer sprachlicher Aktivitäten (z.B. etwas erzählen);
2. strukturell notwendige Teile eines solchen Aktivitätstyps (z.B. die Problemdarstellung in einem Beratungsgespräch);
3. das Rederecht für eine bestimmte Zeit und der erkennbare Abschluss eines Redebeitrags;
4. die Durchführung eines Sprechakts;
5. syntaktische Strukturen von abgeschlossenen Sätzen und satzwertigen Äußerungsformen bis zu ihren Teilen;
6. die Prosodie (vor allem Tonhöhenverläufe).

In der Forschung werden unterschiedliche Einheitenebenen, Ausdruckskategorien und deren Kombinationen für die Segmentierung angesetzt, z.B.:

- Informations- und Illokutionsstruktur (Müllerová 1985, 44; Ganijewa 1990)
- lexikalische Gliederungssignale, Pausen und Intonation (Rath 1976, 65; 1979, 72ff.; 1992; Schank 1981; Stein 1995, 172ff. (implizit))
- Syntax (in Sinne von ‚syntaktischen Einheiten': Mackeldey 1987, 46; Kindt 1994)
- Intonation (und Pause) (Chafe 1987)
- Intonation und Syntax (Caroli 1977, 166; Selting 1995, 307; Jürgens 1998, 157)
- Intonation und „pragmatische Basiseinheiten" (Kehrein 2002, 86, 180ff.)
- Sprecherbeitrag und dessen funktionale Einheiten (Fiehler u.a. (demn., II.2.2.)
- Syntax, lexikalische Gliederung und Verzögerungen (Pausen) (Schu/Stein 1994, 249 (implizit); Rath 1997, 17; Überblick: ebd., 3ff.).[1]

In dieser Situation ist es sinnvoll, auf einer mittleren Ebene zu beginnen, d.h. bei Einheiten, deren Informationen in einem Zug formuliert und vom Hörer verarbeitet werden, und von da aus noch kleinere bzw. noch größere Einheiten zu bestimmen. Man kann vier Ebenen unterscheiden (Bannert/Schwitalla 1999, 315ff.):

[1] Weitere Vorschläge diskutieren Fiehler u.a. (demn., II.2.1.).

1. Die höchste Ebene (abgesehen von Texteinheiten) bildet der Redebeitrag (Redezug, turn, contribution). Aber auch er lässt sich bei genauerem Hinsehen nicht immer eindeutig abgrenzen. Wo ist die Grenze zwischen einer kommentierenden Bemerkung eines Hörers und einem eigenständigen Beitrag? Wie sollen sprachliche Aktivitäten, die nicht mehr nur einer Person zuzurechnen sind, gezählt werden (Schwitalla 1993, 83ff.; Meise 1996, 39f.)?
2. Zusammengehörende Blöcke von Äußerungseinheiten, die prosodisch und vielleicht auch syntaktisch zu solch größeren Einheiten zusammengebunden werden.
3. „Äußerungseinheiten" (der Terminus stammt von Rath 1979, 72). Prototypisch sind dafür Sätze mit einer Intonationskontur; aber es gehören auch Responsive (*ja*) wegen ihres dialogischen Status als Antwort und kurze Sprechakte (*halt mal; pass auf*) dazu.
4. Die unterste Ebene bilden Teile von Äußerungseinheiten, z.B. „Linksherausstellungen" (7.3.1.), Anreden, Gliederungssignale und Interjektionen wie *na ja, ja aber, nein* (7.9.3.; 7.9.4.), nachgestellte Anreden, Rückversicherungssignale (*ne?*) und Nachträge (7.3.3.), Binnenteile wie Korrekturen, Parenthesen, Paraphrasen u.a. (7.4.4.; 9.8.).

Einschnittmarkierungen beim Sprechen können mehr oder weniger stark sein. Das Ende einer Äußerungseinheit fällt durch Clusterbildung sehr deutlich aus, wenn z.B. ein syntaktischer Abschluss mit fallender Intonation, leiserem Sprechen, einer Etceteraformel (*und so*) und einer Pause zusammenfällt. Eine klare Segmentierung ist schon gegeben, wenn sie syntaktisch und intonatorisch signalisiert wird (Selting 2001a, 238).

6.2. Gliederungsindikatoren

Äußerungseinheiten kann man von zwei Seiten aus betrachten: vom Anfang und vom Ende her. Dabei müssen Anfangs- und Endmarkierungen nicht symmetrisch gewichtet sein (formal sind sie es ohnehin nicht). Grundsätzlich besteht eine Äußerungseinheit aus drei Teilen: einem fakultativen Vorlauf, einem Zentrum (Kern), in dem das kommunikativ Relevante gesagt wird, und einem Nachlauf, der die Fokussierung auf den Relevanzpunkt wieder auflöst.[2] Kotschi (1996, 251) nennt als Gliederungskriterien Verzögerungsphänomene, Wortwiederholung, Gliederungssignale, Konnektoren, syntaktische Parallelität und Intonation.[3]

---

[2] Rehbein (1979); Blanche-Benveniste u.a. (1991,114ff.); Kallmeyer/Schmitt (1993, 60ff.).

[3] Kotschi (1996) gewichtet Pausen stärker als Tonhöhenverläufe. Die französische Äußerung (reformuliert): *et: dètruire cette norme, ça suppose que tu l'as assimilée et que tu la possèdes parfaitement, (-)* zählt er als *eine* Einheit.

6.2.1. Syntaktischer Abschluss

Syntaktische Einheiten können mit Äußerungseinheiten zusammenfallen. Dies gilt zunächst für ganze Sätze (im Sinne von ‚Satzrealisierung', nicht von ‚Proposition'), d.h. wenn die vom Hauptverb erforderten Valenzen gesättigt wurden und die formalen Mittel (im Deutschen vor allem die Klammerbildung) einen Satz zu einem Ende führen. Syntaktische Strukturen von ganzen Sätzen wirken projizierend; sie werden von den Hörern innerlich mitkonstruiert und auf ein Ende hin entworfen. Normalerweise fallen Sätze auch mit globalen Intonationskurven zusammen (Chafe 1987, 38; Selting 1995, 55). Dennoch können Äußerungseinheiten prosodisch kürzer und länger als Sätze sein (Jürgens 1998, 160); kürzer:

> mit dEr hab isch erst mal am TElefon? (-)
> n rIesenKNATSCH gehabt? (-) (2742/5,1,14)

und länger:

> un statt dEssen warn dann zwei FRAUen die ham gewEttet dass sie so BÜCHSN schüttln und erkEnnen was DRInnen is. (-) („talkshow").

Die Äußerung wird in einem Zug gesprochen. Sie bekommt ihren höchsten Intonationspunkt bei *FRAUen*, worauf aber kein Gliederungssignal folgt, das es rechtfertigen würde, hier eine Segmentierung zu setzen; die Intonation fällt danach ohne Bruch langsam ab.

Außerdem muss man beachten, dass das mögliche Ende eines Satzes sowohl syntaktisch wie auch intonatorisch weitergeführt werden kann, sodass sich tatsächliche syntaktische und prosodische Segmentierungen immer erst im Nachhinein erkennen lassen. Im folgenden Beispiel könnte der Satz nach *kommt* syntaktisch (und auch intonatorisch) abgeschlossen sein:

> <<all>aber jEdnfalls> <<rall>DIEses mal da hIeß es karl LAgerfeld kommt im progrAmm.> („talkshow").

Ab *LA-* fällt die Stimme kontinuierlich nach unten, wird aber über *kommt* hinaus noch tiefer weitergeführt.[4]

Syntaktische Parallelität wirkt verstärkend bei der Einheitenbildung mit (6.2.4.). Äußerungseinheiten bestehen neben ganzen Sätzen aus untergeordneten syntaktischen Einheiten (Infinitivkonstruktionen, Präpositionalphrasen mit attributivem und Satzgliedstatus, Relativsätzen usw.), die, wenn sie nicht mit zusätzlichen Gliederungsmitteln zusammenfallen, deutlich weniger ab-

---

4 Zur prinzipiellen Unabgeschlossenheit syntaktischer Folgen: Auer (1991); Selting (1995, 69ff.; 1995a).

schließende Kraft haben als das Ende eines Ganzsatzes.[5] Das kann man am folgenden anakoluthhaften Ausschnitt (das Prädikat fehlt) der Rede der Studentin in Text 3, 50–56 sehen, wo syntaktische Einheiten unterhalb der Satzgrenze signalisieren, dass die Rede weitergehen soll (die zusätzlichen Gliederungsindikatoren sind unterstrichen, am rechten Rand sind die syntaktischen Einheiten angegeben):

50	und dass ich also zum bEIspiel- (-)	Konj. + Subj. + PP
51	m den m m das symBOL des rI:nges, .hhh	NP = Akk-Obj.
52	von dem sie sEHr VIEL halte;	Rel-Satz
53	und es es (.) zum bEIspie:l hhhh	Konj. + Korr. + PP
54	es (-) UNverständlich finde,	Korr. + Präd-Erg. + Präd.
55	wenn manche männer SAGN,	Obj-Matrixsatz
56	ich BRAUche keinen rInk. hhh	Prop-Erg.

Nach einem Satzglied bleibt die Intonation auf gleicher Höhe, nach zweien steigt sie; sie kündet somit die Fortsetzung der Rede an. Nach zwei Einheiten (einem Satzglied, einem Gliedsatz) fällt sie aber auch, wobei die Unabgeschlossenheit der Rede nur durch die unabgeschlossene syntaktische Globalstruktur ausgedrückt ist. Erst im sechsten Satz markieren fallende Intonation, syntaktischer Abschluss des ganzen Satzes und mittellange Pause das Ende der übergeordneten Einheit. Jetzt könnte ein zweiter Sprecher mit seiner Rede einsetzen. Syntaktische Abschlüsse von ganzen Sätzen sind deshalb Stellen für einen unproblematischen Sprecherwechsel (Sacks u.a. 1974, 720ff.).

Am gleichen Textbeispiel kann man sehen, dass andere Sprecher meist nach abgeschlossenen Sätzen, auch den elliptischen, mit der eigenen Rede einsetzen oder Hörersignale wie *ja, mhm* geben. Redeeinsätze nach abgeschlossenen Sätzen mit fallender Intonation (trotz steigendem Rückversicherungssignal) sind folgende Stellen:

11	SIE:	<<len>↓alles KÜHL und SACHlich.>
12	ER:	ja das geNÜCHT ja AUch.
13	SIE:	<<all>↑JA>, (-) (che) MIR nIch, (hehe che) (-)
14	ER:	also mir genÜcht die formaliTET, .h [...]

Ähnliche Sprecherwechselstellen sind die Zeilen 21, 33, 34, 35, 36 und 41. In den Zeilen 18 und 39, wo eine Äußerungseinheit zwar syntaktisch mögli-

[5] Politiker, besonders wenn sie Texte langsam und eindringlich vorlesen, segmentieren ihre Rede oft nach syntaktischen Größen, z.B. Konrad Adenauer am Schluss seiner Weihnachtsansprache von 1949 (|| = Ende einer Äußerungseinheit): *das wOrt der ENgel in der hEIligen NACHT.* || [Subj. mit komplexem Attribut] *(-)FRIEde DEN mEnschn die eines gUten WIllens sind,* || [explikatives Attr., Rel-Satz] *is eine verHEIßung an dIe wir glAUben. (-)* || [Präd., Prädikativerg., Rel-Satz] *wirHOffen, (-)* || [Subj., Präd.] *dass dr MENSCHheit dr FRIEden geSCHENKT wird.* || [Erg.-Satz] (Schwitalla 1994d).

cherweise beendet sein kann, zeigt die steigende Intonation an, dass die Sprecherin weitersprechen wollte (und dies auch tut); hier ist der Redeeinsatz eher ein Unterbrechen:

38	SIE:	GU:T. äh (-) ICH eh m m gestEh dir das ZU,
39		es is eine formoliTÄT, (-)
40		<<f>[Aber,>
41	ER:	<<f>[oder es sollte nur eine for[malitÄt sein.>

Auch Hörersignale werden oft nach syntaktisch abgeschlossenen Einheiten gegeben (Selting 1995, 72f.; 1995a, 302; vgl. 8.3.4.; Text 11, S. 187).

6.2.2. Lexikalische Gliederungssignale

Hier muss man unterscheiden zwischen:

a) Partikeln, die nur die Funktionen der Gliederung und der Organisation des Rederechts haben (am Anfang: *äh, ähm, ja;* am Ende: *ne?* und Varianten – in bestimmten Fällen),
b) Partikeln mit inhaltlich relationierender Funktion (Diskursmarker; am Anfang: *und, und da, und dann, ja und dann, also, oder, aber*), Partikeln mit Bezug zur Vorgängeräußerung (*gut, ja gut, okay, genau, nein, aber, ja aber*) und Partikeln mit adressatensteuernder Funktion (Aufmerksamkeitsweckung: *he, hey, pass mal auf, sehn sie mal;* am Ende Rückversicherung: *nicht wahr?, nicht?, nit?, ja?, oder? ne?, gell?, richtig?*),
c) Kurzformeln (am Anfang: *ich meine, ich finde, ich glaube, ich würde sagen, ich will nur sagen;* am Ende: *und so, oder so, und so weiter, würde ich sagen, weißt du?*).[6]

Je nach Interaktionstyp werden Gliederungssignale unterschiedlich häufig verwendet (*ich meine/glaube/finde* in Diskussionen; *und dann* in Erzählungen).[7] Fallend intoniertes Satzende mit kurz steigendem *ne?* ist ein häufig gebrauchtes Endsignal. Formeln wie *und/oder so, und so weiter* deuten an, dass der Sprecher den Gedanken weiter ausführen könnte (Betten 1976, 221; Stein 1995, 243). Mit satzförmigen Formeln (*und so war/ist das*) können größere Einheiten wie Berichte und Argumentationen abgeschlossen werden.

---

[6] Partikeln (außer *äh*) stehen am äußeren Rand, Formeln näher am Äußerungskern: *ja ich meine ...; ... oder so; nich?* (Stein 1995, 175ff.).

[7] Vgl. Schank (1981, 41, 70); zur Frage der Textsortenabhängigkeit: Schu/Stein (1994). Eingehende Analysen redegliedernder Partikeln (neben anderen Typen von Gesprächspartikeln) gibt Willkop (1988): *nee, na ja, na* als äußerungseinleitende Signale; *na, äh* als Fortsetzungssignale; *ne?, ja?, gell?, oder?* als Vergewisserungssignale, die am Ende einer Redeeinheit stehen; *gut* und *tja* als Beginn einer Zusammenfassung.

Beispiele aus Text 3, lexikalische Anfangssignale:

Z. 2: und ICH zum bEIspiel [...]
Z. 4: ja gUt in in RUSSland [...]
Z. 12: ja das geNÜCHT ja Auch.
Z. 13: <<all>↑JA,> (-) (che) MIR nich,
Z. 14: also mir genÜcht [...]
Z. 16: SCHÖN, also:; (-) geHÖRT mir [...]
Z. 18: ↑JA, (-) äh i eh (-) ja vieLLEICHT? aber ich meine
Z. 26: ja de de <ff>↑AU ja also die frau gehört [...]
Z. 30: ja ich mEIne
Z. 32: nEIn nEIn verSTEH [...]
Z. 34: also dass wir zuSAMMgehörn.
Z. 36: <<p>oh das is für dich [...]
Z. 38: gU:t. äh (-) ICH eh m m gestEh [...]
Z. 41: <<f>oder es sollte nur eine formalitÄt sein.

Lexikalische Endsignale:

Z. 16: geHÖRT mir nun Endlich; JA?
Z. 17: vom pasTOR, und sO:,
Z. 25: dass sie mir geHÖRT. jA?
Z. 33: ihr gehört zuSAMM. jA,
Z. 35: durch eine formaliTET beSTEticht; jA,

Schon an diesen Beispielen wird deutlich, dass lexikalische Gliederungssignale kombiniert werden können und dass es keine Symmetrie zwischen Anfangs- und Schlusssignalen gibt. Einheitenanfänge werden lexikalisch deutlicher markiert als Schlüsse. Wie oft jemand lexikalische Gliederungssignale wie *nicht?, ja?, gell?* etc. verwendet, scheint auch individuell bedingt zu sein.[8]

6.2.3. Pausen und Verzögerungsphänomene

Mit „Verzögerungsphänomenen" (hesitation phenomena) sind verschiedene Äußerungserscheinungen gemeint, die die weitere Fortsetzung der Rede unterbrechen und hinauszögern: stille und „gefüllte" Pausen, Vokal- und Spirantendehnungen, Wiederholungen von Lauten, Wörtern und Wortverbindungen, Korrekturen, Wort- und Konstruktionsabbrüche (Anakoluthe).

---

[8] Ein Beispiel für übermäßigen Gebrauch bei Schwitalla (2002, 265f.). Die Vermutung, dass in der Öffentlichkeit weniger lexikalisch als syntaktisch segmentiert wird (Wackernagel-Jolles 1973, 165) als im ungezwungenen Alltagsgespräch, müsste genauer überprüft werden. Auch gewandte Sprecher, die durch syntaktischen Abschluss und Pause segmentieren, gebrauchen streckenweise lexikalische Gliederungssignale; und Alltagssprecher verwenden sie dagegen streckenweise nicht (Schu/Stein 1994, 257).

Beispiele aus der „Ehediskussion“:

03 ich eh ich fInde fInde es SCHRECKlich wenn [...]
06 da gEht man in ein schön hEIratspa↑LAST? .hhhh
07 dA: beZAHLT man- (--)
10 und (.) dann werden pro TACH vierzich EHen geschlOssen. (-)
13 <<all>↑JA>, (-) (che) MIR nIch, (hehe che) (-)
14 also mir genÜcht die formaliTET, .h
15 dass es aufm pePIER stEHt, .h
16 SCHÖN, also:; (-) he geHÖRT mir nun Endlich; JA?
18 ↑JA, (-) äh i eh (-) ja vieLLEICHT?
26 ja de de <<fff,all>>↑AU ja also die frau [...]
34 also dass wir zuSAMMgehörn. (-)
38 GU:T. äh (-) ICH eh m m gestEh dir das ZU,
39 es is eine formoliTÄT, (-)
46 ICH aber glAUbe dass die menschen, (-)
50 und dass ich also zum bEIspiel- (-)
51 m den m m das symBOL des rI:nges, .hh
56 ich BRAUche keinen rInk. hhh

Auch hier kann man wieder die Verbindungen mehrerer Gliederungsphänomene erkennen. Und man sieht auch, dass stille oder gefüllte Pausen nach der Beendigung einer Äußerungseinheit eine andere Funktion als kurz nach dem Beginn einer Äußerungseinheit haben, oft schon nach dem ersten (Z. 3, 10, 13, 18, 38) oder zweiten (Z. 16) Wort (Cruttenden 1986, 37). Nach der Beendigung markieren sie einen Einschnitt, nach dem Beginn verschaffen sie Planungzeit für die zu sprechende Einheit.

Stille Pausen wurden mehrmals in der Forschung als wichtiges segmentierendes Signal gewertet.[9] Nach dem Beginn einer Äußerungseinheit werden Pausen als Unterbrechungen verstanden, da sie syntaktisch oder auch prosodisch (Vokal-/Nasal-/Spirantendehnungen, Z. 7, 16, 38; gleichbleibende Intonation) in einer Umgebung stehen, die eine Fortsetzung erwarten lässt. Es folgen Signale, die die unterbrochene Rede wieder aufnehmen (Tonsprünge, schnelles Sprechen, vgl. Selting 1995, 86ff.; 1996a).

„Gefüllte Pausen“, für die im Deutschen eine Form von *äh* gebräuchlich ist, werden an Stellen produziert, in denen der Sprecher Zeit braucht, um Wissensinhalte in eine sprachliche Form zu bringen. Gleichzeitig signalisiert er/sie den Wunsch weiterzusprechen (Zifonun u.a. 1997, I, 386). Telefonanrufer produzieren ein *äh* fast regelmäßig zu Beginn des Gesprächs nach Gruß und Selbstidentifizierung (Rasoloson 1994, 59ff.). Beim Sprechen von Angesicht zu Angesicht verwenden Sprecher gefüllte Pausen zu Beginn der Redeübernahme, besonders bei Antworten (ebd., 74f.; Keseling 1989, 578ff.), span-

[9] Drommel (1974); Chafe (1987, 24); Local/Kelly (1986); Jefferson (1988).

nungsschaffend zu Beginn informationsrelevanter (Teil-)Sätze (ebd., 582ff.) und zu Beginn von Sätzen nach einer Konjunktion (Willkop 1988, 247). Verzögerungsphänomene vor einem neuen zu planenden Thema dauern länger als zwischen thematisch zusammengehörenden Äußerungseinheiten, weil der Sprecher mehr Zeit braucht zu überlegen, was er/sie als Nächstes sagen will (Chafe 1985, 82ff.). Dabei schaut er/sie vielleicht auch „deliberativ" vom Adressaten weg (Ehlich/Rehbein 1982, 78ff.).

6.2.4. Globale Intonationsbögen

Globale Intonationsbögen nennt man Tonhöhenverläufe, die über einen oder mehrere Akzente hinweg einer Äußerung eine bestimmte Gestalt geben; sie können auf hoher, mittlerer und tiefer Tonhöhe produziert werden und dabei im Ganzen eine fallende, steigende oder schwebend auslaufende Bewegung ausführen (vgl. 5.3.). Die Tonhöhendifferenz zwischen der letzten Silbe der vorangehenden Einheit (offset) und der ersten der nachfolgenden (onset) markiert die Grenze zwischen zwei Einheiten (Selting 1995, 45; Kehrein 2002, 191ff.). Weitere prosodische Markierungen wie Dehnungen, Vorlauf vor der ersten akzentuierten Silbe und Nachlauf nach der letzten (tail) kommen hinzu (Couper-Kuhlen 1983; 1986, 73ff.; Selting 1995, 148ff.).

Globale Intonationskonturen über syntaktisch geschlossenen Einheiten, gleichgültig ob diese nun vollständige Sätze, Gliedsätze, Relativsätze oder andere syntaktische Einheiten sind, verschaffen der Rede eine wahrnehmbare Gestalt, insbesondere wenn die Sätze syntaktisch parallel oder mit wiederkehrenden Positionen konstruiert sind:

```
-                                                                             o
-                        o                                           o
-         o     o     o      o      o   o    o    o      o       o
-     o
    da hat man natürlich keine trAUung vor m alTA:R mehr,

-                                                        o
-                                   o          o     o
-          o       o   o   o               o
-     o
    da gEht man in ein schön hEIratspaLAST? .hhhh

-                                                                                        o
-           o   o           o                                                o        o
-     o                                                            o   o
-                                       o  o       o      o
    dA: beZAHLT man (--) na ich wEIß nich wieviel GELD dafür,

-                                                         o
-                          o            o             o
-             o      o            o            o
-     o
    dann hAt man bIsschen bIsschen muSIK?
```

```
–                                                           o

–                                                        o
–                                                   o
–
–                                   o
–                 o  o o      o  o       o o   o     o
   o  o
   un dann hÄlt irgend (ne) beZIRKSleiter noch ne ↑ANsprache,

–
–
–                          o          o
–                  o  o   o       o  o      o  o    o
   o  o                                                  o
   und dann werden pro TACH vierzich EHen geschlOssen.
```

Die wiederholt ansteigende Intonation an den Enden der ersten fünf Sätze und ein tiefer Ansatz im jeweils neuen vermitteln den hörbaren Eindruck von Segmentierung. Jeder Satz markiert einen kleinen Einschnitt, zusammen mit dem Anstieg die Information, dass die Rede weitergehen soll. Auch der Einschub *na ich weiß nich*, der auf das Stocken nach *da bezahlt man* folgt, wird prosodisch dadurch abgesetzt, dass er tiefer gesprochen wird, die Fortsetzung des Satzes dagegen an die Tonhöhe vor der Parenthese angeschlossen wird (6.2.7.; 7.4.4.). Die tief fallende Intonation im letzten Satz schließt die sechs Sätze zu einer größeren Einheit zusammen.

6.2.5. Schneller Vorlauf

Eine Beschleunigung der Sprechgeschwindigkeit bis zur ersten betonten Silbe signalisiert, dass eine alte unterbrochene Einheit wieder aufgenommen oder eine neue begonnen wird. Dieses Mittel verwenden Sprecher dann, wenn ihr Redebeitrag über mehrere Einheiten reicht und die „Gefahr“ besteht, dass ein anderer Beteiligter dem aktuellen Sprecher das Rederecht abnimmt (Selting 1995, 98ff.). Nach dem schnellen Vorlauf kann aber eine Pause folgen, wenn also schon sichergestellt ist, dass der Sprecher weitersprechen kann (ebd., 106).

6.2.6. Variantenwechsel

Sprecher, die Standarddeutsch und einen Dialekt sprechen, markieren Einheitenanfänge und -enden oft durch einen Variantenwechsel. Eine Rede, die der Sprecher normalerweise in seiner dialektalen Normallage spricht, bekommt eine besondere Hervorhebung, wenn einzelne Laute standardsprachlich ausgesprochen werden. Damit werden unter anderem (4.2.2.) auch Einheitengrenzen markiert, oft zusammen mit prosodischen Änderungen und Wiederholungen:

äh un dAnn (-) na haww isch sad [habe ich gesagt]
(Kallmeyer/Keim 1994a, 164)

also isch nemm [nehme] des a õ [auch an] <<f>AUCH AN,> (ebd., 162).

6.2.7. Intonatorischer Anschluss nach einer Unterbrechung

Neben der Markierung der Ränder von Äußerungseinheiten muss man beachten, dass es prosodische Mittel gibt, die einheitenfördernd sind, indem sie Anschlüsse herstellen. Das ist oft der Fall, wenn ein Sprecher aus dem Konzept geraten ist oder einen Einschub gemacht hat. Um zu signalisieren, dass die davor begonnene Einheit nicht zu Ende ist, knüpft er/sie an die zuvor verlassene Tonhöhe an, z.T. mit einer Wiederholung des letzten Wortes vor der Unterbrechung (Local 1992; Selting 1995, 60ff.). Im Gegensatz zu Abbrüchen mit einem nachfolgenden Neuanfang, der dann auch prosodisch als Neuanfang markiert ist (Tonsprung, schneller Vorlauf), signalisiert das Fortfahren auf der gleichen Tonhöhe wie vor der Unterbrechung die Zugehörigkeit zur Einheit vor der Unterbrechung (ein längeres Beispiel in 7.4.4.).[10]

6.3. Demonstration am Text

Das Zusammenspiel von prosodischen, lexikalischen und syntaktischen Segmentierungsmitteln zur Gliederung der Rede auf unterschiedlichen Ebenen soll nun am gesamten Sprecherbeitrag der Studentin, auch vor ihrer zitierten Rede in Text 3, dargestellt werden (TB I, 228f.).[11] Dabei ist es für die praktische Arbeit (z.B. beim Transkribieren) sinnvoll, sich vom Höreindruck der Intonation leiten zu lassen und dann zu sehen, welche syntaktischen und inhaltlichen Einheiten die Intonationsbögen überspannen. Prosodisch abgesetzte Vor- und Nachlaufelemente und Binneneinheiten (Abbrüche, Korrekturen und andere Reformulierungen) können als Teile von solchen Äußerungseinheiten gewertet werden. Im folgenden Vorschlag sind es die a-,b-,c-Zeilen; ein senkrechter Doppelstrich (||) zeigt eine Stelle für einen möglichen Sprecherwechsel an.

---

[10] Royé (1981, 198ff.) kam bei der Untersuchung einer Fernsehdiskussion zu dem Ergebnis, dass in ca. 90% von unterbrechenden Einheiten (Parenthesen, untergeordnete Sätze, Korrekturen, Unterbrechungen, weil dem Sprecher das richtige Wort nicht einfiel) dem Hörer durch Stimmhebung, -schwebe oder nicht-volle Stimmsenkung mit und ohne Pause angedeutet wird, dass noch etwas folgt.

[11] Segmentierungen am fortlaufenden Text demonstrieren: Jürgens (1998, 161ff.); Weinert (2000, 77ff.); Kehrein (2002, 180ff.); Fiehler u.a. (demn., II.2.3.).

1a hm::. Ah: e (-) e
1b <<p>das werden jetzt>
1c <<pp>nee des wErdn>
1d ich glaube wir bewEgen uns (-) auf einem geBIET,

2 in dem wir bEIden überHAUPT nicht <<all>mehr kompeTENT sind.>

3 überhAUpt keine <<f>VORstellungen mehr hAben. (-) ||

4a DENN (-)
4b äh ı das das kAnn ich Einfach nich SAgen; (--)

5a o ob das CHRIStentum
5b oder das is auch ne HAL (-)
5c ne zwiespälterEI,

6 <<rall>ich sAge es hat wEsentlich MITbestImmt-

7 und DU sachst es is nur überNOmmen wOrdn->

8 ich WEISS es nicht. .hh ||

9 <<f>↑aber ich wEI:ß NUR,

10 dass dass für die- .hh kaTHOlische kIrche die Ehe ein sakraMENT ist.> .hh ||

11 <<f>↑UNlösbar;

12 vor GOTT vorm alTAR gesSCHLOSSN;> (-) ||

(ER: <<p>ja:, das is RICHtich;>)

13a <<all,f>↑un un dass die evanGElische kirche-
13b na GUT,
13c sie lässt ne schEIdung ZU,

14a Aber>> .hh
14b <<rall>dIeses äh (-) dieses (.) Un↑LÖSbare;>

15a <<p>dieses (-) Eigentlich (-) für <<len>↑IMmer, (-) zusAmmengehÖren; (-)
15b? (sEi:n;)>> (-)

16 <<all,f>↑dass das noch (-) SEHR viel be↑DEUtet->

17a und ICH zum bEIspiel,
17b ich eh ich fInde fInde es SCHRECKlich wenn ich geHÖRT habe,

18a ja gUt,
18b in in RUSSland
18c da ha hat man natürlich keine trAUung vorm alTA:R mehr,

19 da gEht man in ein schön hEIratspa↑LAST? .hhhh

20a dA: beZAHLT man- (--)
20b ↓nA ich wEIß nich wieviel GELD dafür,

21 dann hAt man bIsschen (.) bIsschen muSIK?

22 un dann hÄlt irgend (ne) beZIRKSleiter noch ne ↑ANsprache,

23 und (.) dann werden pro TACH vierzich EHen geschlOssen. (-) ||

24 <<len>↓alles KÜHL und SACHlich.> ||

In diesem Textausschnitt haben wir vier Einheitenebenen. Die höchste ist die Ebene des Sprecherbeitrags. Für ihn erweist sich der syntaktische Abschluss (im Fall, dass ein Satz überhaupt begonnen wurde) als eine zwar notwendige, aber nicht hinreichende Bedingung. Solange ein Satz noch etwas semantisch Weiterführendes, Ankündigendes enthält (in 1d das semantisch nicht gesättigte *geBIET*, in 4b das kataphorische *das*; in 5c *zwiespälterEI*), ist eine gedankliche Abrundung nicht erreicht.

Mögliche Stellen für einen „glatten Sprecherwechsel" sind die Äußerungseinheiten 3, 8, 10, 12, 23 und 24, nämlich nach Stimmsenkung (unter bestimmten Bedingungen auch Stimmhebung) und einer Pause. Nach Äußerungseinheit 11 wäre nur ein auffallend schneller Anschluss möglich (in 2 und 16 signalisiert die Tempobeschleunigung, dass die Sprecherin weitersprechen will). Tatsächlich spricht der Student seinen kurzen Kommentar (*ja:, das is RICHtich*) nach Äußerungseinheit 12, die dreifach als Abschluss markiert war: durch syntaktisches Ende, Tonabfall und Pause.

Von Äußerungseinheit 13a bis 23 gäbe es überhaupt keine Möglichkeit für einen anderen Sprecher, das Wort zu ergreifen, ohne die Sprecherin zu unterbrechen. Tonanstiege in Aussagesätzen ohne Frageintention in 5c, 13c, 18c, 19, 20b, 21, 22, syntaktische Unabgeschlossenheit bei fallender Intonation in 4b, 14b, 15a,b und beschleunigtes Tempo in 2 und 16 signalisieren, dass die Sprecherin weitersprechen will.

Auf der nächst unteren Ebene sind intonatorisch gleichartig gestaltete Äußerungseinheiten angesiedelt. Diese folgen oft dem Intonationsmuster (mehrmals) steigender (/) bzw. gleichbleibender (-) und dann fallender (\) Tonhöhen:[12]

1d–3:	/ \ \	in 3 mit Paraphrase
6–8:	- - \	in 8 mit Resümee
9–12:	/ \ \ \	in 11 und 12 mit Paraphrasen
17a–20:	/ / / / / / / / \ \	in 20 mit Paraphrase.

Jedesmal wird der argumentative Schlusspunkt mit fallender Intonation und Pause markiert; dies sind relevante Stellen für einen Sprecherwechsel. Da der Gesprächspartner aber nicht zu sprechen anfängt, schiebt die Sprecherin selbst noch resümierende Einheiten, ebenfalls mit fallender Intonation, hinterher (8, 11, 12, 24).

Die für den Höreindruck und das Arbeitsgedächtnis entscheidende Ebene ist die der Äußerungseinheit. Einfache Äußerungseinheiten sind durch syntakti-

[12] Das wurde seit N. Trubetzkoys *Grundzügen der Phonologie* (1939) für Aufzählungen, Listen, berichtete Handlungsschritte usw. immer wieder beschrieben. Speziell zu zwei hamburgischen Verfahren mit unterschiedlichen Formen und Funktionen: Gilles (2000).

sche Grenzen unterschiedlicher Art und durch eine Tonkontur mit einem oder mehreren primären Akzenten bestimmt, z.B. 2: *in dem wir bEIden überHAUPT nicht <<all>mehr kompeTENT sind.>*; außerdem 3, 6–10, 16, 19, 21–23 und als Ellipsen 11, 12 und 24. Am häufigsten erweist sich der fallende bzw. steigende Grenzton mit anschließendem intonatorischem Neuansatz (tiefer nach Steigton, höher nach fallendem Ton) als der entscheidende Segmentierungsausdruck. Die Tonhöhendifferenzen zwischen der letzten Silbe der vorhergehenden und der ersten Silbe der nachfolgenden Einheit können aber auch sehr gering ausfallen (6–7, 7–8). Manchmal unterstützen Pausen die Segmentierung (3, 4b, 8, 10, 12, 15b, 23).

Oft werden Äußerungseinheiten aber durch vorangestellte Elemente eingeleitet oder durch nachfolgende ergänzt (z.B. durch das Rückversicherungssignal *ne?*, das hier aber fehlt). Vorangestellte Phänomene sind:

- in 1a die Folge von Partikeln, zwei Sprechansätzen und einer Pause (*hm:::. Ah: e (-) e*): Sie kündigen nur die Sprechabsicht an;
- in 4a und 14a die Konjunktionen *denn* und *aber* und die als konzessive Konjunktion gebrauchte Partikelfolge *ja GUT* in 18a;
- in 17a und 18b die Herausstellungsausdrücke *und ICH zum bEIspiel*, und *in in RUSSland.*

Nachgestellte Elemente fehlen, wie gesagt (vgl. aber die Liste in 6.2.2. zum weiteren Text 3).

Den Redefluss unterbrechende Elemente sind:

- Abbrüche und Wiederholung oder Neuansatz in 1c und 5b, jedes Mal markiert durch Korrektursignale (*nee, oder*);
- die wieder konzessiv gebrauchte Partikelfolge *na GUT*, in 13b, die einen anderen syntaktischen Anschluss erforderlich macht;
- die durch tiefen Ansatz markierte Parenthese *↓nA ich wEIß nich wieviel* in 20b, die aber sowohl syntaktisch als auch am Ende prosodisch mit dem Rest des Satzes integriert ist.

Dass es hier so viele untergeordnete Äußerungseinheiten gibt, liegt am lebhaften Sprechstil der Sprecherin. In anderen Fällen fallen Äußerungseinheiten deutlicher mit Intonationseinheiten zusammen (vgl. Text 8).

Nicht nach jeder Äußerungseinheit erfolgt eine Pause, wie es im Beispiel bei Chafe (1987, 41) der Fall ist. Gewiss gibt es Sprecher, die ihre Redeeinheiten hauptsächlich über Intonationskontur und Pausen steuern,[13] die Regel ist dies aber nicht. Den Beobachtungen von Chafe entspricht aber die Tatsache,

---

[13] Die Sprecherin einer Erzählung (Textausschnitt 8) geht auf diese Weise vor. Mehr als zwei Drittel der Äußerungseinheiten (53 von 80) segmentiert sie durch Grenzton und Pause.

dass vor dem Beginn einer neuen gedanklichen Einheit längere Verzögerungen vorkommen als innerhalb eines thematischen Abschnitts. Die Sprecherin braucht in 1a–c sehr lang, bis sie zum flüssigen Sprechen kommt.

Nur wenige Intonationseinheiten decken sich mit einem vollständigen Hauptsatz (6, 7, 8, 13c; als Ellipsen: 11, 12 und 24). Meist fallen Intonationseinheiten mit syntaktischen Einheiten oder Kombinationen zusammen:[14]

1d + 2 + 3:	Trägersatz + Rel-S1 + Rel-S2 = komplexer Satz
4a,b:	Trägersatz mit Korrelat
9 + 10:	Trägersatz + Ergänzungssatz = komplexer Satz
13a:	Konj., Subjunktion, Subj.
14b:	Subj.
15a:	Subj.
16:	relativ freier dass-Satz
17a:	Herausstellung, Attr.
17b:	Trägersatz, (temporaler?) NS
18b + 18c:	Herausstellung + Rest des Satzes = Ergänzungssatz
19 bis 23	Ergänzungssätze

6.4. Äußerungseinheiten und Informationsstruktur

Versucht man, wie Chafe (1987) und Kotschi (1996), die Inhaltsteile der einzelnen Äußerungseinheiten den drei Kategorien zuzuordnen: a) unmittelbar gegenwärtiges Wissen, b) aus Vorerwähntem oder dem Weltwissen (Handlungsschemata) ableitbares Wissen, c) neu aktiviertes Wissen, dann könnte die Verteilung so aussehen:

[14] Zu den syntaktischen Formen: Jürgens (1999, 208ff.).

	gegenwärtige	ableitbare	neue Information
1b	das werden jetzt		
1d	wir bewEgen uns		
	auf einem geBIET		
2	in dem wir bEIden		überHAUPT nicht mehr
			kompeTENT sind
3	keine VORstellungen		
	mehr hAben		
4b		das kAnn ich	
		Einfach nich SAgen (?)	
5a	ob das CHRIStentum		
5b,c	das is		ne zwiespälterEI
6	ich sAge es hat		
	wesentlich MITbestimmt		
7	DU sachst es is nur		
	überNOmmen wOrdn		
8	ich		WEISS es nicht (?)
9	ich wEIß (nur)		
10	dass	für die ka-	
		THOlische kirche	
	die Ehe		ein sakraMENT ist
11			UNlösbar
12		vor GOTT, alTAR	
		geSCHLOSSN	
13a		die evanGElische	
		kirche	
13c	sie		lässt ne schEIdung ZU
14b	dieses UnLÖSbare		
15a	für IMmer zusAmmengehÖren		
16	dass das		noch SEHR viel beDEUtet
17a,b	ICH zum bEIspiel		finde es SCHRECKlich
	wenn ich		geHÖRT habe
18b			in RUSSland
18c	da hat man	keine trauung	
			vorm alTAR mehr (?)
19	da		gEHt man in ein schön
			hEIratspaLAST
20a	da		beZAHLT man (?)
20b	ich wEIß nich (?)	wieviel	
		GELD dafür	
21	da		hAt man bIsschen muSIK
22	und dann		hÄlt n beZIRKSleiter
			ne ANsprache (?)
23	und dann		werden pro TACH
			vierzich EHen
			geschlOssen
24	alles		KÜHL und SACHlich (?)

Die Fragezeichen sollen meine Zweifelsfälle der Einordnung andeuten, z.B. ob man einen typischen Ablauf einer Hochzeitsfeier auf einem sowjetischen Standesamt als Skriptwissen ansetzen darf oder ob die Sprecherin zur Ausschmückung einer Szene neue Vorstellungen evoziert.

Fast alle Äußerungseinheiten beginnen mit präsenter oder aus dem Gesprächsthema ableitbarer Information und bringen danach etwas Neues. „Alte" Informationen werden unmarkiert gesprochen; sie enthalten pronominale Formen oder werden ganz weggelassen (3, 11). Die relevanten Informationsteile werden durch Akzente hervorgehoben; es sind meist rhematische Bereiche, manchmal auch thematische (14b, 15a, 17a, 18b). Ob allerdings die Beschränkungsregel „one new concept at a time" (Chafe 1987, 32) ausnahmslos gilt, möchte ich bezweifeln.[15]

6.5. Das Wichtige am Anfang (Topikalisierung)

Als Übergang zum nächsten Kapitel soll hier noch die Positionierung rhematischer Elemente im Vorfeld erwähnt werden. Unter „Topikalisierung" versteht man eine Änderung der unmarkierten Wortstellung, sodass ein normalerweise späteres Satzglied an den Satzanfang rückt. Sprecher beginnen tatsächlich meist mit thematischen Informationseinheiten.[16] Wenn zuerst etwas Rhematisches gesagt wird, bekommt es mehr Gewicht.[17] Das ist zwar nichts spezifisch Gesprochensprachliches, hat aber wegen des damit verbundenen Akzents und der Tonhöhenbewegung eine stärkere Wirkung beim Hören (Féry 1993, 129f.).

Vorangestellt werden auf diese Weise vor allem Wertungen: *ZUcker war die tour* („verunglimpfung"); *gemMÜTlich diese bummelzüge* (2740/6,2); *aber*

---

[15] Manche Sprecher bringen in eine Intonationskontur auch zwei neue Informationen unter, z.B. M. Reich-Ranicki im Fernsehen (*einem jaPAner der vIele jahre in aMErika gelebt hat und SEHR gut Englisch kann,*), aber auch Sportreporter (Jürgens 1998, 161).

[16] Auch im Dialog. Einige psychologische Erklärungen der Serialisierung von Thema und Rhema bei Lötscher (1999, 151ff.: zuerst das psychisch Zugängliche, Auffällige, Dringliche, die Problemfeldfokussierung).
In geschriebenen Texten kann ein Vorfeld sehr lang sein und eine Menge unbekannter Informationen enthalten (ein Vergleich zwischen Anknüpfen am letzten Wissensstand im gesprochenen Dialog und vorgreifenden, unbekannten Informationen im Vorfeld in einem schriftlichen Text bei Rehbein (1992, 559ff.).

[17] Erben (1972, 266): „Emphasesatz"; zu syntaktischen Beschränkungen: Lötscher (1985). Lötscher (1999, 163) plädiert dafür, dass am Anfang das fokussierte Objekt/Geschehen steht, egal ob es Thema oder Rhema ist; thematische Elemente können nachgeliefert werden, wenn der Sprecher bemerkt, dass sie dem Hörer nicht bewusst waren.

DÜRR sieht se nIch aus (2740/2,2); *aber GANZ süße bIlder hat die gUdrun da gemAcht* (ebd.). Dass diese Anordnung auch besser zum emphatischen Sprechen passt, kann man an umstellenden Korrekturen sehen, z.B. wenn eine Sprecherin empört sagt:

die schmeißt ALles in die (-)
die TOLLsten sachen schmeißt die in die MÜLLtonne. (2740/4,2).

Des Weiteren eignen sich Rhemavoranstellungen für überraschende Neuigkeiten (*s SPORTabitur kann se abhaken,* 2740/5,5), für Widersprechensakte (*VIEle worte hab ich NICHT gesagt,* 3000/3,3) und allgemein für eine stärkere Gewichtung der Aussageintention (*SCHWItzen tu ich nicht,* 2715, 13).[18]

[18] Zur tun-Periphrase und ihren Funktionen: Abraham (1999, 49ff.). Umschreibungen mit *tun* werden von Dramatikern (F.X. Kroetz) verwendet, um unbeholfenes Sprechen zu imitieren (Betten 1985a, 248).

7. Syntaktische Kategorien

7.1. Allgemeines, Satzlänge

Die Gesprochene-Sprache-Forschung stand zunächst ganz unter dem Zeichen der Erforschung der Syntax. Man wollte wissen, wie weit unkorrigierte mündliche Äußerungen von den grammatischen Normen der geschriebenen Sprache abweichen. In der Forschungspraxis schlug sich damit ein Blick auf die gesprochene Sprache nieder, der noch stark von der Schrift bestimmt war (Sandig 1976; Fiehler u.a. (demn., I.2.2.3.)).

Eine großangelegte empirische Analyse syntaktischer Kategorien, in der mehrere vergleichbare Textsorten aus dem mündlichen und schriftlichen Bereich einbezogen werden, steht noch aus. Aber in den letzten Jahren sind sehr viele Aufsätze zu syntaktischen Themen erschienen und die IDS-Grammatik (Zifonun u.a. 1997) hat viele gesprochensprachliche Phänomene behandelt (Bibliografie: Hoffmann 1998; Überblick: Jürgens 1999, 73ff.).

Grammatiken gehen meist von einer Gesamtschau eines Satzes aus und betrachten den Satz als etwas Ganzes, das von einem oder von zwei strukturellen Zentren aus in immer feinere Verästelungen differenziert wird. Deshalb sind Stammbäume in Grammatiken auch so ein beliebtes Darstellungsmittel. Beim Sprechen und Hören gehen wir aber nicht so vor, sondern wir bilden und verstehen im Fortlauf des Sprechens eine syntaktische Struktur, die sich allmählich aufbaut, aber auch unterbrochen, wiederholt und verändert werden kann. Gerade auf das strukturierende Element des Vollverbs müssen wir im Deutschen wegen der verbalen Klammer manchmal lange warten. Es gibt deshalb Stimmen, die meinen, dass die Syntax der gesprochenen Sprache ganz anders, nämlich dem zeitlichen Fortschreiten folgend, angelegt werden müsse (Auer 2000a; Fiehler u.a. (demn.)), deren Regeln mehr auf vorgreifende Projektionen und nachträgliche Bearbeitungen aufbauen.

Bei statistischen Untersuchungen der bloßen Satzlänge (errechnet nach Wörtern pro Satz) wurden mehrmals Werte ermittelt, die unterhalb der Durchschnittswerte geschriebener Texte liegen.[1] In schriftlichen Korpora erreichen die *Spitzen*werte der Verteilungskurven 16 (Gebrauchsprosa), 17 (FAZ) und 19 Wörter (wiss. Texte) pro Satz (König 1993, 117). Die *Durchschnitts*werte in gesprochenen Texten differieren bei den einzelnen Auszählungen:

---

[1] Nur Äußerungseinheiten in Internet-Chats sind (nach einer eigenen kleinen Auszählung) noch kürzer als gesprochene (durchschnittlich 4,7 Wörter).

- 6 (Pausengespräche) bis 10 (Unterrichtsstunde; Weiss 1975, 30);
- 13,6 insgesamt in monologischer Rede; niedrigster Wert = 8,1 einer alten Bäuerin, höchster = 22,1 eines älteren Wissenschaftlers (Höhne-Leska 1975, 43);[2]
- 14,3 insgesamt; 18,3 in monologischer Rede (Herrmann-Winter 1979, 184);
- 21,1 (errechnet nach Wackernagel-Jolles 1971, 177); Spitzenwerte zwischen 5 und 14, danach kontinuierlich fallend).[3]

Die Satzlängen von Akademikern unterscheiden sich von denen, die keine lange Schulausbildung genossen haben (Herrmann-Winter 1979, 183). Bei Akademikern gibt auch Ganzsätze mit mehr als 60 Wörtern.

7.2. Kurzformen

Schon früh wurde festgestellt, dass die Alltagsrede mit großen Verkürzungen auskommen kann, da sprachlich eingeführte Redegegenstände nicht immerzu wiederholt werden müssen. Philipp Wegener schrieb (1885, 45): „Hat der Sprechende jedoch ein mal die Situation geklärt, so bedürfen die nachfolgenden Prädicate selbstverständlich nicht von neuem der Expositionselemente". Ähnliche Beobachtungen können wir bei Behaghel (1927) finden. Nach Engel (1974, 205) kommen Sätze mit einem Verb 60 mal häufiger in geschriebenen Texten vor als in gesprochenen. Das Verhältnis von „Kurzsätzen" wie *ja, morgen, den spiegel* zu voll ausgeführten Verbalsätzen gibt er für das gesprochene Korpus mit 1:1,27 und für das geschriebene Korpus mit 1:76,5 an.

7.2.1. Analepse

„Ellipse", „Anakoluth"[4] und „Aposiopese" sind Termini aus der antiken Grammatik und Rhetorik, mit denen man leicht umgehen konnte, um gesprochensprachliche syntaktische Formen zu beschreiben. Was eine Ellipse sein soll,

---

2 Ihre Vergleichszahlen für geschriebene Texte: Gesamtdurchschnitt 19,6; niedrigster Wert = 13 (Zeitungsreportage), höchster = 34 (Regierungserklärung).

3 Der Grund für die großen Unterschiede sind unterschiedliche Sprechergruppen und unterschiedliche Satzdefinitionen: bei Leska und Herrmann-Winter syntaktisch-prosodische Einheiten, einschließlich verbloser Sätze; bei Wackernagel-Jolles „Taxeme" (= einheitlich beurteilte Sprechbögen), die oft mehrere Sätze im strukturellen Sinne (Verb und Ergänzungen) umfassen; bei Weiss „syntaktisch voll ausgeformte Sätze". Zum Problem der Satzdefinition im Gesprochenen: Miller/Weinert (1998, 35ff.).

4 In beiden Termini steckt die Voraussetzung fehlender (schriftlicher) Vollständigkeit (griech. *elleipein* = ‚fehlen'; *an-akolutheein* = ‚nicht folgen').

wird aber bis heute unterschiedlich definiert.[5] Eine erste Differenzierung betrifft Weglassungen von Satzteilen, die aufgrund des vorhergehenden syntaktischen und semantischen Kontextes ergänzt werden können (‚Analepse'), gegenüber freien Ellipsen im engeren Sinne.[6]

Der folgende Text enthält mehrere Äußerungseinheiten, die nicht Sätze mit einem Prädikat sind. Eine Mannheimerin erzählt einen Witz über einen Biologen, der einem Frosch ein Bein nach dem anderen abschneidet und misst, wie weit er dann noch springen kann:

Text 7 „frosch" (2742/5,3,1)

01 na hat er geDENKT (-)

02 <<f,all><<rObbscht>> em hald noch <<des LEDschde>> aus> (-)
<<rupfst>> <<das Letzte>>

03 wersch sEh was KUMMT. (--)
<<wirst sehen was komt>>

04 s LEDschde raus- (-)

05 HIghockt. (-)

06 frosch HÜPF, (--)

07 hod sisch nix gerRIEHRD; (--)
<<hat sich nichts gerührt>>

08 <<f>FROSCH HÜPF,> (--)

09 <<p>der RIEHRD sisch ned;>

10 is er ugeduldisch worre; NET, (-)

11 <<f>frosch HÜPF endlisch.>

12 <<p>nIx>;

13 hod er in sein BUCH gsSCHRIwwe,

14 <<len>frOsch verlOr ohne bEIne sein geHÖR.>

In mehreren Äußerungseinheiten sind syntaktische Positionen aufgrund vorheriger Erwähnung ausgelassen worden, weil sie im Gedächtnis noch präsent sind, so für das durchlaufende Subjekt: *[du] wirst sehen was kommt* (Z. 3),

[5] Die Geschichte der Behandlung der Ellipsen bei den „Omissionisten" (welche sie als Weglassungen von Satzteilen behandeln) und den „Autonomisten" (welche ihnen einen eigenständigen Status zuerkennen) beschreibt Ortner (1987, 102ff.) mit einer deutlichen (auch hier eingenommenen, vgl. 7.2.3.) Unterstützung der Autonomie-These. Die meisten gegenwärtigen Linguisten lehnen das Vollständigkeitspostulat ab. Auch in den neueren Darstellungen (Zifonun u.a. (1997, I, 409ff.); Busler/Schlobinski (1997); Selting (1997); Sandig (2000)) differieren Ellipsendefinitionen und Abgrenzungen zu anderen Phänomenen. Die neuere Forschung bei Selting (1997, 118ff.).

[6] Bühler (1965, 166f.): Konstruktionen, „in denen wirklich eine echt syntaktische Vollendung innerlich gefordert, aber äußerlich nicht geleistet wird" vs. „empraktische Nennungen und Hindeutungen" (ebd., 155f.); Rath (1979, 142ff.): „Konstruktionsübernahme" vs. „Eigenkonstruktion"; Selting (1997, 128); Zifonun u.a. (1997, I, 569ff.) und Hoffmann (1999): „Analepse" vs. „Ellipse". Diese grundsätzliche Unterscheidung wird auch hier übernommen.

zusätzlich für Teile des Prädikats: *[er hat] das letzte raus[gerupft]* (Z. 4), *[er hat sich] hingehockt* (Z. 5). Nur die Äußerung *nIx* in Z. 12 beruht auf keiner mental weitergetragenen syntaktischen Struktur, aber auf einer semantischen Fortsetzungsmöglichkeit; wir verstehen sofort, dass *nichts* geschah.

Ein Erklärungsmodell für solche Analepsen (wie auch für Ellipsen im engeren Sinne, vgl. 7.2.3.) ist das Ökonomieprinzip, nach dem man nicht mehr zu sagen braucht, als für den Hörer zum Verständnis des Mitzuteilenden nötig ist (Betten 1976, 225). Auch beim Schreiben machen wir von Analepsen Gebrauch, speziell bei koordinierten Sätzen (Klein 1985, 8).[7]

In der mündlichen Kommunikation ist es darüber hinaus sinnvoll, ein Objekt, auf das die innere Aufmerksamkeit gelenkt wird (Thema), zu trennen von dem, was dazu gesagt wird (Rhema). Infolgedessen haben wir einige sprachliche Formen für Thematisierungen (7.3.2.). Solange Gesprächsgegenstände konstant bleiben, können sie zu Pronomen reduziert oder ganz weggelassen werden, damit der Hörer seine/ihre Aufmerksamkeit auf die Rhemata richten kann:

> ich habe KEIne krampfader. (--)
> [es ist] keine krAmpfader zu sehn
> [sie] liegt TIE:F. (--) [sie] liegt TIE:F. (2742/6,1).

Analepsen folgen also meist einer Strategie der rhematischen Orientierung: Wenn klar ist, worüber gesprochen wird, dann verbalisieren wir nur das Rhema.[8] Analepsen gelten in besonderer Weise über Sprecherwechsel hinweg, am häufigsten für Antworten auf W-Fragen: Das Fragepronomen gibt den Bereich an, innerhalb dessen eine Information fehlt; der/die Antwortende braucht nur diesen Bereich semantisch zu füllen; alles andere kann wegge-

---

[7] Tilgungen referenzidentischer Elemente in koordinierten Sätzen, Satzgliedern oder Attributen kommen in geschriebenen Texten häufiger vor als in spontaner Rede. Stegner (1985, 28f.) stellt nach Auszählungen gesprochener und geschriebener Korpora fest, dass „Vorwärtsellipsen“ (= Katalepsen: „der Laster hat den Mann erfaßt und [der Laster hat] ein Kind zu Boden geschleudert“) und „Rückwärtsellipsen“ (= Analepsen: „eine unbürokratische [Entscheidung] und [eine] menschliche Entscheidung“) in der geschriebenen Sprache häufiger gebraucht werden, außer in fachsprachlichen Texten. Dies kann man mit Chafe (1987) aus der Regel erklären, dass beim Sprechen meist nicht mehr als ein begrifflich neuer Inhalt auf einmal produziert wird.

[8] Darüber herrscht große Einigkeit: Ochs (1979, 62f.); Klein (1985, 20ff.); Cherchi (1985, 238ff.); Betten (1985b, 280); Kindt (1994, 38f.); Selting (1997, 130ff.); Lötscher (1999, 163). In manchen Analepsen wird jedoch auch Thematisches versprachlicht, z.B. das vorausgesetzte gemeinsame Wissen oder eine Präzisierung zuvor genannter inhaltlicher Elemente (Selting 1997, 142f.).

lassen werden, auch Prädikate und obligatorische Ergänzungen; ein Beispiel von André Martinet (1990, 134):[9]

A: je pars en voyage
B: pour où?
A: les baléares
B: tout seul?
A: avec nadine
B: jusqu'à quand?
A: fin juin

Auch für andere dialogische Sprechhandlungen als Antworten wird eine syntaktische Struktur aufrechterhalten, deren Positionen nur dann realisiert werden, wenn sie informativ sind (Linke 1985, 166f.; Selting 1997, 133). In Text 3, 12f. hatten wir Beispiele dafür:

ER: ja das geNÜCHT ja Auch.
SIE: JA, (-) (che) MIR nIch,

Rath (1979, 140), der dieses Beispiel auch analysiert hat, spricht hier von einer „Konstruktionsübernahme“. Die beiden informativen Einheiten *MIR* und *nIch* bekommen Akzente. Würde die Sprecherin sagen: *ja mir genügt das nich*, so würde sie mit der Wiederholung schon bekannter Informationsteile ihren Widerspruch deutlicher von der Äußerung ihres Gesprächspartners absetzen.

Für eine ganze Reihe von Beiträgen nachfolgender Sprecher zu dem, was jemand gesagt hat, kann man Konstruktionsübernahmen feststellen:

a) bestätigende Wiederholung:

A: in welchem fach SCHREIben sie?
→ B: mh in DEUTSCH wahr[scheinlich.
→ A: [in DEUTSCH ja. (Schröder 1985, 51).

b) Vervollständigung eines Satzes (completion):

A: vielleicht würd sich [...] ANbieten sowas (-)
roMAnisches (-) <<lacht>>
[von latein über italienisch nach französisch
→ B: [ja: ja (-) was kontrasTIves oder sowas
→ A: <<p, all> irgendwie sowas>
→ B: ja (-) zu machen (ebd., 52).

9 Bestimmte Fragetypen eignen sich besser für einen analeptischen Anschluss: Alternativ-, Entscheidungs- und W-Fragen mit den Fragepronomen *wo* und *wann* (Linke 1985, 167).

c) Rückfragen:

A: wo hast du dir die HAAre schneiden lassen?
B: äh bei dem TYP gegenüber dem COllege.
→ A: SImon? (nach Cherchi 1985, 235).

Der kommunikative Wert von Analepsen ist die stärkere Bindung der eigenen Äußerung an die vorhergehende und die Verstehenserleichterung, die dadurch zustandekommt, dass der Hörer auf die Informationsteile gelenkt wird, die rhematisch sind. Würde ein zweiter Sprecher jeweils alle syntaktischen Positionen ausfüllen, würde er eine der Konversationsmaximen von Grice verletzen, nicht mehr zu sagen, als notwendig ist, weil dieses Mehr die implizite Forderung enthielte, daraus Schlüsse zu ziehen.[10] Formal sind Konstruktionsübernahmen dadurch gekennzeichnet, dass sie mit möglichen syntaktischen Endpunkten von Phrasen und Sätzen aufhören und die gleichen fallenden bzw. steigenden Tonverläufe haben wie vollständige Sätze. Dadurch unterscheiden sie sich von Anakoluthen, wenn auch nicht immer (Selting 1997, 122ff., 139f.).[11]

In mündlichen Alltagserzählungen werden Analepsen häufig an den Rändern und innerhalb detailliert dargestellter Kernszenen, auf die das ganze Geschehen zuläuft, produziert. Dazu ein Beispiel. Eine Mutter erzählt davon, wie sie mit einer Lehrerin und dem Schuldirektor eine Aussprache hatte:

Text 8 „lehrerin" (2742/3,4)

01 A: wir sItzn an s em klEIn TISCH? (2,5)
02 und sie hAtte so ne LISte gehAbt. (.)
03 und wOllte da nun LOSlegen. (--)
04 mein sOHn dann daZWIschengesprOchn, (-)
05 <<all>ha i sa Ach THOmas bIdde; (-)
06 LASS sie jetz AUSredn.> (2,5)
07 <<len>↑wieder was VORgebracht,> (-)
08 <<all>↓na sagt der THOmas des STIMMD nIsch;> (--)
09 ↑fing die an zu BRÜLLN. (--)
10 <<len>da hab ich den REKtor ANgekUckt,

[10] Deshalb werden oft in lebhaften, thematisch kohärenten Diskussionen Sprecherbeiträge analeptisch angeschlossen. Hingegen produzieren Sprecher, die die Absicht haben, Eigenständigkeit zu demonstrieren, in vollen Sätzen mit der gleichen Satzstruktur wie der vorhergehende Sprecher (Schwitalla 2002a, 111ff.), oder sie lösen sich ganz von der Vorgängeräußerung und beginnen Sätze mit einer anderen Struktur (Linke 1985, 168).

[11] In ausgedachten Beispielen werden ein vs. zwei Intonationsbögen als Unterscheidungsmittel für formgleiche Sätze gesehen: ein Satz (*GOTT vergibt djAngo NIE.; MARtin bedauert marIa nIcht.*) vs. zwei Sätze, zweiter analeptisch (*gOtt verGIBT, djAngo NIE.; MARtin beDAUert. marIa NICHT.*; Féry 1993, 136f.).

hab SIE AngekUckt,>
<<all>und den THOmas AngeKUCK-> .hhh
(gsa) THOmas bIdde; (--)
du darfs GLEICH, (3)
da geht des WEIter, (--)
ZWEI punkte weider, (.)
<<all>na sagt der THOmas des STIMMD nEd mAmmi;> (2)
<<geflüstert:>sch:lÄgt die auf den TISCH?>
<<all>der TISCH is SO hOchghupft; he>
D: war ne choLErikerin.
A: <<p>ja> <<f>und dann hab ich den (-) REKtor AngeKUCKT,
un hab gesagt herr REICH; (3)
↓das beSTÄtigt wIEder mEIne ANnahme. (-)
GUden TAG zusAmmen.> (-)
↑mein THOmas geSCHNAPPT,
↓un bin WEG. (--)
<<all,f>die SITZN lassn wie zwei dUmme KINder.> (1,5)

Außer den Analepsen für aufeinanderfolgende Handlungen derselben Person (Z. 3, 11-13), den Analepsen in der Reformulierung (Z. 16) und im Kommentar einer Hörerin zur Person, von der gerade die Rede ist ([*sie*] *war ne choLErikerin*, Z. 20), haben wir eine Analepsenfolge in Z. 25-27, welche zur großen Detailliertheit der direkten Rede vorher im Kontrast steht. Die Kürze drückt hier auch Resolutheit, ein Kurz-Angebundensein aus,[12] manchmal auch die Schnelligkeit und Plötzlichkeit von Ereignissen.

Am Beginn von Detaillierungsphasen in Erzählungen wird verkürztes Sprechen für größere Dynamik (*ICH, REIN?*[13]), Überraschung oder Emphase ausgenützt;[14] innerhalb der Pointe vermittelt es auch Lakonie und Kürze als überraschende Spannungslösung (Kallmeyer 1981, 413). Oft werden Anfang und Ende von detailliert dargestellten Szenen verkürzt formuliert (*na bin ich HIN? (--)* [...] *bin dann rumgedreht un bin wieder fort*. (2742/5,1)).

---

[12] Vgl.: *hab ich gesagt tja schönen dank, aber es tut mir leid, habe nich mehr gegrüßt bin weggegangen*; TB I, 80); als Fremdverhalten: *wie komm ich zum holliday-inn? (-) weitergelaufen* (2742/8,13).

[13] Die Verkürzungen ergreifen auch Bewegungsverben (*hin-, rein-, weggehen*).

[14] Sandhöfer-Sixel (1988, 149f.); Sandig (2000, 303f.; 310ff.). Dazu folgende Einleitung des Erzählhöhepunkts eines Schwaben, der ein Erlebnis mit einer Kuh in seiner Kindheit erzählt: *kuah gnomma beim schtall, en dr fruah om viere rous, war en nebel* [vollständige Sätze, aber ohne Artikel bei *Kuh*:] *komm e bis ans kehns schta:dl hee, kuah will omkäahra, kuah macht a baar schnurrer* [jetzt wieder analeptisch zum Ausdruck von Schnelligkeit:] *ond* [die Kuh läuft] *däa wäag na ond en ackr nei* [Ergebnis wieder ausführlich:] *on dr guat Seppl flackt* [= liegt] *scho danna* (Ruoff 1984, 157).

7.2.2. Exkurs: Verberststellung

In den Texten 7 und 8 kommen gehäuft Sätze mit Verberststellung vor. Die meisten stellen einen engeren Kontextbezug zum vorhergehenden Satz her und setzen diesen als gegebenes Gesprächsthema voraus.[15] Dies geschieht häufig in Erzählungen, wenn neue Handlungsschritte mitgeteilt werden:[16]

> [es] hod sisch nix geRIEHRD (Text 7, 7)
> [und dann] is er ungeduldisch worre; (Text 7, 10)
> [und dann] hod er in sein BUCH gsSCHRIwwe, (Text 7, 13)
> [und dann] fing die an zu BRÜLLN. (Text 8, 9)
> [da] sch:lÄgt die auf den TISCH? (Text 8, 18), vgl.:
> [dann] sim ma also äh HIgange, (Text 6, 1)

In diesen Fällen handelt es sich nicht um Analepsen, denn die Sätze enthalten alle erforderten Ergänzungen. Auer (1993) nennt sie „eigentliche Verbspitzenstellung". Mit der Voranstellung des Verbs wird die Handlung extra betont; die Erzählung bekommt dadurch mehr Dramatik (Günthner 2000, 240) und wird deshalb zur Einleitung erzählstruktureller Teile verwendet (Sandig 2000, 301f.: Komplexion und Lösung; 306: Orientierung).

Auch durch Analepsen entsteht eine engere Anbindung an den Vorgängersatz:

> [du] wersch sEh was KUMMT (Text 7, 3)
> [sie] war ne cholerikerin (Text 8, 20)
> [wir] habbe geKLOPFT, [wir] sin REIgekomme, (Text 5, 2f.).

Pragmatische Bedingungen für Verbspitzensätze sind außer narrativen Sätzen modalisierte Aussagen (*kanns dir gar nit sage*, Text 1, 1; *nehm ich* [...] *amol an*, Text 1, 39), rhematische Elaborationen mit geringerer Relevanz (... *hab ich dir doch erzählt*, Text 1, 19; ... *gehört mir nun endlich*, Text 3, 16), Bewertungen und Kommentare (beides in: *war ne cholerikerin*, (Text 8, 20; vgl. Rehbein 1992, 544ff.; Auer 1993, 207ff.)).

7.2.3. Ellipse im engeren Sinne

Kurzformen, die nicht Satzteile aus vorhergehenden Sätzen weglassen, werden nach einer Wortprägung von Hans Eggers „Setzungen" genannt (Leska 1965, 454; Wackernagel-Jolles 1971, 173ff.; Weiss 1975, 32ff.: „selbständige

---

[15] In geschriebenen Texten würden im Vor-Vorfeld und im Vorfeld kohärenzstiftende Elemente (Konjunktionen, Adverbien) oder ein expletives *es* stehen.

[16] Weiss (1975, 39); Schröder (1984, 471); Rehbein (1992, 547ff.); Sandig (2000, 298ff.).

Setzung"); andere nennen sie „syntaktische Eigenkonstruktionen" (Rath 1979, 146), „autonome Konstruktionen" (Schlobinski 1997, 15) oder einfach „Ellipse" (Zifonun u.a. 1997, I, 409ff.; Hoffmann 1999).[17] In solchen „freien" Ellipsen wird nicht ausgesprochen, was kognitiv durch die Situationswahrnehmung, einen gemeinsamen Handlungsplan oder aufgrund von Weltwissen gegeben ist. „Empraktische" oder „sympraktische" Ellipsen (Bühler 1965, 155) sind solche, die innerhalb eines aktuellen Handlungsrahmens das im Augenblick wichtige Objekt oder Geschehen, und nur dieses, versprachlichen:

einmal köln und zurück – am Bahnhofschalter
ohne – nach der Bestellung eines Kaffees (Bühlers Beispiel)
fünf brötchen – im Bäckerladen
fünfzehn beide – Schiedsrichter beim Tennis (vgl. Brinkmann 1974, 152f.)
blick auf die meißelschneide – Erklärung bei der Lehrlingsausbildung (Baßler 1996, 78).

Ein gemeinsam bekannter Handlungsplan, der thematische Optionen vorschreibt, garantiert das Verständnis. Wer einen solchen Handlungsplan nicht kennt, kann elliptische Äußerungen nicht verstehen, z.B. nicht das folgende, nachgestellte Funkgespräch zwischen einem Sanitäter (SA) und seiner Leitstelle (LS):

SA: lEItstelle von drEIundsechzig nullZWO.
LS: drEIundsechszig nullzwo KOmmen.
SA: der drEIundsechzig nullZWO auf empfAng bis zwAnzig UHR mit dem NEUNsechsundsEchzig [...]
LS: bau VIERunddreißig SOnneninsel MÜller hans LIEgend. JUspi ce zwAnzig mit der ZWOhundertzwOundzwanzig um zwÖlf uhr EINS. („notruf").

Der Sanitäter meldet sich in seinem Fahrzeug mit seiner Wagennummer (*6302*) bei der *leitstelle*. Nach der Sprechaufforderung informiert er über die Zeit seines Dienstes (*bis zwanzig uhr*) und die Nummer seines Meldeempfängers (*966*). Die Leitstelle gibt dann die Anweisungen: Ein Patient namens *müller hans* soll von der Universitätsklinik, *bau 34*, Station *sonneninsel*, auf einer Tragbahre *liegend* zum Juliusspital (*juspi*), Abteilung *c 20* gefahren werden. In den Arbeitsbogen sei die Auftragsnummer (*222*) und die Uhrzeit der Auftragserteilung (*12 uhr 01*) einzutragen.

---

[17] Hoffmann (1999), der Autor von Zifonun u.a. (1997 I, 413ff.), unterscheidet ‚situative' (= Weglassen von Sprecher-, Hörer-, Objektdeixis), ‚empraktische' (= alle kognitiven Bestandteile eines Handlungsplans), ‚phatische' (Aposiopese) und ‚Strukturellipse' (mediale und textsortenspezifische Kurzformen, z.B. in Schlagzeilen oder Telegrammen).

Es ist nicht nötig zu fordern, solche Äußerungen gedanklich zu einem Verbalsatz zu vervollständigen.[18] Bei Fußballreportagen im Fernsehen sind Äußerungen wie die folgenden ganz üblich:

foul an reuter (18) <<Zeitlupenaufnahme>> ja: (2) von hinten (4) markus babbel

Natürlich könnte man jede Äußerung zu einem Verbalsatz machen: [das war ein] *foul an reuter; ja* [es war ein foul]; *von hinten* [ist reuter gefoult worden]; *markus babbel* [hatte gefoult] oder sogar die ganze Folge in *einem* Satz zusammenfassen: *markus babbel hat reuter von hinten gefoult.* Im Prozess des Sprechens thematisiert der Sprecher aber mit *foul an reuter* ein Ereignis, das die Zuschauer gleichzeitig sehen, zu dem er dann nachträglich mit mehr Wissen mehrere rhematische Informationen gibt (Jürgens 1999, 164ff.).[19]

Der Unterschied zwischen Analepse und Ellipse soll am folgenden Ausschnitt klar werden. Eine Mannheimerin erzählt von den Folgen des Sitzens in einem überhitzten Raum:

Text 9 „ischias" (2742/3,7)

01 ja aber isch hab die (hoho) isch hab die RESCHnung
02 präsentIErt gekriggt.
03 heid middag wo mer zum ESse gonge sin mei kolLEG und Isch. (-)
04 war noch kääne ZEHN meder gelOffe? (--)
05 <<f>OH: <<all>hab isch gsacht des derf doch net wahr sein.>> (--)
06 <<len>Ischiasnerv;> (-) AH, JA:. (-)
07 geSCHWITZT? (-) und von hInne de ZUG abgekriggt. NE?

Während sich die Analepsen [*ich*] *war noch keine zehn meter gelaufen*; [*ich hatte*] *geschwitzt*; [*ich hatte*] *von hinten den zug abgekriegt* auf einem durchlaufenden Thema gründen, fällt *ischiasnerv* aus diesem Thema heraus. Es wären mehrere verbalsatzförmige Ergänzungen möglich: *mein ischiasnerv tat weh; plötzlich spürte ich meinen ischiasnerv; der ischiasnerv war eingeklemmt* etc. Mit dem bloßen Wort *ischiasnerv* wird eine besonders ausgezeichnete neue Information gegeben, die sich wie die Lösung von etwas vorher Angekündigtem (*die rechnung präsentiert gekriegt*) verhält.[20] Die Kürze hat stilistischen Wert. Eine satzförmige Ausformulierung würde den Überraschungseffekt (und in diesem Falle auch die ikonische Abbildung der Plötzlichkeit) zerstören.

---

[18] Es gibt sie auch in geschriebenen Texten (Zifonun u.a. (1997, I, 85ff.): „kommunikative Minimaleinheit"). Nach Behr/Quintin (1996) machen verblose Sätze 13% ihres geschriebensprachlichen Korpus aus, während es in Fußballreportagen im Radio fast 25%, im Fernsehen fast 42% sind (Hennig 2000, 154, 159).

[19] Zu Ellipsen in Fußballreportagen: Deutrich/Schank (1973); Schank/Schoenthal (1976, 17); Hennig (2000, 157ff.).

[20] Vgl. das Beispiel bei Rath (1979, 147) und Kindt (1994, 38): *wir haben den stand schließen lassen. geschäftsschädigung. nich?*

Wir verfügen über eine ganze Reihe von konventionalisierten Ausdrucksformen, und wir können auch aus dem Augenblick heraus neue erfinden, deren Abgeschlossenheit nicht an einem Verb und seinen Ergänzungen hängt. Viele dienen dem Emotionsausdruck (Interjektionen), der Aufforderung (*raus! schluss jetzt!*) und der Bewertung (*quatsch*; Wolf 1985, 407f.).

Kurzformen haben oft keine semantisch eindeutig zu machende Inhaltsfigur (Brinkmann 1974, 159f; Ortner 1982, 132ff.). Wir können sie im Vagen lassen, weil Eindeutigkeit nicht so wichtig ist oder weil aus dem sprachlichen und situativen Kontext erschlossen werden kann, was der Sprecher meint. Sprachtheoretiker haben diese Vagheit des gesprochenen Worts des öfteren konstatiert und die Tatsache, dass dennoch die verbale Kommunikation nicht zusammenbricht, dadurch erklärt, dass wir uns um so besser verstehen, je mehr wir uns in den/die andere/n hineinversetzen können.[21]

Zum Schluss sollen noch zwei Funktionen von Ellipsen angeführt werden:

1. Generalisierung durch Weglassen von Ergänzungen

Am Schluss von informativen, narrativen und argumentativen Einheiten können sie generalisiert werden, indem (auch obligatorische) Ergänzungen von Verben weggelassen werden:[22] Eine Frau schildert die Geräusche im Innern eines Wasserturms und fasst zusammen: *und überall BRUMMTs und MACHTs und TUTs*. Eine Mutter erzählt vom finanziellen Anspruchsverhalten ihrer Kinder:

> da wär noch was DRIN gewesen; nich? von VAters seite aus.
> aber nich so wir HAben,
> und wir SIND,
> und wir ziehn EIN, und so;
> SO gehts NICH. (2740/3,4).

Man könnte vielleicht annehmen, dass beim Sprechen viel häufiger als beim Schreiben Verbergänzungen wegfallen. Eine Auszählung von 92 Verben mit denselben Satzbauplänen und denselben Bedeutungen in 642 Sätzen in gesprochenen und geschriebenen Texten hat keine nennenswerten Unterschiede erge-

[21] So Wegener (1885, 68ff.), der am Beispiel des weinerlich gesprochenen Worts *Butterbrod* eines Kindes rekonstruiert, dass die sympathetisch eingestellte Mutter die Äußerung als Aufforderung versteht: „Die Sympathie ist die fundamentalste Voraussetzung alles Sprachverständnisses" (ebd., 68). Vgl. auch Otto Jespersens Erklärung vager Äußerungen durch des „hearer's sympathetic imagination", zit. bei Cherchi (1985, 236).

[22] Vgl.: *sOwas von einer TRANfunsligen Alten FRAU* (Text 1, 41); *alles KÜHL und SACHlich* (Text 3, 11; Rath 1993, 469); *nIx* (Text 7, 6); *so PETZartig* (Abschluss der Erzählung von Text 2).

ben.[23] Dieses überraschende Ergebnis ist ein starkes Argument für dieselbe Basis des mündlichen wie schriftlichen Formulierens in einem Kernbereich der Grammatik.

2. Kommentare von Hörern

Hörer kommentieren oft das, was ein Sprecher sagt, außer durch Analepsen (*war ne cholerikerin*) mit unabhängigen Kurzformen, um das Gesagte zu bewerten: *themawechsel, themawechsel* (um einen beginnenden Streit zu beenden); *heißes thema* (Kommentar zu einer politischen Äußerung); *so was blödes* (Weiss 1975, 41), *klasse* (Schröder 1984, 57); oder um ein Stichwort einzuwerfen (ebd., 41f.):

A: so langsam müssten sie sich mal (-)
[um ihren prüfer kümmern (-) neben dem (-) latein.
→ B: [latein
B: ah ich dachte um latein noch immer

7.3. Formen syntaktischer Diskontinuität

Gegenüber dem Verfahren der syntaktischen Integration beim Schreiben herrscht beim Sprechen oft das Prinzip der Vereinzelung. Was dort ein normales Satzglied wäre, erscheint hier als mehr oder weniger isoliertes Einzelstück, als etwas Vorweggenommenes, Abgebrochenes, Nachgeholtes. Freilich gibt es solche Vereinzelungen auch in schriftlichen Texten, z.B. in Werbetexten („Bei uns finden Sie höchste Qualität zum besten Preis – <u>immer</u>!“) oder Romanen („sprangen <u>sie</u> auf, <u>alle zehn</u>“, Th. Mann, *Josef und seine Brüder*). Vor allem Schriftsteller, die gesprochene Rede nachahmen, verwenden diese Formen (Betten 1985a, 273).

7.3.1. „Linksherausstellung“, freies Thema

Beim Sprechen gehen wir oft so vor, dass wir erst mit einem sprachlichen Ausdruck auf einen Gegenstand verweisen und dann, diesen Gegenstand mit mit einem Pronomen aufgreifend, einen Satz mit einem Rhema dazu bilden. Dieses Verfahren nennt man „Linksherausstellung“ (Linksversetzung, left dis-

[23] 15 Weglassungen in geschriebenen Texten, 18 in gesprochenen (Schwitalla (1988, 74). Blanche-Benveniste (1981) urteilt über die Verbergänzungen im gesprochenen Französisch (übersetzt:) „Wir haben oft darüber gestaunt, dass es [in der gesprochenen Sprache] so wenige Doppeldeutigkeiten und Zweifelsfälle gibt, und wir haben uns sogar gefragt, ob es unserem Material nicht ernstlich an Exotismus fehlt, was die Verbergänzungen angeht“; vgl. auch die wenigen Beispiele in Blanche-Benveniste u.a. (1991, 54).

location).[1] Der Terminus setzt das Bild von links nach rechts geschriebener Sätze voraus, außerdem die für gesprochene Rede nicht zutreffende Annahme, dass *zuerst* ein Satz produziert wird, aus dem *anschließend* ein Satzglied „herausgestellt“ wird.[2] Brüche nach dem isolierten Ausdruck weisen eher darauf hin, dass der nachfolgende Satz später geplant wird (Lötscher 1999, 165).

Altmann (1981, 48ff.) unterscheidet nach dem Grad der Integration zwischen Linksversetzungen, freien Themen (Abgrenzung durch Pause) und vokativischen Nominalphrasen. Freie Themen können im nachfolgenden Satz nicht nur durch ein Pronomen, sondern auch durch eine substituierende Nominalphrase aufgegriffen werden: *die blondine da drüben. ich glaube ich habe dieses gesicht schon gesehen* (ebd., 49); die Proform muss im Genus nicht kongruent sein: *he die fahrerei. nervt dich das nicht?* (Selting 1995, 81); ein Bezugswort kann sogar fehlen.[3]

Bei „Linksversetzungen“ können prinzipiell alle Arten von Satzgliedern vorangestellt werden: Subjekte (*aber die jungs die sind äh wirklich dahinter her*), Objekte (*ein bruch den hatten se schon vor vierzehn tagen gemacht*), Umstandsbestimmungen (*in russland da hat man ...*) und sogar Gliedsätze (*der ihm gegenüberliegt der hatte ene schienbeinbruch*; Beispiele z.T. aus Wichter 1980).

Sprecher trennen den Thematisierungsteil von der folgenden Rede mehr oder minder stark. Die Mittel dazu sind Tonanstieg und -abfall, kurze oder mittellange Pause, ein Tonsprung zu Beginn der folgenden Einheit und eingeschobene Äußerungen (*aus gole- mai liewer so weid sim mer nu gegomm- da gans de heide alles machen.* [aus kohle, mein lieber, so weit sind wir schon gekommen, da kannst du heute alles machen]; Altmann 1981, 48). Wie alle Teile der mündlichen Rede können auch Thematisierungen in aufzählender Form aneinandergereiht werden (eine Sprecherin nennt Situationen, in denen sie nicht Dialekt reden durfte):

aber telegef (-) teleFONgesprä:che;
oder ä:mter und so weiter (-)
un auch in der SCHUle; (-)

[1] In Text 3, 2-4 die Abfolge von PP + Pronomen: *in RUSSland da hat man ...* und die Pronomenwiederholung auf Distanz: *ICH zum beispiel, ich eh finde ... .*

[2] Fiehler (2000, 33f.) fordert deshalb, den Terminus aufzugeben.

[3] Selting (1993, 295ff.) trennt Linksversetzung von freiem Thema nur durch Prosodie (intonatorische Integration oder nicht; eine Pause ist nicht notwendig). Scheutz (1997) unterscheidet Linksherausstellung im engeren Sinne (pronominale Wiederaufnahme + prosodische Integration) von Linksherausstellung im weiteren Sinne (nur eines von beiden) und diese von freiem Thema (keines von beiden).

und beim LEsen (-) natürlich äh wenn man [...]
da wurde also drauf geACHtet. (-) (Bausch 1995, 436f.).[4]

Dialektsprecher markieren manchmal Herausstellungsformen zusätzlich mit einer Standardverschiebung:

die WÖRter <<all>die hots bei mir in de wohnung noch NIE gewwe.> [gegeben] (Keim 1995, 277).

Die allgemeine Funktion unterschiedlicher Formen der Erstnennung liegt darin, ein Thema im Themenrahmen des laufenden Gesprächs zu situieren, d.h. ein schon besprochenes Thema aufzugreifen, auf ein untergeordnetes Thema zu kommen, ganz neue Themen einzuführen oder Themen abzuschließen.[5] Selting (1993, 302ff.) stellt fest, dass Sprecher mit Linksversetzungen enger an ein Thema anknüpfen, mit freien Themen dagegen einen neuen Aspekt fokussieren, im obigen Beispiel: *die FAHrerei. nervt dich das nicht?*, nachdem zuvor von der Häufigkeit der Fahrten gesprochen wurde; so auch wenn in einer Negativ-Liste *alkohol* als neuer Punkt eingeführt wird: *und dann ALkohol. da war einer, der war ziemlich angedudelt* (2701/8,3). Im folgenden Beispiel wird die Kleidung einer jungen Frau beschrieben:

DIE hättet ihr mal sehen sollen; (-)
wie DIE an ihrm ARbeitsplatz sitzt.
→ geschlItzte RÖcke? (-) will ich ja GAR nichts sagen [...]
→ und Oben? (-) da muss ma mal kucken ob da überhaupt was DA is. (2742/5,1,15).

Das zuerst genannte Objekt und die Aussage dazu müssen nicht mit alter und neuer Information zusammenfallen (so eine Definition von ‚Thema‘ und ‚Rhema‘), aber beide Teile enthalten akzentuierte Einheiten, auf die die Aufmerksamkeit des Hörers gelenkt wird (*ICH zum beispiel ich* [...] *finde es SCHRECKlich*).[6] Manchmal stellt der vorangestellte Ausdruck aber weder ein Thema noch ein Rhema, sondern einen Wissenshintergrund dar, nach dem das Entscheidende folgt, z.B. eine Beleidigung: *do Unne*, [= da unten im Keller, was alle wissen] *do hängt doda:l des arschloch*; (2701/58,13) oder eine soziale Kategorisierung: *in der akademie; (.) da ham wer en jungn wessi* (Hausendorf 2000, 220).

---

4 Ein englisches Beispiel bei Halford (1990, 38). Auch mehrere Formulierungsversuche können mit einer Proform refokussiert werden: *so seit* [Abbruch] *nach weihnachten fing das eigentlich erst an* [freies Thema:] *januar* [Proform:] *da hab ich n paar erfahrungen gemacht* (Rehbein 1992, 565).

5 Givón (1979, 65); Altmann (1981, 48f.); Gülich (1982, 47); (Scheutz 1997); Stark (1997); Jürgens (1999, 167ff.).

6 Herausgestellte Pronomen, wieder aufgegriffen durch Wiederholung + Apposition, fungieren wie eine präzisierende Reformulierung: *WIR. wir OSTdeutschen habm ...* (Hausendorf 2000, 233).

7.3.2. Exkurs: Formen der Thematisierung

Hier soll einmal umgekehrt, ausgehend von einer Funktion, nach den Realisierungsmöglichkeiten für eine Thematisierung gefragt werden (Hoffmann 1992; 1995). Man kann zwischen schwach thematischen und stark thematischen Elementen unterscheiden (Lötscher 1999, 149f.). Den geringsten Grad von Fokussierung haben Analepsen, dann folgen (unakzentuierte) Pronomen und Nominalphrasen im Vorfeld; markanter sind sie, wenn sie prosodisch abgesetzt sind:

> die SILvia? (-) het also so ein medikaMENtenköfferle (Text 1, 8)
> mein MANN? (--) war jetzt AUCH in GErolstein. (2742/5,1,15).

Die Reihe ließe sich über Topikalisierungen zu den aufwändigen Verfahren fortsetzen. Das sind Ist-Prädikationen (*da war eine LEHrerin? die hat ...*), Linksherausstellung und freies Thema, Nominal- und Präpositionalphrasen (*grad zu dem arzt da fällt mir noch was ein; du wegen fahrradtour ...*), Infinitivkonstruktionen (*und dann <u>mit ihm rumlaufen</u>- sagt sie ...*; Bausch 1995, 428), Konditionalsätze, Formeln (*a propos x, stichwort x*) und Sätze im Vorvorfeld (*was x anbelangt*; Hoffmann 1992, 30). Für Konditionalsätze zwei Beispiele aus einer (frei gesprochenen) Bundestagsrede von F. J. Strauß (20.3.1958), a) [neues Thema:] *wenn man sagt verHANDL oder nicht. (-)* [Rhema:] *ich habe dazu mich schon geÄUßert. (-) SELBSTverSTÄNDlich verhAndeln;* b) [Rethematisierung:] *aber wenn man verHANdelt mit den sowjets* [Rhema:] *muss man wissen mit WEM man verhAndelt.*

Der Thematisierung (und Rhematisierung) dient auch der Spaltsatz (cleft-sentence) mit der Form: *es/das ist* und Relativsatz (*es ist immer peter, der ...; es war in rom, wo ...*). Er ist im Deutschen selten, kommt aber in erregter Rede themenanknüpfend vor: *das ist genau das was ich meine; das ist genau das was ich immer sage* (Miller/Weinert 1998, 288). Häufiger sind „unechte" Spaltsätze der Form: Pron. und NS, *ist* und Rest des Satzes: *was sie hier sehen, ist immer wenn ein partner zurückkommt ...* (Weinert 2000, 80) – anders als im Geschriebenen ohne Subjunktion. Auch um einen Kontrast herzustellen, werden Spaltsätze verwendet, z.B. wenn jemand die Vorzüge seiner Organisation aufgezählt hat und dann fortfährt: *was uns fehlt ist eine bessere ausbildung* (TB II, 299).[7]

---

[7] Für das Französische (*c'est ... que/qui* + Satz; *ce que/qui ... c'est ...*): Blanche-Benveniste u.a. (1991, 59ff.); für das Englische: Miller/Weinert (1998, 263ff.). Psycholinguisten haben festgestellt, dass Inhalte von Spaltsätzen besser behalten werden als Inhalte der anschließenden Relativsätze (Th. Herrmann 1992, 294f.).

Die Gliederung der Rede in zwei Teile hat für Sprecher und Hörer den Nutzen, die kognitiven Aktivitäten des Thematisierens und Prädizierens auseinanderzunehmen (topic und comment).[8] Kleine Kinder gehen noch häufiger als Erwachsene so vor, wenn sie Mehrwortäußerungen produzieren (Ochs 1979, 66).

7.3.3. „Rechtsherausstellung", Nachtrag

Das zur „Linksherausstellung" formal analoge Verfahren ist die „Rechtsherausstellung".[9] Sie betrifft Ergänzungen (Blanche-Benveniste u.a. 1991, 141) und Umstandsbestimmungen (Weiss 1975, 83ff. mit einer Tabelle der Satzgliedtypen 90f.). Wie bei Voranstellungen und freien Themen gibt es mehrere Grade der Integration. Auer (1991, 145ff.; 1996, 64ff.) unterscheidet drei Formen:

1) „paradigmatische Wiederholungen", die in der vorangegangenen Konstruktion einen Stellvertreter haben, z.B. ein Pronomen: *wo wir zum essen gegangen sind mein kollege und ich* (Text 9);
2) „syntagmatische" Ergänzungen, die in die vorangegangene Konstruktion zu integrieren wären: *hab ich denkt jetz ruf den an ob der vielleicht jetzt nächst woch scho mitkann. vierzehn da:g.* (ebd., 149);
3) thematisch weiterführende Informationen ohne die Möglichkeit der Integration: *na hab i n fanTAStischn ge-te-I GELL? ABsolut neu?* (ebd., 152).[10]

1) und 2) können prosodisch (durch Intonationssprung, Pause, Tempo, Lautstärke) mehr oder weniger stark abgesetzt werden. Nur nicht-integrierbare Teile (3)) werden prosodisch stark abgesetzt und bekommen Akzente für neue Rhemaeinheiten (ebd. 25ff.; Selting 1995, 82). 2) und 3) werden auch „Nachtrag" genannt. Sie werden oft dadurch provoziert, dass der Hörer keine erwartete Reaktion zeigt und der Sprecher noch einmal das Wort ergreift (Auer 1991, 153; Kindt 1994, 29, 34; Selting 1995a, 315f., 317f.).

---

8 Weiss (1975, 68f.); Wichter (1980, 43); Rehbein (1999, 101). Eine Diskussion der kognitiven Erklärungsmöglichkeiten bei Lötscher (1999, 152ff.).

9 Sie sind in geschriebenen Texten wohl stilistische Übernahmen gesprochener Formen, z.B. in Werbetexten: „Sie möchten ihn schon, den neuen Bluebird" oder als Beginn eines Zeitungsberichts: „Nein, er drängt sich nicht nach vorne, der Dieter Schulte aus Duisburg." W.A. Mozart macht sich über gehäufte Herausstellungen lustig: „wo man ihn ausgeschrieben hat, den brief, sonst weis er nicht wann man ihn weggeschickt hat, den brief. Hast ihn iezt fertig? – den brief? --- ja, mamma, ich habe izt fertig den brief" (Brief Nr. 373).

10 Uhmann (1993, 331f.) entwickelt eine Typologie von acht Formen nach den Kriterien: +/- prosodische Integration, +/- Bezugselement (pronominal oder anders), nachgestelltes Attribut.

Wenn Nachträge prosodisch stark markiert sind, haben sie neben der Funktion der Rhematisierung auch die der Hervorhebung; die vorangegangenen Äußerungen sind dann nur vorbereitende Informationen zu dem, was im Nachtrag als Wichtigstes mitgeteilt wird. Ein Beispiel aus Selting (1994, 395), wo der hinausgezögerte Nachtrag die Pointe einer Erzählung liefert (die Rede ist von einer Studentin, die früher immer *toTAL schmuddelig* rumlief):

DAnn is se n halbes jahr nach FRANKreich gegangn, (-)
KAM WIEder, ↑TO:DSCHICK. (-) <<f>↑TO::DSCHICK.>

Hier unterstützen weitere prosodische Elemente die emphatische Ausdrucksstellung (hohe Tonhöhe, Dehnungen, Lautstärke). In einer Erzählung, in der eine Studentin von den Schwierigkeiten mit einem Professor berichtet, formuliert sie ebenfalls den Höhepunkt der Erzählung emphatisch in einem Nachtrag:

und dann ham wir verSUCHT das zu erKLÄRN. STUN:DEN:LANK. (ebd., 390).

Nachträge mit einem Stellvertreter lassen sich durch Rücksichtnahmen auf den Hörer erklären, nämlich Teile, die dem Sprecher bekannt sind und die er/sie deshalb pronominal versprachlicht hatte, des besseren Verständnisses wegen lexikalisch aufzufüllen.[11] Wenn ein Pronomen sich auf ein Nomen beziehen könnte, das der Sprecher aber nicht meint, ist ein Nachtrag sogar notwendig:

nur weil sie die fünfzig mark für die nächste miete zahlen will <<all>nich zahlen will> (-) <<len>sondern die gleich abziehn will.> ne? die <<all,f>kaution> (Gülich 1982, 56).

Nachträge dienen außerdem der Präzisierung (*käse ist so gut der französische*; TB III, 125; Betten 1980, 203) oder der nachträglichen Mitteilung von etwas, was dem Sprecher während der Satzäußerung einfällt (*er fuhr die straße hinunter viel zu schnell*). Sie sind ein weiteres Zeugnis für das schubweise Voranbringen der Rede. Deshalb kommen sie auch gehäuft vor:

weil dus nicht anders haben willst
[Nachtrag:] im unterbewusstsein
[Reformulierung:] im unterbewussten
[Nachtrag:] die die abhängigkeit von mir (TB III, 39).

[11] Betten (1980, 204: *das kann äh sehr kurz greifen dieser äh appell*); Altmann (1981, 55); Auer (1991, 154).

7.3.4. Ausklammerung

Unter ‚Ausklammerung' werden sprachliche Einheiten verstanden, die nach der Satzklammer produziert werden.[12] Klammerstrukturen kommen beim Sprechen doppelt so häufig vor wie Sätze mit einem eingliedrigen Prädikat (Thurmair 1991, 186). Ausklammerungen standen von Anfang an in „Verdacht", etwas typisch Gesprochensprachliches zu sein. Die Erklärung liegt auf der Hand: Wegen der begrenzten Gedächtnisspanne sei es leichter, das Vollverb, das ja den Sinn des Satzzusammenhangs stiftet, vorwegzunehmen und dann erst die Satzteile folgen zu lassen, z.B.:

> man müsste jetzt wirklich untersuchungen anstellen <u>über die verschiedenen rassen in verschiedenen erdteilen</u> ob ... (TB I, 222; vgl. Rath 1976, 296).

Tatsächlich belastet das Mittelfeld das Arbeitsgedächtnis aber nicht sehr; durchschnittlich werden im Mittelfeld je nach Klammertyp 1,8 bis 3,9 Wörter gesprochen (mit extremen Werten bei 20 Wörtern; Thurmair 1991, 188); schon deshalb ist eine Ausklammerung oft nicht nötig (nur 6% der Sätze; ebd., 192). Auch Nebensätze mit verbaler Endstellung sind relativ kurz (zwischen 5,6 und 6,4 Wörtern im Israel-Korpus) und brauchen erst bei längeren Nebensätzen ausgeklammert zu werden (Weiss 2000, 307). Wenn ausgeklammert wird, dann sind es auch Akkusativ- und Prädikativergänzungen, die man beim Schreiben einklammern würde (Zahn 1991, 123). Besonders der Umstand, in öffentlichen Diskussionen komplexe Sachverhalte zu formulieren, begünstigt lange Ausklammerungen (ebd., 192ff., 211).

Ausklammerungen werden nicht korrigiert, scheinen also eine akzeptierte syntaktische Form zu sein. Dass dennoch die Satzklammer ein Orientierungspunkt für einen möglichen Satz- oder Redeabschluss ist, zeigen Fälle, wo Hörer Rezeptionssignale bzw. Sprecheinsätze nach der Klammer, überlappend zum ausgeklammerten Teil platzieren (Auer 1991, 146f.; Uhmann 1993, 337). Sprecher verzichten deshalb auf Ausklammerungen auch komplexer Satzteile, wenn sie sich das Rederecht bewahren wollen (ebd., 338f.).

Die Funktionen von Ausklammerungen sind (ähnlich wie bei Nachträgen) Präzisierungen oder Einfälle, die dem Sprecher im Verlauf der Satzproduktion kommen (Rath 1976, 297). Obwohl mehrfach die Annahme geäußert wurde, die Ausklammerung sei ein typisch gesprochensprachliches Phänomen (Belege bei Rath 1985, 1656), konnten statistische Arbeiten (Schöps 1977; Zahn 1991, 225f.) zeigen, dass

---

[12] Die Unterscheidung zwischen Nachtrag und Ausklammerung fällt schwer. Auer (1991, 146) will sie durch prosodische Integration (Ausklammerung) und prosodische Selbständigkeit (Nachtrag) treffen. Diese ist aber ein graduelles Phänomen, je nachdem, wie viele prosodische Merkmale (Pause, Grenzton, Akzent in der Expansion) wie stark beteiligt sind (ebd., 149; Selting 1995a, 317f.).

dem nicht so ist. Der Durchschnitt der Ausklammerungen in verschiedenen gesprochenen Textsorten liegt nur geringfügig höher als in geschriebenen Texten.

7.3.5. Satzverschränkung

Satzverschränkungen (Satzverschlingungen) sind dagegen wieder typisch gsprochensprachliche Phänomene, weil man sie beim Schreiben korrigieren würde (Andersson/Kvam (1984, 18). Satzverschränkung bedeutet, dass man ein Satzglied eines von einem Verb des Sagens oder Denkens abhängigen Satzes zu Beginn eines Matrixsatzes spricht, z.B.: *in köln weiß ich dass es eins gibt* (statt integriert: *ich weiß dass es in köln eins gibt*). Ebenso: *am dienstag weiß ich nicht ob er kommt; wir gehen jetzt das gespräch durch schlage ich vor und sagen wie wir glauben dass es gewesen ist* (Andersson/Kvam 1984, 109f.).

Die kommunikative Funktion solcher Voranstellungen ist es, den Geltungsbereich des Denk- oder Sprechakts einzuschränken (zu fokussieren), also den Informationsteil des abhängigen Satzes herauszuheben, auf den sich das Verb bezieht. Bei direkten und indirekten Fragesätzen markiert das Fragepronomen diesen Bereich: *wo haste gesagt dass ein abfalleimer ist?*; bei Wissenslücken Antworten auf Ergänzungsfragen (*neun glaub ich schon dass du drin hast*).

Das an den Anfang gestellte Element kann auch themensteuernde Funktion haben, indem es einen Teilbereich aus einer größeren Thematik ausgrenzt, von der vorher die Rede war oder die zumindest mitgedacht war (*südlich der mainlinie glaube ich schon dass ich jeden verstehen würde*) oder indem es zu einem zuvor genannten Objekt/Thema einen Kontrast herstellt (*das mag anderswo der fall sein, in meiner abteilung wünsche ich nicht dass das geschieht*).

7.4. Anakoluthformen

Der (oder das) „Anakoluth“ ist ebenfalls ein Begriff aus der klassischen Rhetorik, mit dem man syntaktischen Phänomenen der gesprochenen Sprache zu Leibe rücken konnte, die nicht in das Vorstellungsbild von Geschlossenheit und Geordnetheit einer von schriftlichen Texten herkommenden Grammatik passen. Gemeint sind damit Konstruktionsabbrüche und Konstruktionswechsel. Einen solchen hatten wir in Text 3, 50ff.: *und dass ich zum bEIspiel* [...] *das symBOL des rI:nges, von dem sie sEHr VIEL halte; und es es zum bEIspie:l hhh es UNverständlich finde, wenn ...* . Hier fehlt nach dem Relativsatz ein Prädikat, das den Objektsatz geschlossen hätte.[1]

---

[1] Hoffmann (1991); derselbe in der IDS-Grammatik von Zifonun u.a. (1997, I, 443ff.) unterscheidet drei Formen: Ausstieg (Aufgabe der begonnenen Konstruktion), Retraktion (Abbruch und Korrektur) und Umstieg (Konstruktionswechsel).

7.4.1. Abbruch und Pause

Intonatorisch ist eine Unterbrechung durch gleichbleibende Intonation (im Gegensatz zu Ellipsen) angedeutet, manchmal auch durch Glottisverschluss (Selting 1997, 125ff.). Kommunikativ kann ein Abbruch vieles bedeuten. Als Aposiopese lässt man den Hörer ergänzen, was nicht mehr ausgesprochen wird, z.B. weil es tabuisiert ist (Meise 1996, 52ff.; Schmitt 2002, 120f.). Wenn vom Sprecher weitere Informationen erwartet werden, kann das plötzliche Verstummen als Eingeständnis verstanden werden, etwas nicht sagen zu können oder zu wollen (Beispiel aus einem Ausbildungsunterricht):

LE: was isch de sturz?
JU: äh: vum ra äh vum ra:d s mhm äh. (-) (Baßler 1996, 153).

Von syntaktischen Abbrüchen innerhalb einer Äußerungseinheit müssen Kommunikationsverweigerungen unterschieden werden (vgl. oben, S. 77; Beispiel aus einem Streitgespräch):

ER: ich fühlte mich so leicht angegriffen. (--)
SIE: es WAR glaub ich (-) auch n leichter angriff. (--) .hhh (--)
ER: was hast du sagen wollen?
SIE: ach is egal. (Kallmeyer 1979, 99f.).

7.4.2. Abbruch und Wiederholung

Wenn einem Sprecher ein Wort oder die weitere syntaktisch-semantische Konstruktion nicht einfällt, dann bricht er/sie die begonnene Konstruktion ab und beginnt von neuem, manchmal schubweise vom gleichen Anfang an:

lassen sie mich
lassen sie mich den spieß
lassen sie mich den spieß mal umdrehen
(Wackernagel-Jolles 1971, 8).[2]

Öfter wird aber nicht wörtlich gleich wiederholt, sondern mit kleinen Veränderungen, die die Suche nach geeigneten lexikalischen Formulierungen verraten. Der Beginn eines Sprecherbeitrags eines Politikers lautet (Holly 1990, 143):

ja man kann ja mal
ganz einfach mal
könnt zum beispiel erscht mal ne analyse
man kann ja überhaupt erscht mal fragen ...

[2] Schriftsteller können solche schrittweisen Formulierungen absichtlich wählen, z.B. um den Prozess des immer genaueren Sehens einer sich nähernden Person abzubilden: „Ein Mädchen, ein hübsches Mädchen, ein hübsches Mädchen mit einem tief ausgeschnittenen Pullover erscheint“ (M. Atwood, *Die Räuberbraut*, Frankfurt/M., 1994, 395).

Intonatorisch ist für Abbrüche eine ebene Tonhöhe, vielleicht auf hohem Niveau, charakteristisch, welche Unabgeschlossenheit signalisiert (Selting 1998). Wiederholungen unabgeschlossener Einheiten kommen außer in beitragsinterner Position, wo sie mit der begrenzten Vorausplanungskapazität erklärt werden können, besonders häufig in überlappender Rede vor, wenn ein Sprecher merkt, dass der/die andere nicht zuhört und deshalb noch einmal von vorne anfängt (Weiss 1975, 67). Ein Beispiel aus einem öffentlichen Streitgespräch (Nannen gegen Löwenthal, TB II, 265). Während sein Kontrahent weiterspricht, beginnt Löwenthal sechsmal einen Satz:[3]

ich betreibe keine
ich betreibe
ich betreibe
ich betreibe keine entnazifizierung
ich betreibe keine
ich betreibe keine entnazifizierung wie sie es im falle kiesinger betreiben wollten

Aber auch ohne Konkurrenz ums Wort, wenn ein Sprecher merkt, dass der Hörer ihm/ihr nicht zuhört, spricht er/sie nicht weiter, dehnt dazu Vokale und dehnbare Konsonanten an der Abbruchstelle (Local 1992; Selting 1995, 58ff.), produziert vielleicht noch eine gefüllte Pause (*äh*), bis der Hörer wieder seinen Blick auf den Sprecher richtet, und setzt erst dann neu ein oder wiederholt bereits gesagte Äußerungsteile (Goodwin 1981, 65ff., 127ff.; Erickson 1986, 302).

7.4.3. Abbruch und Korrektur/Neuanfang

Wenn man sich versprochen hat oder etwas gesagt hat, was nicht zu dem passt, was man eigentlich sagen will, bricht man seine Rede ab und formuliert neu. Jede Korrektur behandelt den Teil, der korrigierend wiederholt wird (das Reparandum), als ungültig (oder mit einer Metapher aus der geschriebenen Sprache: als „gelöscht“). Beispiele aus schon zitierten Texten:

eine beSTEtijung von (.)
vom pasTOR und sO:. (Text 3, 20f.).

dass ich also zum bEIspiel (-) m den m m
das symBOL des rI:nges (Text 3, 50f.).

Korrigiert werden hier eine Präposition und ein Artikel; im zweiten Fall war vielleicht der maskuline Artikel in der ursprünglichen Sprechplanung für *ring* gedacht.

[3] Vgl. Text 1, 17: *wie reds du wie reds denn du*. Beispiele für Wiederholungen bei Störungen von Bundestagsreden bei Heinze (1979, 285ff.).

Abbrüche erfolgen auch deshalb, „weil das, was man sagen will, sich mit der begonnenen Konstruktion nicht sagen lässt“ (Rath 1976, 291):

wAs ist sagen wir (--) <<hustet>>
wAs entspricht MEHR der moral (TB I, 230).

Diese Erklärung dürfte für den gleich darauf folgenden Abbruch gelten:

dass es NICHT, e::
also dass es ein FEHL(-)schlAg WAR (TB I, 230).

Typische Korrektursignale sind plötzliche Abbrüche mit Glottisverschluss, gefüllte Pausen (*ähm*),[4] die Lexeme *oder, also, vielmehr, nein/nee, quatsch* (Wittkop 1988, 166ff.), Formeln wie *besser gesagt* und ausformulierte Sätze (*ich muss mich korrigieren*), manchmal begleitet von einem Kopfschütteln. Auch wenn es kein Signal gibt, so kann der Hörer die Korrektur daran erkennen, dass die korrigierende Fortsetzung den erwarteten Syntaxplan unterbricht:

diese medikamente die (-) machen die atmung
die verändern die atmung und das sprechen etwas.
(Hoffmann 1991, 104).

Durch die Korrektur wird eine syntaktische Position, die schon gefüllt war, wiederholt, ohne dass eine Konjunktion hinzugefügt wurde. Schließlich kann man auch an inhaltlichen Unstimmigkeiten erkennen, dass sich ein Sprecher korrigiert:

wir ham ja jeHEIrat
<<all>wir haben ja IMmer noch nich jehEIratet.> (2740/3,3).

Korrekturen werden wie andere Unterbrechungen (Einschübe, Hintergrundinformationen) zur größeren Erkennbarkeit prosodisch markiert, sodass zumindest der Beginn der Korrektursequenz deutlich abgesetzt erscheint. Wichtigste prosodische Mittel sind dabei Tonhöhensprünge nach oben, häufiger nach unten, schnelleres Tempo, geringere Tonhöhe und leiseres Sprechen, also mit geringerer prosodischer Prominenz, es sei denn, die korrigierende Wiederholung enthalte einen neuen Fokus (Selting 1995, 67ff.; 2001a, 233ff.; Rabanus 2001, 145ff.).

Eine tiefere globale Tonhöhe zusammen mit schnellerem Sprechen markiert folgende Korrektursequenz in auffälliger Form:

isch bin jetz also schOn- (--)
<<p>glaub sIEbbzehn jahre war isch damals dabei,>
<<all>↓odda FUFFzehn jahre,
isch wEIß es nimmer genAU.>
↑auf jeden FALL (-) äh un ISCH bin sIEbeneinhalb jahre in der Offenen [Abteilung] und sie sagen ... (2742/1,1).

---

4 Schegloff (1979); Wittkop (1988, 246ff.); Rasoloson (1994, 65).

Ein Tonsprung nach unten und einer nach oben vor und nach der Korrektur heben diese vom fortlaufenden Bericht ab.

Für mögliche Stellen, an denen die Unterbrechung einsetzen kann, gibt es keine Regeln (Levelt 1993, 7). Aber es ist nicht ins freie Belieben gestellt, wie weit man zurückgehen muss, um mit dem Neustart einzusetzen. Hier gelten syntaktische Einheiten der jeweils nächst höheren Stufe, deren Beginn man mit der Korrektur wiederholen muss, wenn man eine syntaktische Grenze überschritten hat. Lag der Fehler z.B. in einer zweiten oder späteren Silbe eines Wortes, so muss man bei der betreffenden Silbengrenze neu anfangen; wurde ein Wortende überschritten, muss das ganze Wort wiederholt werden, bei einer Phrasengrenze die ganze Phrase und bei einem Satz der ganze Satz (Hoffmann 1991, 107f.; Levelt 1993, 485ff.; Uhmann, 1997, 165ff.).

Silbenanfang:

> dann hat der polizier [= antizipierender Versprecher]
> zist mir gesagt (3001.03).

Basislexem innerhalb eines Kompositums:

> die textilfa äh
> industrie

Wortanfang:

> der erneuerung befäh
> fähig sind und auch der erneuerung bedürfen

Phrasenanfang, Nominalphrase:

> der arbeitet jeden morgen bis- (.)
> jeden tach bis um elf (Uhmann, 1997, 164).

Präpositionalphrase:

> denn bin ich zur (-) anzei
> zum ei [Wortgrenze:]
> anzeigenbüro gekommen (Hoffmann 1991, 107f.).

Satzanfang, wenn das Satzende überschritten wurde:

> uns hats geSCHUddelt wo wer aus der wOhnung wieder kAmen;
> uns hats geSCHÜddelt. (2742/7,9).

Konstruktionsabbrüche geschehen (wie Wiederholungen) oft dann, wenn ein Sprecher verwirrt, abgelenkt oder erregt ist (W. Hartung 1996, 159ff.). Eine syntaktische Fehlplanung kann psychologisch auch dadurch erklärt werden, dass wichtige Teile „nach vorne drängen", also früher gesagt werden, als es ihre syntaktische Ordnung erlaubt. Im folgenden Beispiel greift die Sprecherin den rhematischen Teil der Vorgängeräußerung auf, konstruiert dann aber erst eine syntaktisch passende Form:

un na haww isch gsad AUSrede
um AUSrede is die nischd verlegen
(Kallmeyer/Keim 1994, 243, Z. 21; vgl. Weiss 1975, 69).

Außer diesen psychisch-kausal zu erklärenden Fällen erfüllen Abbrüche und Korrekturen/Neueinsätze aber auch kommunikative Funktionen:[5]

1. Grammatische Korrektheit

Wenn wir grammatische Fehler überhaupt bemerken, korrigieren wir sie meistens auch (die Inkongruenz *von dem* <u>*sie*</u> *sEHr VIEL halte* in Text 3, 52 wurde z.B. nicht korrigiert und wohl auch nicht bemerkt). Rath (1985a, 152) nennt die Korrekturen von solchen morphosyntaktischen Fehlern „elementare Korrekturen“: Man will als kompetenter Sprecher erscheinen, der/die die Grammatik beherrscht.

2. Richtige Benennung

Diesen Korrekturgrund stellt Ramge als häufige Ursache bei Selbstkorrekturen von Schulanfängern fest, z.B. wenn das Wort *kinnerwa* korrigiert wird zu *puppenwagen* (Ramge 1973, 176).

3. Präzisierung

Das ist ein sehr häufiger Grund (Weiss 1975, 72), oft in der Form, dass ein Substantiv ein Adjektivattribut bekommt:

und so lange die mädchen glauben dass dieses erste
liebeserlebnis zu einem erlebnis
zu einem <u>dauernden</u> erlebnis führt (Rath 1979, 217).

Oder ein Pronomen wird durch ein Substantiv präzisiert:

wi:r können dami
wir <u>ARbeiter</u> können damit lEben (2742/5,5).[6]

4. Spezifizierung eines Oberbegriffs:

dass die vorschrift [...] zu einem zeitpunkt geschaffen wurde zu dem die wissenschaftlichen zusammenhänge ich muss besser sagen die <u>biologischen</u> zusammenhänge der (TB II, 381; vgl. Rath 1979, 211).

5. Inhaltliche Verstärkung der Aussage:

also das christentum verliert immer mehr an bedeutung
oder <u>verliert seinen sinn</u> (TB I, 223; vgl. Rath 1979, 218).

---

[5] Kossakowski (2000) nennt Emotion, Aufkommen eines neuen Gedankens, Wortfindungsschwierigkeit, Unterbrechung durch die Hörerin als eher kausale, Andeuten, Weglassen von Überflüssigem und Themenwechsel als intentionale Gründe.

[6] Zu Wortartersetzungen vgl. Ramge (1973).

6. Inhaltliche Abschwächung:

denn diese rückkoppelung hat nicht stattgefunden
also nur in ganz wenigen fällen stattgefunden
(TB II, 362; vgl. Rath 1979, 212).

Oft werden gerade in Diskussionen durch Korrekturen eigene Standpunkte relativiert, um so dem Diskussionspartner einen Konsens anzubieten (Rath 1985a, 149).

7. Gesichtsschonende Abschwächung:

da sacht sie [= die Angesprochene]
oder ihr MANN, (-)
wir ham das GANZ einfach geKLÄRT. (-)
wir haben denen GANZ einfach zum ACHzehnten gebUrtstag
n AUto geSCHENKT, und dann mussten
oder n auto ham se geKRIGGT
und dann mussten sie eben das entsprechend SELber versOrgen. (2740/10,7).

Mit der ersten Korrektur wird die Adressatin aus der Kritik genommen; mit der zweiten wird der Vorwurf des Verwöhnens abgeschwächt (vgl. Text 10, 24: *solche stör (-) verhaltensweisen*).

8. Anpassung der Wortwahl an die Situation, den Adressaten oder an Gruppennormen

In der Schule korrigieren Erstklässler umgangssprachliches *schmeißen* in schriftsprachliches *werfen* (Ramge 1973, 176) und Familiensprachliches in Allgemeinsprachliches: *un die mutti mutter is dann wieder fortgegange* (ebd.). Es gibt auch den umgekehrten Fall, dass Allgemeinsprachliches in Gruppensprachliches korrigiert wird:

a MÄ
a SCHNALL aus meiner klAss hot gsAcht... (vgl. S. 45).

Die Bezeichnung *mädchen/mädel* wäre für die männliche Jugendlichengruppe, in der gesprochen wird, zu wenig sozialsymbolisch markiert gewesen; sie wird durch den Gruppenausdruck *schnall(e)* ersetzt.

Wie häufig selbst Äußerungen von Wissenschaftlern in freier Rede durch Abbrüche und Reprisen, Verdeutlichungen und Ergänzungen, durch Einschränkungen und Spezifizierungen gekennzeichnet sind, hat Wunderlich (1976, 344ff.) sehr schön an einem längeren Stück eines Vortrags (eines berühmten Linguisten) gezeigt. Wir können nicht alles auf einmal sagen, sondern wir sprechen im langsamen Zuwachs neuer Informationen, immer auf schon Gesagtes zurückgreifend und das gemeinsame Wissen ein Stück weit vorantreibend.[7]

---

[7] Foppa (1990, 186ff.) nennt dies das Prinzip der „neutralen lokalen Kohäsion" von Themen im Diskurs.

Abbrüche und Parenthesen werfen ein Licht auf den Formulierungsprozess. Oft wissen wir eben noch nicht, wie wir den Satz, den wir zu sprechen begonnen haben, auch beenden (Levelt 1989, 24). Erst mit der Möglichkeit, spontan Gesprochenes auf Tonträgern festzuhalten und zu transkribieren, bekommt die frühe Einsicht Heinrich von Kleists eine Bestätigung und Präzision:

> „Aber weil ich doch irgendeine dunkle Vorstellung habe, die mit dem, was ich suche, von fern her in einiger Verbindung steht, so prägt, wenn ich nur dreist damit den Anfang mache, das Gemüth, während die Rede fortschreitet, in der Notwendigkeit, dem Anfang auch – ein Ende zu finden, jene verworrene Vorstellung zur völligen Deutlichkeit aus, dergestalt, daß die Erkenntnis, zu meinem Erstaunen, mit der Periode fertig ist. Ich mische unartikulierte Töne ein, ziehe die Verbindungswörter in die Länge, gebrauche wohl eine Apposition, wo sie nicht nötig wäre, und bediene mich anderer, die Rede ausdehnender Kunstgriffe, zur Fabrikation meiner Idee auf der Werkstätte der Vernunft, die gehörige Zeit zu gewinnen." (*Über die allmähliche Verfertigung der Gedanken beim Reden*).

7.4.4. Abbruch, Parenthese/Korrektur, (teilwiederholende) Fortsetzung

Häufig werden begonnene Satzkonstruktionen dadurch unterbrochen, dass dem Sprecher etwas einfällt, was für das Verständnis der Rede wichtig ist. Das können metakommunikative Bemerkungen zum Status des Sprechers, zur getroffenen Wortwahl, zur kommenden Sprechhandlung, Hintergrundwissen und andere Einschübe sein. Um für den Hörer die Anbindung an die Rede vor der Unterbrechung erkennbar zu machen, werden Teile der abgebrochenen Rede noch einmal wiederholt:[8]

dann schließen sie sich einer gruppe an
und nacha
    die kerle
        wenn sie zusammen sind
    fühlen sie sich vielleicht größer
und nacha wirds immer schlimmer mit rocker und so zeug
(Betten, 1980, 191).

zum fördern gehört zum beispiel auch
    wenn ich noch mal schnell das wort ergreifen darf
zum fördern gehört zum beispiel auch dass man seinen sohn
und seine tochter [...] darüber aufklärt (TB II, 167).

Wenn solche Parenthesen zu lang geraten sind, kann die Rückkehr zum Satzbeginn vor der Unterbrechung für Sprecher und Hörer eine Hilfe für die thematische Anknüpfung sein (Betten 1980, 194). Mittel dazu sind Proformen,

[8] Im Englischen: Halford (1990, 39f.).

Wiederholungen von Satzanfängen, Konjunktionen wie *also, deswegen* und *aber* (Albert 2000, 329ff.):

> dann geht aus den fragen eindeutig hervor
> dass beide geschlechter mit geringen prozentunterschieden
> und diese prozentunterschiede führe ich eben auf die
> unterschiedliche erziehung zurück
> das machen allenfalls zwei prozentunterschiede aus
> dass also beide jungen wie mädchen der ansicht sind ...
> (TB II, 316f.).

Mit Demonstrativpronomen bei der Wiederaufnahme der zuvor verlassenen Konstruktion geben Sprecher zu verstehen, dass sie mit ihren zwischenzeitlichen Informationen den Ausgangspunkt ihrer Redeeinheit hinlänglich präzisiert haben:

> dass die meinungsäußerung zu honecker
> die ja unmittelbar nach seiner inthronisation im mai in bonn zu hören war offiziell auch vom regierungssprecher erinnere ich mich damals dass es mit ihm in den innerdeutschen dialogen nicht leichter würde
> dass diese meinung doch ihre bekräftigung durch diese rede auf dem parteitag gefunden hat (TB II, 287f.; Betten 1980, 197).

Parenthetische Einschübe werden prosodisch von der unterbrochenen Rede abgegrenzt.[9] Ein Tonsprung nach unten und die Wiederaufnahme der unterbrochenen Äußerungsteile auf derselben Tonhöhe sind die Markierungsformen für Anfang und Ende der Parenthese; dazu kommen manchmal leiseres und schnelleres Sprechen.

Wie bei Parenthesen wird bei Abbruch und Korrektur die gleiche Intonation wiederholt, so in dem schon zitierten Auschnitt:

```
wir ham denen GANZ einfach zum ACHzehnten gebUrtstag n AUto geSCHENKT,
–                                                          o
–          o    o  o                                    o
– o                              o   o   o    o
–                   o    o
   und dann mussten ↓oder n auto ham se geKRIGGT

–                                                          o
–          o    o  o   o o o   o  o   o  o        o  o
– o                                                           o
–                                                                o
   und dann mussten sie eben das entsprechend SELber versOrgen
   (2740/10,7).
```

Dass es sich um eine Korrektur des Verbs *schenken* und nicht um eine verallgemeinernde Paraphrase handelt, geht aus dem Kontext hervor: Die Spreche-

[9] Winkler (1969, 286f.); Local (1992); Selting (1995, 60ff.); Schönherr (1997, 136ff.).

rin will einem möglichen Vorwurf des Verwöhnens zuvorkommen. Die Korrektur ist intonatorisch durch einen Fall nach unten markiert und die Intonation im Wiederholungsteil *und dann mussten* ... gleicht dem Satzanfang vor der Korrektur.

Selbst nach ziemlich langen Einschüben signalisiert die Rückkehr zur Intonationshöhe vor der Unterbrechung den Anschluss an diesen Redeteil. Im nächsten Beispiel flicht die Sprecherin einen langen Kommentar zu ihrer Wortwahl *blödsinnig* ein, weil die Verbindung mit *arbeit* bedeuten könnte, sie müsse eine ungeliebte Arbeit machen:

```
–
–      o                                      o              o
– o         o   o   o  o o o        o o             o
–
–
    das HEI:SST dass ich jetz so über fIngsten am schrEIbtisch

–
– o
–       o   o o    o   o  o  o  o
–
–
–
    hOck um diesen BLÖDsinnichen ar

–
–
–
–                                        o  o  o
–        o     o   o     o  o  o
    <<all>↓oder was hEißt des is nich blÖdsinnich

–
–
–
–                                        o     o
– o o  o o o  o o  o          o
–
    es is blÖdsinnich weil ich nich FREI: hab nE>

–
–                                                          o
–           o          o o  o   o o o o   o
– o      o o   o o
–
–
    um (-) den arTIkel zu schrEIben und da lavIEr ich so RUM
    („kino“).
```

Der Beginn des Einschubs ist durch einen sehr tiefen Tonhöhenabfall gekennzeichnet; außerdem spricht die Sprecherin schneller. Die Lautstärke ändert sie im kommentierenden Einschub nicht zu einem leiseren Sprechen, im Gegenteil, die Akzente auf den beiden Silben *blöd-* und *frei* sind lauter als die Akzente vor und nach dem Einschub. Der Anschluss an den unterbrochenen Redeteil wird intonatorisch nicht so plötzlich hergestellt, wie er abgebrochen wurde, sondern er geht stufenweise nach oben, von *um*, das noch auf der Höhe von *ne* liegt, über *-ti-* zu *schrei-*, was wieder auf der Tonhöhe der Äußerungen vor der Unterbrechung liegt. Gleichzeitig verlangsamt die Sprecherin wieder ihr Tempo.

7.4.5. Rhetorische Funktionen des stockenden Sprechens

Nicht immer ist ein stockendes Sprechen Themenbrüchen, Formulierungsschwierigkeiten oder anderen psychischen Organisationsproblemen der Rede geschuldet, sondern es kann kommunikative Bedeutung haben, um zu signalisieren, dass man das, was man sagen will oder muss, nur mühsam hervorbringt. Fast immer geht es dabei um heikle Dinge, vor allem um die Wahrung des Gesichts (Face) des Adressaten. Wie bei verzögerten dispräferierten Sprechhandlungen (vgl. 5.6., S. 77) wird zeitliche Dauer interaktiv ausgenützt: Ein schnelles und flüssiges Sprechen wäre unhöflich.[10]

Stockendes Sprechen dient aber auch dem Schutz des eigenen Face. Eine Frau, deren Mann schwer krank ist und die nach dieser Krankheit gefragt wird, antwortet, indem sie zuerst einmal darüber spricht, dass sie und ihr Mann nichts darüber verlauten ließen. Ihre ganze Äußerung ist unterbrochen von Pausen, Abbrüchen und Neuanfängen, Heckenausdrücken und Einschüben:

> eh er hAt halt (--) er WOLLT halt nIch, (-) ohne dass also (--) m m VORher irgendwie (-) wer wEIß wie SPRUCHreif wird <<all>jetzt hat er des aber selber durchaus (--) hat ja keinen ZWECK,> <<len>also er darf garanTIERT kein TEnnis mehr spIeln.> (2740/5,4).

Bei Meinungen, Erklärungen und anderen Sprechakten, die sich auf problematische Eigenschaften von Anwesenden beziehen, geben die Ausdrucksformen einen Bedeutungsbeitrag, der nicht allein in der Bedeutung der vollzogenen Illokution steckt (vgl. Adamzik 1994, 373). Wer z.B. zu schnell einer negativen Selbstcharakterisierung des Gesprächspartners zustimmt, läuft Gefahr, die betreffende Person mit dieser Charakterisierung abzustempeln. Es bedarf dann eines großen Reparaturaufwandes, den Fehler auszugleichen:

> SIE: im moMENT bin ich etwas UNlustig,
> ER: ma mErkts. [...]
> SIE: JA? (-) wieSO?
> ER: so: <<all>oder vielleicht is: vielleicht sinds auch äh:: (-)
> ja nää dOch ich denk du bist so sehr sehr STILL> hab ich den EINdruck.
> („kino“).

---

[10] Vgl. Holly (1979, 157); Fischer (1992, 29ff.); Christmann (1993, 7f.); Hartog (1994, 121, 125); Schröder (1998, 73ff.); Roth (demn., 10.4.5.).

7.4.6. Apokoinukonstruktion (Drehsatz)

Apokoinukonstruktionen (wörtlich: vom Gemeinsamen) im engen Sinne nennt man sprachliche Einheiten (B), die sowohl dem vorhergehenden (A) wie dem nachfolgenden Satz (C) zugewiesen werden können: (A:) *wir wissen doch* (B:) *wo was hergesagt wird wird was hingesagt* (C:) *sagt man in pfarrheim* (vgl. S. 163).[11] Sehr viel häufiger sind Formen, in denen (C) keinen neuen Satz eröffnet, sondern (A) oder Teile davon wiederholt, sodass satzintern eine spiegelbildliche Struktur entsteht („Drehsatz“):

des war | die rOcky hOrror PICture show | war des.
1 2 3 2 1

Es gibt mehrere Formen von Apokoinukonstruktionen. Der spätere („rechte“) Teil kann stark verändert sein (*es läuft also wie ein (-) filmstreifen läuft läuft mein bewusstsein daneben* (Schank/Schoenthal 1976, 12, 24f.) oder nur minimal (*wir haben uns schon also gsehn ham wer uns schon mal*). Vor dem gemeinsamen Teil können Verzögerungen stehen (*aber der is halt (-) sagn mir (-) HANDwerklich is er nit ein so ...*) oder nicht (Scheutz 1992, 248f.). Ein Tonsprung am Beginn der Umkonstruktion signalisiert die verdeckte Reparatur: *wir ham (uns) ↑NEUlich aufm FEST sind wir uns begegnet*; (Selting 1998, 11f., vgl. 13f.).

Eine Funktion der Drehsätze betrifft die Möglichkeit, zwei Informationseinheiten hervorzuheben. Ein erster Fokus wird in das Vorfeld platziert und bekommt somit einen besonderen Informationswert, der auch mit einem Akzent markiert werden kann. Mit dem Apokoinu ist die Möglichkeit gegeben, einen zweiten Fokus in der Normalstellung für das Rhema im Mittelfeld des Satzes zu eröffnen: *außerdem hat mi die FAHRdienstleiterei hat mi eh SOwieso nie intressiert* (Scheutz 1992, 260). Das Thema *FAHRdienstleiterei* bekommt in der zweiten Lesart die Vorfeldstelle; *SOwieso* bekommt die Normalstellung im Mittelfeld. In *einer* Äußerungseinheit können somit zwei Teile hervorgehoben werden.

Das Apokoinu kann auch wie der Formulierungstyp Abbruch und Wiederholung dazu verwendet werden, wieder an zuvor Gesagtes anzuknüpfen, wenn der Mittelteil zu lang geraten ist, sodass der Anfangsteil vergessen zu werden droht, oder wenn Verzögerungsphänomene den Redefluss unterbrochen haben. Im Unterschied zur Wiederholung schafft ein Apokoinu einen glatteren Übergang zur Fortsetzung der Rede:

---

[11] Im Englischen: Halford (1990, 34); im Französischen: Kotschi (2001, 1345f.). Fortführungen in (C) mit einem neuen Satz finden sich häufig in althochdeutscher und mittelhochdeutscher Dichtung: „dô spranc von dem gesidele her Hagene alsô sprach“ (Scheutz 1992, 243ff.).

ja wir habm einmal (-) ah (-)
[Verzögerung, Paraphrase:] vor einiger zeit immer am abend
[Paraphrase:] ebm wann sie ins bett gegangen sind
[Fortsetzung:] habm wir dann noch geschichten vorgelesen
(Scheutz 1992, 257).

Die Funktionen von Apokoinukonstruktionen mit einer inhaltlichen Veränderung des nachfolgenden Teils sind die gleichen wie bei Reformulierungen: Präzisierung wie in Text 1, 20ff.: *no het der BOdo mol [...] so e weng ZWINGert un a weng gflIrdet het er GWAGT*; inhaltliche Richtigstellung: *wir ham also mit ihm n intelligenztest habe ich mit ihm gemacht* (Schröder 1985, 66); *die hat am zwoten oktober hätte sie abitur* (2740/5,5).

7.4.7. Syntaktische Kontamination

Kontaminationen, das Ineinanderschieben zweier sprachlich getrennter Einheiten, haben wir schon auf der Wortebene behandelt (4.1.3.); es gibt sie aber auch in der Syntax. Die Äußerung:

und dass da wir im augenblick eine große wandlung sich vollzieht
(TB I, 223; vgl. Rath 1976, 293)

kann erklärt werden aus einem gleichzeitigen Vollzug der Sätze
a) *und da wir eine große wandlung haben/durchmachen* und
b) *und da sich eine große wandlung vollzieht.*

Solche Kontaminationen werden sehr viel weniger häufig korrigiert als z.B. falsche Kongruenzen oder ein falscher Artikel. Hier treffen psychologische Erklärungen eher zu als bei den anderen syntaktischen Phänomenen, weil zum Aussprechen desselben Gedankens zwei lexikalische Formen gleichzeitig aktiviert werden.

Kontaminationen können aber auch durch eine Sprecherabsicht erklärt werden, z.B. an Stellen, wo eine ursprünglich geplante Formulierung eine Beziehungskrise heraufbeschwören könnte. Z. B. korrigiert ein Jugendlicher in einer polizeilichen Vernehmung seine Begründung, warum er die Vernehmung abbrechen wolle, mitten im Satz. Er sagt: *weil sie mich bedroht gefühlt haben*. Die Formulierung war wohl geplant als: *weil sie mich bedroht haben*, wird dann abgeschwächt zu einem Satz, der lauten müsste: *weil ich mich bedroht gefühlt habe*. Das Beispiel zeigt, wie man syntaktische Strukturen während des Sprechens verändern kann.

7.5. Syntaktische Komplexität

Wahrscheinlich wird vielen einleuchten, dass Gesprochenes weniger komplex und weniger hypotaktisch gestaltet ist als Geschriebenes, und so steht es in vielen Untersuchungen (z.B. Chafe 1982, 39). Aber schon früh wurden gegen diese Gleichsetzung ‚gesprochene Sprache = parataktische Anordnung' Zweifel angemeldet.[1] Es kommt hier sehr auf die Textsorte an, die man auszählt: (frei gehaltene) Vorträge, Interviews und Diskussionen enthalten mehr Hypotaxe als Unterhaltungen oder Reportagen. Aber in allen Textsorten wird häufig auch ein asyndetischer Anschluss vollzogen, meist in der Anordnung, dass einem Matrixsatz mit einem Verb des Sagens oder Denkens ein satzförmiges Objekt mit Verbzweitstellung folgt: *wenn ich gehört habe,* [...] *in russland da hat man ...* (Text 3, 3f.).

Die häufigsten abhängigen Sätze sind Ergänzungssätze, weil-Sätze, Attributsätze mit *dass*, temporale Nebensätze und Objekte als Infinitivkonstruktionen (Weiss 2000, 294). Ergänzungssätze und weil-Sätze (7.9.2.) werden oft mit Verbzweitstellung formuliert (*es war nur wichtig, wer hat im haus ...*; Text 1, 2f.). Das gilt auch für Verbzweitsätze mit anaphorischem Demonstrativpronomen (*von diesem prüfer, der war eigentlich sehr gut* statt des Relativsatzes „der eigentlich sehr gut war"; Rehbein 1991, 555f.) und für weiterführende Nebensätze mit einem satzaufgreifenden Pronomen. Was gesprochen lautet: *da gibt es eine reihe von punkten*, würde geschrieben eher lauten: „wobei/wozu es eine Reihe von Punkten gibt" (Holly 1988, 319).

Asyndetischer Anschluss mit Verbzweitstellung nach bestimmten Verben des Sagens und Denkens[2] kommen im Gesprochenen häufiger vor als im Geschriebenen (Auer 1998).[3] Auch hier kann man pragmatische Gründe anführen: Nach faktiven Verben[4] folgt (eher) Nebensatz mit Subjunktion, dessen Informationen

---

[1] „Der Unterschied [ist] wider Erwarten niedrig (7%)" (Leska 1965, 454); „die Zahl der reinen HP [Hypotaxe] [liegt] nicht wesentlich unter der PT [Parataxe]" (Wackernagel-Jolles (1971, 176); vgl. Deutrich/Schank (1973, 111); Heinze (1979, 188); Wessely (1981, 130); Auer (2002); Halford (1990, 33) für englische Korpora. Weinert (2000, 84) zählt für drei gesprochensprachliche Textsorten 10%, 17,5% und 29% eingeleiteter Nebensätze gegenüber 41% in Artikeln aus DER SPIEGEL und BRIGITTE. Zur außergewöhnlichen Satzkomplexität der älteren Sprecher/innen des Israel-Korpus: Betten (2000).

[2] Nach *glauben, finden, sagen, meinen, denken, hoffen* (auch nach *das heißt*), nicht jedoch nach *erwarten, unsicher sein, (be)zweifeln*; Auer (1998); Weinert (2000, 86).

[3] Bestimmte syntaktische Formen des Matrixsatzes verhindern dies: Negation, Fragesatz, Modalisierung; Wessely (1981, 25); Auer (1998).

[4] Faktive Verben sind solche, die die Wahrheit des Objektsatzes voraussetzen (*bedauern, bereuen*).

dem Hörer eher vertraut sind; nach (eher) assertierenden Verben, ein Nebensatz mit Verbzweitstellung und Informationen, die ihm/ihr eher neu sind.[5]

Die psychisch-kausale Erklärung kann angeführt werden, wenn mehrere Nebensätze mit Verbletztstellung aufeinanderfolgen und man dann zum übergeordneten Satz zurückkehrt:

> wenn ich demagogisch wäre
> würde ich sagen
> dass dieser entwurf
> wenn er so durchkäme
> würde im interesse der arbeitgeber liegen (Schröder 1984, 135).

Freie dass-Sätze haben eine Affinität zum Gesprochenen durch ihre Verwendungsweisen als Vorwurf (*dass du auch immer gleich meckern musst*), als Aufforderung (*dass mir keiner abhaut*), als Ausdruck von Erstaunen (*dass du so groß geworden bist*) und als Verwünschung (*dass dich der teufel hole*).[6] Sequenziell bieten sie die Möglichkeit eines engen Anschlusses an eine Vorgängeräußerung und werden deshalb von Therapeuten gerne als Paraphrase genutzt, oft nach einem Gliederungssignal (*hm dass sie immer das gefühl haben* ...; Schlobinski 1992, 250ff.).

Die eigentlichen Unterschiede zur geschriebenen Sprache liegen in der Art der Komplexität: Beim Sprechen bevorzugen wir Gliedsätze, beim Schreiben komplexe Nominalphrasen und attributive Nebensätze (Leska 1965, 454). Heinze (1979, 208f.) stellt fest, dass gesprochensprachliche Hypotaxe in Bundestagsreden bei der schriftlichen Umformulierung wieder aufgehoben wird: (gesprochene) Relativsätze wurden umgeformt zu (geschriebenen) Attributen (*dieses expertengremium das* [...] *in tegernsee mit ihnen waren* → „das Expertengremium vom Tegernsee"); Inhaltssätze zu Verbkonstruktionen mit prädikativen Ergänzungen (*... datselbe herausgebracht hat nämlich dass es im grunde gut is* → „hält das alles im Grunde wohl für gut"); Konditionalsätze zu Hauptsätzen (*wenn sie hier davon sprechen* ... → „Sie sprechen hier davon ..."). Gesprochene lokale, temporale und kausale Nebensätze würden in vielen schriftlichen Texten als NP bzw. PP formuliert werden (Beispiele aus dem Niederösterreichischen; Wessely 1981, 44f., 95; vgl. 7.6.1.):

wias es weggfoahn seids	→	„bei Eurer Abfahrt"
wiar a no(ch) klan gwesen is	→	„als kleines Kind"
grad nua wo de säule is	→	„bei der Säule"

[5] Auer (1998, 8f.) und (ebd., 12) zur weiteren Begünstigung von abhängigem Hauptsatz durch deiktische Kontexte.

[6] Schlobinski (1992, 237ff.); Zifonun u.a. (1997, 1, 673); mit Negation kommentierend: *nicht dass ich keine lust hab* (Weinert 2000, 83).

waös schaon ziemle dunkl wiad → „wegen der Dunkelheit"
woan a gaonga is da brotteig → „nach dem Aufgehen des Brotteiges"

Reihen von untergeordneten Sätzen werden in der geschriebenen Fassung vermieden. Heinzes komplexester gesprochener Satz mit 11 Gefügeteilen in fünffacher Abstufung lautet (mit Einrückungen für hierarchische Stufung):

und wir sehen schon
  dass sowohl durch die multis wie in bilateralen gesprächen der technologietransfer der alten industriestaaten in die sich entwickelnden staaten sehr schnell zunehmen wird mit der zweiten folge
    dass die konkurrenz der alten industriestaaten um die sophisticated technologie sehr viel härter werden wird
      als er bisher gewesen ist
    und dass daher auf diesem gebiet die modernisierung unserer wirtschaftsstruktur
      dem land die chance zu geben
        weiter an der spitze zu bleiben
      und unseren arbeitnehmern die chance zu geben
        sichere und gute arbeitsplätze zu haben
    in weit höherem maße als bisher von einer aktiven forschungs- und entwicklungspolitik abhängen wird
      eine these
        die inzwischen sehr viel zustimmung aus der industrie gefunden hat auch aus den gewerkschaften und vielleicht die beste darstellung gefunden hat in einem vortrag
          den herr professor s. vor etwa vierzehn tagen in der ebert-stiftung gehalten hat und der glaub ich nächste woche im druck vorliegen wird (Heinze 1979, 210f.).

Aus diesem Satzungetüm macht der Protokollant fünf Sätze mit nur zwei- bzw. dreifacher Stufung. Der entscheidende Unterschied zu geschriebenen Texten ist der, dass man beim Sprechen seltener zu einem Matrixsatz zurückkehren muss, und wenn, dass dann die untergeordneten Sätze kurz sind (vgl. oben S. 30f.). Beim Sprechen folgen Nebensätze mit dem Fortschreiten der Aussagen nacheinander. Nach einer Metapher von Wladimir Admoni ist es eine „abperlende" Nebensatzanordnung (vgl. Weiss 2000, 300ff.; Weinert 2000, 86).

Syntaktisch mehrfach eingebettete Subjunktionen erklären sich z.T. aus dem Interaktionstyp (Argumentieren, Diskutieren), z.T. aus stilistischen[7] Abfärbungen geschriebener Sprache. Wenn Studierende über ihre Studieninhalte diskutieren, sprechen sie manchmal in einer immer weiter subordinierenden Formulierung:

---

[7] Und zeitspezifischen: Im frühen 19. Jahrhundert hat das Bürgertum in institutionellen Situationen wahrscheinlich sehr viel hypotaktischer gesprochen als heute (Cherubim u.a. 1987, 167).

hab ich mir überlegt
dass (--) schon ne ne ganz bestimmte bürgerliche tendenz eigentlich (--) eingegraben isch
mit der sichs bürgertum nachher dann beim hebbel und und hauptmann selber eine auswischt (-)
indems halt tugendbegriffe
auf dies früher stolz war (--) [und die es] wohl aus sich selber raus behauptet hat (-)
jetzt aufpfropft ne? und mehr oder weniger zwangsweise vertritt
(Schmidt 1988, 90).

Diese Beispiele sind gewiss ungewöhnlich, aber sie erreichen nicht die für die Planung für schriftliche Texte mögliche Komplexität (vgl. das Beispiel S. 30). Bei allen Auszählungen der Längen von Einfachsätzen haben sich die geschriebenen Versionen als länger herausgestellt (Leska 1965, 441ff.; Weiss 1975, 30ff.; Heinze 1979, 207).

Normale Fälle der gesprochenen hypotaktischen Formulierung sind solche wie in Text 1, 16ff. (*wenn der bodo ... wie er ...* ; 39ff.: *weil die silvia ... weiß dass ...*) und in Text 3, 46ff. (*ich glaube dass ... um sich ... das symbol des ringes von dem ... wenn manche männer sagen ...*) mit Konditional-, Vergleichs-, Objekt- und Relativsätzen, Infinitivkonstruktionen, Satzparenthesen bis zur dreifachen Einbettung. Es kommt hinzu, dass uns während des Sprechens immer wieder Neues einfällt, was auch noch gesagt sein will, sodass der anfangs gewählte hypotaktische Einstieg ausgedehnt, wiederholt und mit kommentierenden Parenthesen unterbrochen wird.[8]

Komplexität als Unterscheidungskriterium zwischen gesprochener und geschriebener Sprache liegt nicht so sehr in der Parataxe gegenüber der Hypotaxe, abgesehen von kunstvollen Satzperioden, die in öffentlichen Texten des Kanzleistils und in dichterischen Texten absichtlich hervorgebracht wurden, sondern vielmehr in der Komplexität von Nominalphrasen. Mehrere untergeordnete Genitiv- und Präpositionalattribute und besonders mehrfach untergeordnete Partizipialattribute sind immer noch ein typisches Kennzeichen geschriebener öffentlicher Texte (vgl. S. 29). Beim Sprechen reichen sie meist nur bis zur dependenziellen Dreistufigkeit (*sexualität als ausdruck der liebe; eine sehr romantische jugendfeundschaft*), selten darüber hinaus (vierstufig: *ein antrag läuft beim auswärtigen amt auf bewilligung einer stelle für ein informationsreferat*; TB II, 309), und nur wenn Partizipialattribute beteiligt sind, mit noch mehr Stufen (*die zahl von etwa siebzehntausend ... unterschiedlich auf unseren straßen pro jahr ums leben kommenden menschen*; ebd., 51). Sie sind

[8] Ein schönes Beispiel in Holly (1988, 318f.); vgl. auch Betten (1980, 197) zum Ausbau von Inhaltssätzen.

aber sehr selten und machen einen geschriebensprachlichen Eindruck; sie sind dennoch leichter zu verstehen als solche in wissenschaftlichen Texten.

7.6. Das Verb

7.6.1. Verbale (vs. nominale) Konstruktion

Gesprochenes zeichnet sich generell durch Verbalisierung aus, d.h. Sätze mit einem inhaltsstarken Verb werden gegenüber Sätzen mit nominalisierten Verben bevorzugt. Chafe (1982, 39f.) hat 11,5 mal mehr Nominalisierungen in geschriebenen als in gesprochenen Texten errechnet. Vergleiche mit deutschem Material bestätigen diese Tendenz: Gesprochene Bundestagsreden enthalten Relativsätze, die in den gedruckten Protokollen zu Präpositional- und Genitivattributen oder zu Komposita umformuliert wurden:

die töne die gegen uns gerichtet sind → „die Töne an unsere Adresse";
steuerabzugsfähigkeit die aufgehoben werden soll → „Aufhebung der Steuerabzugsfähigkeit";
betriebe die mit pachtkosten zu rechnen haben → „Pachtbetriebe"
(Heinze 1979, 214).

Wenn jedoch großer Zeitdruck herrscht wie in Radiofußballreportagen, wird die Darstellung des Geschehens in Komposita und komplexe Nominalphrasen gepresst: *hamburger nachschussmöglichkeit aus dem hinterhalt durch korbjuhn* (Schank/Schoenthal 1976, 17).

Verbalsätze eignen sich für Anschaulichkeit, Nominalsätze für Abstraktion und Raffung. Ob verbalisierend oder nominalisierend gesprochen wird, hängt auch von der Kommunikationssituation ab. Holly (1990, 170f.) hat einen Bundestagsabgeordenten zum gleichen Thema einmal bei seinem Ortsverein, ein anderes Mal bei einer Diskussion mit Studierenden beobachtet. In der Rede vor dem Ortsverein formuliert er verbal, mit Ausdrücken für konkrete Handlungen (*ich hab erleben dürfen; dann wird gerungen und diskutiert; wie soll das aussehen?; ich freu mich ...*); mit den Studierenden spricht er abstrakt, einzelne Prozesse in Globalausdrücke zusammenfassend und in Sätzen mit dem bedeutungsschwachen Verb *es gibt* (*es gibt unterschiedliche auffassungen; hier gibts durchdringungsmechanismen; es gibt große probleme; es gibt auch gegenteilige beispiele*).

7.6.2. Tempus: Vergangenheitstempora in narrativen Darstellungen

Zu den Tempusformen in gesprochener Sprache gibt es mehrere Arbeiten[9]. Hennig (2000, 62ff.) stellt für die gesprochenen Textsorten Fernseh-Fußballreportage und Talkshow fest, dass ingesamt mehr Perf. als Prät. verwendet wird, was sich, wenn man Modalverben und *sein* und *haben*, die eher im Prät. als im Perf. stehen, nicht berücksichtigt, noch verstärkt. Perf. kann Prät. immer ersetzen, das Prät. das Perf. jedoch nicht, wenn ein inhaltlicher Bezug zur Gegenwart mitgedacht ist (*aber das hat jetzt nachgelassen; wir ham es noch nicht mal zu einem boot gebracht*; Sieberg, 1984, 101ff.) oder wenn Abgeschlossenheit fokussiert ist (*psst! hans ist eingeschlafen*; Hennig 2000, 27). Perf. ist also das unmarkierte, Prät. das markierte Vergangenheitstempus. Perf. wird auch häufiger als in geschriebenen Texten gebraucht.[10] Kriterien für Bedeutungsunterschiede sind schwer zu finden, es sei denn, dass das Alter, der persönliche Stil oder der soziale Hintergrund einen Einfluss haben (ebd., 68).[11]

Das Problem kompliziert sich für das Deutsche dadurch, dass im süddeutschen Raum seit dem 16. Jahrhundert das Präteritum zugunsten von Perfekt und Superperfekt zurückgedrängt wurde,[12] dass es für einige Verben Tendenzen zum Prät.

---

[9] Dittmann (1976); Brandt (1983); Sieberg (1984); Hennig (2000). Forschungsüberblick (ebd., 18ff.). Hennig behandelt hauptsächlich Vergangenheitstempora. Zu den Futurformen und ihren illokutiven Funktionen (Vorhersage, Vermutung, Versprechen, Befehl, Absichtserklärung etc.) im gesprochenen Deutsch: Dittmann (1976). Fut. 1 kommt häufiger in formellen als in privaten Situationen vor und wird dort durch Präsens ersetzt (ebd., 238f.); Fut. 2 kommt extrem selten vor (unter 141 Texten mit 381.081 Wörtern nur 9 mal; davon 3 mal modal als Vermutung eines vor der Sprechzeit liegenden Ereignisses und nur 2 mal als Voraussage (ebd., 220ff.); vgl. Brandt (1983, 216). Auch in schriftlichen Texten ist Fut. 2 äußerst selten. Die Auszählungen von Tempusformen bei Hennig (1998; 2000, 62ff.) bestätigen dies. Zum Zukunftsbezug in gesprochener Sprache stellt Brons-Albert (1982) am häufigsten Präs., dann Konj. II, dann Imp., am seltensten Fut. 1 fest. Das Fut. praeteriti dürfte eine typisch geschriebene Tempusform sein.

[10] Nach Hennig (2000, 73) 32,3% gesprochen vs. 14,9% geschrieben, ohne belletristische Texte! (Vgl. Rehbein 1989, 268).

[11] Für das Superperf. gibt es nach Hennig (2000, 87ff.) im Geschriebenen Funktionen, die im Gesprochenen nicht vorkommen (Vor-Vorvergangenheit), während im Gesprochenen das Superperf. das Plusqu. ersetzt und oft durch andere Tempusformen austauschbar ist (ebd., 87ff.); vgl. auch S. 174 die Tabelle mit den Bedeutungen von Tempusformen (Fut. 1 hat 11 mal Zukunfts-, nur 1 mal modale Bedeutung). Bei einem Vergleich der Bedeutungen der Tempora in Radiofußballreportagen und in literarischen Werken kommt Brandt (1983, 316) zu keinen nennenswerten Unterschieden.

[12] Abraham (1999). Inzwischen durch den Einfluss des Fernsehens wohl wieder abgeschwächt.

oder Perf. gibt (zum Prät.: Modalverben, *sein, haben, geben, kommen, stehen, wissen*; Hennig 2000, 181) und dass Sprecher mit Bildungsanspruch literarische Normen übernehmen können. Vergleiche von narrativen mündlichen und literarischen Texten ergeben einen viel höheren Anteil von Perfektformen beim Sprechen: 22% bis 42% gegenüber nur 0,28% (!) in der Belletristik (Latzel 1977, 104).[13] In Gegenden, wo das Prät. noch voll erhalten ist, wird es etwa gleich oft verwendet wie das Perf. (53,6% zu 46,4% bei Köln, gegenüber 10,4% zu 89,6% im Schwäbischen, Sieberg 1984, 76), allerdings beschränkt auf Modalverben, *sein* und einige häufig verwendete Vollverben.

Die dialektalen Sprecher der in diesem Buch wiedergegebenen Texte kommen aus dem alemannischen (Texte 1; 11) und rheinfränkischen Raum (Texte 4; 7; 9). Sie verwenden – außer beim Verb *sein* – für die Darstellung der handlungstragenden Schritte durchweg Perf., auch für Vorzeitigkeit (Text 1, 20f.; Text 11), wo man beim Schreiben Plusqu. verwenden würde. Sie wechseln auch alle bei direkten Zitaten und bei innerer Rede zum deixisverschobenen Präs. Übergänge zu den Detaillierungsphasen, die das eigentlich Erzählenswerte enthalten, werden durch szenisches Präs. markiert (Text 1, 24; Text 2, 12, 20; Text 6, 9). Eigene Kommentare und Erklärungen aus der Jetzt-Zeit des Erzählens werden ebenfalls im Präs. als Tempus für die Sprechzeit gesprochen (Texte 1, 10, 15). Auffallend ist der Wechsel zum Prät. bei der Pointe des Witzes in Text 7: *frosch verlor ohne beine sein gehör*, das mit sicherem Sprachgefühl eine geschriebene Aufzeichnung wiedergibt.

Der Ausschnitt der Erzählerin von Text 8, einer Lehrerin aus dem süddeutschem Raum, zeigt schnelle Wechsel: Sie beginnt mit szen. Präs. (Z. 1), wechselt zum Plusqu. für Vorzeitigkeit und zum Prät. für die Wiedergabe einer Absicht: *und wollte dann loslegen* (Modalverben werden auch in den süddeutschen Dialekten im Prät. verwendet), geht dann ins Perf. als ihrem Erzähltempus über, wechselt in der aufsehenerregenden Szene zum szen. Präs. und leitet die Erzählung mit elliptischen Perfektformen aus.[14]

Für süddeutsche Tempusverwendungen in Erzähltexten können wir festhalten: Das unmarkierte Erzähltempus ist das Perf.; spannende Momente und Pointen werden mit dem szen. Präs. wiedergegeben (zusammen mit anderen Unmittel-

---

[13] Zu Tempusformen in mündlichen Erzählungen: Latzel (1977, 103ff.); Quasthoff (1980, 224ff.).

[14] Text 3 ist keine Erzählung, gibt aber in den Zeilen 4–11 eine wiederkehrende Handlungsfolge illustrierend wieder; dazu passt Präs. als Tempus für Allgemeingültigkeit von Aussagen. Text 11 ist ein Bericht eines nordhessischen Sprechers, in dem Perf. für wiederkehrende Ereignisse, Plusqu. zur Markierung von zeitlichen Rückgriffen und Prät. zur Anknüpfung an eine bestimmte Äußerung der Dialogpartnerin wechseln.

barkeitstechniken: direkte Rede, Ellipsen; Quasthoff 1980, 227f.), Kommentare aus der Gegenwart des Erzählers werden im Präs. versprachlicht.[15]

Den Kontrast zu den süddeutschen Erzählungen sollen Ausschnitte aus einer längeren Erzählung eines Anstreichers aus dem Ruhrgebiet demonstrieren. Er erzählt seinem Gehilfen von einer Fernsehsendung, in der gezeigt wurde, wie ein Taucherteam einen Goldschatz gefunden hatte:[16]

Text 10 „millionenwrack“ (Redder/Ehlich 1994, 418f.)

1 dann ham se gesucht auf der andern seite.
2 und aufer andern seite ham se dann wat gefunden (.) ein kanonenrohr.
3 aha . (.) die spannung wuchs, kanonenrohr rauf, (.) ja.
4 eindeutig das zeichen der (.) holländischen [...]
5 handelskompanie stand da drauf. [...]
6 und dann (.) zweite kanonenrohr ham se gefunden. [...]
7 und dann (-) ham se noch wat gefunden. viele so holzteile,
8 und dann musste der (.) große saugbagger jetz her.
9 erst ham se n abjespült, [...]
10 aber dat jagte die korallen so hin und her,
11 ham se denn den tauchbagger geholt. [...]
12 un dann hatten se (.) was gefunden. tatsächlich n altes wrack.
13 und dann von korallen gereinigt, n stück.
14 un dann konnten se aha. (-)
15 die erste lade(.)luke aufgemacht, kisten, (.) nich,
16 dann ham se die kisten aufgemacht,
17 und was kam ihnen entgegen? <<p>bloß tee.> [...]
18 sehn konnten se nix mehr, war alles voll, alles braun rundherum,

Alle intentionalen Handlungen der Taucher werden im Perf. oder Plusqu. (Z. 12, ohne Vorzeitigkeit) wiedergegeben; sie heben den Vordergrund des Geschehens hervor. Alles was um sie herum passiert, Objekte, die sie entdecken (Z. 5), Wirkungen von Geräten (Z. 10) wird im Prät. mitgeteilt. Im Prät. stehen auch Mitteilungen von Gefühlen (*die spannung wuchs*, Z. 3) und, wie erwartet, die Modalverben (Z. 8, 14, 18). Auf diese Weise schafft der Erzähler ein abwechslungsreiches Hin und Her zwischen den Personen und ihren Handlungen im Vordergrund einerseits und Nebenumständen, Erläuterungen und Begleitgeschehnissen andererseits.

---

[15] Zu diesem Ergebnis kommt auch Gersbach (1982): Das Perfekt ist das unmarkierte Tempus für Vergangenheit, das Prät. das markierte, meist sozialsymbolisch als „feiner“, „gebildeter“ Sprachgebrauch assoziiert (ebd., 217f., 224f.).

[16] Eine Analyse der Mittel sprachlicher Lebendigkeit in dieser Erzählung bei Redder (1994).

7.6.3. Modus: Konjunktiv

Mehr noch als in geschriebenen Texten schwindet der synthetische Konjunktiv zugunsten der Umschreibung mit *würde* (bzw. dialektnäher: *täte*) und Infinitiv. Einer der Gründe dafür ist die lautliche Ununterscheidbarkeit indikativischer und konjunktivischer Formen. Da beim Sprechen viele Schwa-Laute des Konj. I. elidiert werden, fällt auch der Unterschied zum Ind. weg (Bausch 1979, 160ff.):

<du sagest> = [du sa:kst]
<du bleibest> = [du blaipst]
<ihr gebet> = [i:r ge:pt]

Der Konj. ist im System der gesprochenen Sprache vorhanden und wird von Standardsprachesprechern ungefähr so häufig gesprochen wie in Zeitungen und literarischen Texten geschrieben. Nach Bausch (1979, 182) sind es 6,72% aller finiten Verben; nach einer Stichprobe unter Schweizer Standardsprachesprechern sind es 7,6%, was sogar über dem Durchschnitt schriftlicher Texte liegt (6,99% bis 7,29%). Dialektsprecher dagegen verwenden Konj. seltener, nach Graf (1977) nur zu 2,8% (ebd., 391, dort auch die genannten Vergleichszahlen). Konj. II wird viel häufiger als Konj. I gesprochen (ebd., 394; 5,99% Konj.-II- vs. 0,73% Konj.-I-Formen; Bausch 1979, 182).

Synthetischer Konj. wird vor allem in öffentlichen Situationen verwendet, in Vorträgen, Diskussionen und Interviews. Er betrifft hauptsächlich die Verben *kommen, geben, gehen, wissen, stehen, tun, finden* (Bausch 1978, 44). Die mit Schwa-Laut (*ich hielte es für besser*) oder ä-Laut (*es gäbe die möglichkeit*) gesprochenen Konj.-formen bekommen soziostilistische Relevanz.[17]

Neben der Einschätzung der Aussage als irreal, vermutet etc. dient der Konj. im Alltag hauptsächlich dazu, indirekte Rede wiederzugeben. Graf (1977, 313ff.) kann die These, dass Konj. II mehr Distanz ausdrücke als Konj. I, jedenfalls für süddeutsche Dialektsprecher nicht bestätigen; auch offensichtlich falsche Ansichten werden mit dem Konj. I formuliert (schwäb.): *i han gmoint du gangesch mit em albverai* [ich habe gemeint, du gehest mit dem Albverein; ebd., 329]. Anders als dialektaler Konj. I, der unauffällig ist (schwäb. *er well* [er wolle], *er häb* [er habe], *er dirf* [er dürfe], *er kenn* [er könne]; Graf 1977, 290ff.), klingt standardsprachlicher Konj. I gewollt schriftnah: *da kriegte sie die auskunft die seien alle aufm betriebsausflug* (2740/5,2). Die Funktionstrennung für Konj. I = Redewiedergabe und Konj. II = Irrealis gilt jedenfalls

[17] Dialektsprecher reagieren manchmal auf bildungssprachliche Konj.-verwendungen ironisch mit implizit sozialer Abgrenzung (Beispiel für Konj. I als Optativ; A ist Kölnerin, B ist Mannheimerin): A: *also eh eh du möchtest bitte mal zuhörn.* C: *du mö:gest* (2742/4,7).

nicht für das Gesprochene (Hennig 2000, 91). Überhaupt wird hier direkte und indirekte Redewiedergabe sprachlich nicht so stringent getrennt. Gesprochene Zitate werden zwar mit Konj., aber ohne Verschiebung der Personendeixis formuliert; andererseits mit Interjektionen und Gesprächspartikeln, aber ohne Konj.; redeeinleitende Sätze können fehlen, dafür übernehmen Variantenwechsel und Prosodie die Kennzeichnung einer fremden Sprecherquelle (Günthner 2000).

Mit dem Konj. kann man – wie in der geschriebenen Sprache auch – Sprechakte abschwächen,[18] vor allem Aufforderungen (*könntest du bitte ...; würden sie bitte ...*) und Vorschläge:

> also so würde ich zumindest das ziel formulieren hier wäre ein erster ansatzpunkt [...] über den man sich aber klar sein sollte (Techtmeier 1984, 83).

7.6.4. Genus: Passiv

Wie bei allen markierten Formen ist auch beim Passiv zu vermuten, dass es beim Sprechen weniger häufig verwendet wird als beim Schreiben (Ochs 1979, 69f.). Aber der Unterschied der Passivverwendungen in mündlichen öffentlichen Situationen zum Durchschnitt von literarischen, wissenschaftlichen und Zeitungstexten ist nicht so groß, und manchmal kommen Passivformen noch häufiger im mündlichen als im schriftlichen Vergleichskorpus vor (Schoenthal 1976, 228ff.). In privaten Situationen wird allerdings das Passiv weniger häufig verwendet als in öffentlichen Diskussionen, Interviews und Reportagen (*einwurf ausgeführt von ...*), in monologischen (vs. dialogischen) Textformen, bei berichtender und argumentierender (vs. assoziativer) Themenverknüpfung (Schoenthal 1976, 220ff.).

Eine der wesentlichen Funktionen des Passivs sowohl in geschriebenen wie in gesprochenen Texten ist es, einen Kontextbezug herzustellen. Ein vorangegangenes Rhema kann als Subjekt in einer Passivkonstruktion thematisch aufgegriffen werden. Ein Beispiel aus einem Rundfunkvortrag:

```
soll es [das Fest] darstellen den kampf zwischen gut und böse
Thema ----------- Rhema ------------------------------------------

und zwar ist das gute versinnbildlicht durch zwei erzengel um die mächte
Thema --------------- Rhema ----------------------------------------------------
des bösen abzuwehren.
--------------------------

das böse wird repräsentiert durch den teufel.
Thema --Rhema -------------------------------- (Schoenthal 1977, 48).
```

[18] Zusammen mit Modalpartikeln, Satzadverbien, Heckenausdrücken: Graf (1977, 360ff.); Sandhöfer-Sixel (1988, 94f., 116ff.).

Prädikat und Präpositionalergänzung sind dann die rhematischen Teile, wobei diese Zweigliedrigkeit zusätzlich durch eine Ausklammerung hervorgehoben werden kann:

> sie sprachen von der grauen zone sozialen zerfalls in der jugend die eingegrenzt wurde von radikalismus und kriminalität (Schoenthal 1987, 273).

Solche Ausklammerungen sind die textsortenspezifischen Kennzeichen von Sportreportagen (Beispiele in Schoenthal 1976, 115). In ca. 90% der Passivsätze, welche die nicht-obligatorische Präpositionalphrase und damit das Agens der Aussage enthalten, rhematisieren diese, behandeln also das Agens als etwas besonders Mitteilenswertes (ebd., 197ff.). Die Präpositionalphrase ist notwendig, wenn das Verb in einer anderen Bedeutung verstanden werden kann: *präsident nixon ist ja kurz vor seiner abreise aus washington plötzlich von dem streit zwischen london und paris überfallen worden* (Schoenthal 1987, 173).

In geschriebenen wie gesprochenen Texten kann das Passiv wegen seiner Aussparungsmöglichkeit des Agens zu Formulierungen ausgenützt werden, die die Referenz auf Handelnde im Dunkeln lassen, weil sie nicht relevant sind (Vahl-Seyfarth 1987, 126ff.), um abstrakte vs. konkrete Situationen zu schildern (Schank 1989, 127, 166) oder um einen direkten Bezug zum Adressaten zu vermeiden (*das müsste mal gemacht werden* statt: *machen sie das bitte*). Passivkonstruktionen schaffen Vagheit, was zusammen mit lexikalischen Mitteln (Indefinitpronomen, Heckenausdrücken, Abstraktion) einen Imageschutz für Sprecher und Adressaten bewirkt (Holly 1990, 196f.).

Da Passivkonstruktionen in vielen wissenschaftlichen und offiziellen Kontexten gebraucht werden, können diese Verwendungshintergründe eine Rolle spielen, wenn in der Öffentlichkeit gesprochen wird. An einem längeren Ausschnitt sollen einige Passivverwendungen betrachtet werden. Ein Polizeibeamter, der vor Gericht schildert, wie er versuchte, einen Mann festzunehmen, formuliert seine Handlungen und die seiner Kollegen aktivisch im Perf. (die von anderen Personen im Prät.), fällt aber manchmal in einen typischen geschriebensprachlichen Protokollstil mit Passiv:

> ich hab daraufhin gebremst ausjestiegen und habe den mann festgenommen und habe gesacht einsteigen in den streifenwagen sie sind vorläufig festgenommen [...] die person wehrte sich also sehr erheblich [...] sodass unterstützung angefordert wurde [...] ich muss bemerken dass weder der schlachstock sondern nur einfache körperliche gewalt angewendet wurde [...] plötzlich saß seine gattin im streifenwagen und da es laut dienstvorschrift nicht erlaubt is zwo personen (-) äh im streifenwagen zur wache zu bringen wurde äh der herr a. aufgefordert den streifenwagen zu verlassen [...] und es wurde ihr [der Frau des Mannes] auch zugesagt von dem einsatzleiter kommissar s. dass sie ordnungsgemäß auch zum polizeipräsidium nach i. gebracht würde [...] nachher als wieder gewalt angewendet wurde klappte es dann (Hoffmann 1983, 286f.).

Die Formulierung der Gewaltanwendung im Passiv kann nicht durch ‚Täterverschweigung' erklärt werden, denn der Beamte sagt in der Auslassung: *ich habe [ihm] einen auf die finger geschlagen*. Die Passiv klingt aber distanzierter, amtsmäßiger und lässt die Assoziation zu: ‚gemäß den Vorschriften vorgehen', insbesondere im lexikalischen Kontext von *dienstvorschriften*.[19]

7.7. Das Adjektiv

Adverbien und Adjektive, die geschriebensprachlich nur adverbial oder prädikativ verwendet werden, werden manchmal unkorrigiert auch attributiv gesprochen:[20] *ein balder winter, ein öfterer käufer der sz, bei zuenem fenster*. Adjektive werden auch nach dem Substantiv zusammen mit Artikel oder Anredepronomen flektiert gesprochen: *du depp du damischer; eine mode eine bayrische; der viele krach der viele* (Schröder 1997, 103).

7.8. Pronomen

Erste und zweite Person gehören zur sprachlichen Deixis und sind schon deshalb weit häufiger als in den meisten geschriebenen Textsorten; Pronomen der 3. Person gehören zur Ana- und Kataphorik. Beim Sprechen macht man generell ana-/kataphorische Pronomen stärker: zur Refokussierung Demonstrativ- statt Personalpronomen (*der rührt sich nicht*; vgl. Rehbein 1991, 566), bei Korrelaten *das* statt *es* (*das ist schade dass das nicht geht*; geschrieben eher: „es ist schade, ..."; Weinert 2000, 83).[21]

Anaphorische Pronomen sind wesentlich unspezifischer als in schriftlichen Texten: Im nächsten Beispiel streiten sich Mutter und Tochter über Jeans, in die die Tochter Löcher geschnitten hatte. Der letzte Satz der Mutter hieß: *verhunzt du dir die hosen indem du drei löcher reingeschnitten hast*. Diesen Satz nimmt die Tochter mit *das* auf (Spranz-Fogasy 1997, 146f.):

> das sieht doch gut aus
> das ist so n
> das is lustich
> das sieht nich aus wie alle normaln jeans oder so
> das is irgendwas was man selbst macht an den jeans
> das kam mer nich so kaufn
> das (-) kannst du dir selber überlegen wo du deine löcher reinschneidest oder ob du die anmalst

[19] Zum Rezipienten-Passiv (bekommen-Passiv): Schlobinski (1992, 167ff.).

[20] Auch Substantivderivate: jugendsprachlich *ein schaues laufwerk*.

[21] Indefinitpronomen (*man, jemand, alle*) sind Mittel der Vagheit (*bei uns sagen sie*; vgl. 8.4.1.) und der Übertreibung (*alle haben gesagt*; vgl. 8.4.3.).

Spätestens im letzten Satz ist *das* nicht mehr auf ‚Jeans mit Löchern' zu beziehen, sondern signalisiert nur Themenkonstanz.

7.9. Konjunktionen

7.9.1. Allgemeines

In der Soziolinguistik waren Konjunktionen ein umstrittenes Thema, weil mit der Bernsteinhypothese elaboriertes Sprechen mit häufigen und unterschiedlichen Subjunktionen, restringiertes Sprechen mit wenigen (beiordnenden) Konjunktionen verbunden sein sollte. Semantische Beziehungen zwischen Sätzen können aber auf andere Art vollzogen werden ((Konjunktional-)Adverbien, Modalpartikel). Mehr als in geschriebener Sprache haben Konjunktionen jedoch beim Sprechen eine größere Funktionsbreite (z.B. adversativ gebrauchtes *und*).[22] Dies gilt übrigens auch für Präpositionen (Mikosch 1987, 205) und für *wo* als kausale (*wo wir doch so wenig geld haben*) und konzessive (*jetzt wos regnet gehst du los*) Subjunktion (Günthner 2002).

Alle Auszählungen von Konjunktionen haben *und* an erster Stelle. Nur gesprochensprachlich kann *und* die Fortsetzung einer unterbrochenen Aktivität ankündigen (Uhmann 1996, 315), sogar auf große Distanz (Schlobinski 1994, 220f.). In Erzählungen markiert *und dann* den zeitlichen Fortgang der Handlung (Quasthoff 1980, 213ff.; Rehbein 1989, 318f.). Mit *und* kann eine Vielzahl von semantischen Verknüpfungen geleistet werden (Polikarpow 1997), die in schriftlichen Versionen genauer differenziert werden (*und können dem gesetz zustimmen* → „Die FDP stimmt <u>daher</u> dem vorliegenden Gesetz zu", Heinze 1979, 230). Bei Bundestagssprechern stehen folgende Konjunktionen an erster Stelle (in Klammern die Werte für die geschriebene Version): *und* 50% (20,7), *aber/sondern* 21,8% (33,9),[23] *denn* 12,7% (13,2), (ebd., 232) – alles beiordnende Konjunktionen.[24]

---

[22] Eisenmann (1973, 242); vgl. die Tabelle ebd., 398f.

[23] *Aber* hat außer verschiedenen Kontrastfunktionen auch eine themenorganisierende. Mit *aber* werden neue Themen eingeleitet, auf ein unterbrochenes Thema zurückgelenkt, Themen in Aspekten weiterentwickelt und zusammengefasst (Schlobinski 1992, 285ff.). Immer sind dabei auch semantische Relationen der Opposition oder Diskontinuität enthalten, außer beim Gebrauch als intensivierende Partikel: *aber sicherlich, aber echt, aber wirklich* (ebd., 309).

[24] Eisenmann (1973, 56) hat errechnet, dass Sprecher im ländlichen Raum viermal häufiger beiordnende als unterordnende Konjunktionen verwenden (zu räumlichen, geschlechts- und altersspezifischen Unterschieden ebd., 308ff.).

7.9.2. *weil, obwohl, wobei* und Verbzweitstellung

Weil-Sätze mit Verbzweitstellung sind eins der gesprochensprachlichen Phänomene, die in der neueren Sprachkritik Aufsehen erregt haben. Es gibt schon viele Untersuchungen dazu,[25] von denen die meisten darauf hinauslaufen, *weil* und Verbletztstellung als faktische Begründung zu interpretieren (faktisches *weil*), *weil* und Verbzweit als Begründung für die eigene Einschätzung (epistemisches *weil*) bzw. den vollzogenen Sprechakt. Damit ersetzt *weil* und Hauptsatz die Konjunktion *denn*, die beim Sprechen ohnehin sehr viel seltener als *weil* verwendet wird (ebd., 170). Eine andere Erklärung gibt Scheutz (2001), der *weil* mit Verbletztstellung als unmittelbar kausale Anbindung, *weil* mit Verbzweitstellung als vorwärtsgerichtete, neue thematische Aspekte eröffnende Weiterführung interpretiert.

Subordinierende weil-Sätze geben für die im Hauptsatz mitgeteilte Information einen Grund an, der sich umstandslos aus der Lage der Dinge ergibt. Weil-Sätze mit Verbzweitstellung halten eine größere Distanz zur vorausgehenden Proposition; oft ergibt sich die logische Verbindung nur über einen gedanklichen Umweg. Der Unterschied soll an folgendem Beispiel deutlich werden (eine junge Frau erzählt, wie sie beim Rudern überholt wurde):

> und (-) dann kamen auch so noch welche.
> und eine, die überholte mich aufm rückwech,
> weil; (-) die is weiter gerudert als ich.
> und ich war sehr da de deprimiert danach,
> und es wurde halt ziemlich wellich weils so windich war.
> („rudern“).

Die weite Entfernung ist kein Grund für die schnellere Geschwindigkeit der überholenden Ruderin (eher im Gegenteil), wohl aber für das Deprimiertsein der Erzählerin, das im nächsten Satz mitgeteilt wird. Dieser weil-Satz mit Verbzweitstellung wird prosodisch (Tiefschluss, Pause nach *weil*) vom vorhergehenden Satz getrennt. Dagegen ist der Wind eine direkte Ursache für die Wellen. Hier ist der weil-Satz prosodisch integriert und das Pronomen klitisiert (vgl. Dittmar/Bredel 1999, 167).

Weil-Sätze mit Verbzweitstellung können auch für eine Verschiebung der Wahrheitsverantwortung ausgenützt werden. Eine Sprecherin erzählt vom Umzug ihrer Tochter zu ihrem Freund:

> die muss ja praktisch ihren ganzen HAUShalt auflösen, nich?
> (-) weil der gute knAbe der HAT ja alles, (2740/4,2).

Auch hier ist der weil-Satz prosodisch getrennt durch zweimal ansteigende Intonation und eine Pause zuvor, zusätzlich durch die Partikel *nich?*. Die Spreche-

[25] Überblick: Selting (1999a, 169ff.).

rin identifiziert sich nicht mit dem angegebenen Grund; sie zitiert nur den des *guten knaben*.[26] Steht der weil-Satz als prosodische Einheit, so ist eine größere propositionale und illokutive Trennung vom vorhergehenden Satz gegeben (A spricht über einen Roman):

A: mit dem mAnn hat se im wAld gePENNT.
B: weil wir lesen ziemlich hÄufig über lIEbe im SCHNEE:?
lIEbe im WA:LD. (2740/9,9).

Der weil-Satz hat keine Begründungsfunktion für den vorhergehenden Satz, sondern nimmt den Einzelbeleg als Hinweis, dass viele Romane gelesen wurden, in denen Liebesszenen in der Natur geschildert wurden.

Koordinierendes *weil* verbindet zwei unabhängige Sätze und gestaltet die Begründungsverhältnisse (meist)[27] anders als subordinierendes *weil*: Z.B. wird ein Handlungsziel für eine zuvor geäußerte Meinung (Bewertung, Behauptung) angegeben (*ich finds gut dass sie* [eine Tür] *einen spalt auf ist, weil dann kommt frische luft*), oder man begründet den gerade vollzogenen Sprechakt (*peter, die schuhe dann nach da hinten stellen, weil die will se ja selber wieder anziehen*).[28] Viel hat die These für sich, dass *weil* mit Verbzweitstellung thematisch Neues einführt bzw. weiter zurückverweist (Scheutz 2001, 123ff.), *weil* mit Verbletztstellung dagegen unmittelbar an die letzte Proposition anschließt.

Die Subjunktion *da* hat ausgesprochen schriftsprachliche Konnotationen; sie wird beim Sprechen sehr selten verwendet und wenn, dann in öffentlichen Situationen mit einem impliziten Verweis auf Institutionen- und Expertenwissen (Redder 1990, 304ff.; Dittmar/Bredel 1999, 167).

Ähnlich wie *weil* wird *obwohl* mit Verbzweitstellung verwendet (Günthner 1999). Auf *obwohl* liegt dann eine steigende Intonation, und es wird nicht mehr die ganze Proposition des vorhergehenden Satzes eingeschränkt, sondern die Berechtigung der Aussage als Sprechakt:

man schätzt sie sehr WOHLhabend ein?
obWOHL? ich hab da geKUCKT?
sie hat da so eh eh so ne schwArze PERlenkette angehAbt?
die kOstet zwei MARK bei WOOlworth. (2742/7,4).

Die mit *obwohl* nach einer Parenthese (*ich hab da gekuckt*) verbundenen Aussagen (*so ne schwarze perlenkette ... kostet zwei mark*) liefern den Grund, aus dem zu folgern ist, dass der Sprechakt der Bewertung mit *wohlhabend* nicht

[26] Ein ähnliches Beispiel bei Wegener (1993, 297).

[27] Es gibt aber auch im Bezug zum vorhergehenden Satz faktenbegründende Verwendungen von *weil* mit Verbzweitstellung: Uhmann (1996a, 15); Selting (1999, 177); Scheutz (2001, 123f.). Vgl. auch den Beleg bei Betten (1995, 409, Z. 3).

[28] Vgl. Küper (1991, 136f.); Wegener (1993, 294ff.).

ganz berechtigt ist. Wie *weil* und *obwohl* kann auch *wobei* mit Verbzweitstellung formuliert werden (Auer 1997; Günthner 2000): *wobei (.) ich hab festgestellt dass ...;* vgl. S. 199, Z. 3.[29]

7.9.3. *ja und, ja aber* und Varianten

Konjunktionen zu Beginn eines Sprecherbeitrags lassen schon erkennen, wie der Sprecher den Beitrag des vorhergehenden Sprechers einschätzt und was er/sie als Nächstes sagen wird.[30] *ja aber* ist in argumentativen Gesprächen besonders geeignet, um bei thematischer Aufnahme des zuvor Gesagten eine eigene, einschränkende oder widersprechende Einschätzung anzukündigen.[31] Der ja-Teil hat bei prosodischer Anbindung an *aber* nur Gliederungsfunktion für den Beginn des eigenen Beitrags mit thematischem Bezug (6.2.2.). Die Konjunktion *aber* weist auf die andere Meinung voraus. Im Gegensatz zu deutlich widersprechenden Meinungen, die gleich mit einer Negationspartikel eingeleitet werden (*nein ich meinte ...; nee mir geht es darum ...*), wirkt *ja aber* gesichtsschonender (Koerfer 1979, 26). Expansionen, Akzentuierungen und intonatorische Gestaltungen von *ja* geben besondere Einstellungen wieder und stiften ebenfalls für die folgenden Äußerungen einen spezifischen Interpretationsrahmen (Willkop 1988, 86ff.):

ja?	=	Zweifel anmeldend
ja? ja.	=	‚ich weiß schon, worauf du hinauswillst'
ja klar.	=	relevanzabschwächend
ja sicher.	=	zustimmende Verstärkung von *ja*
och ja-	=	abgeschwächte Zustimmung
na ja.	=	Zweifel, Skepsis[32]

Die intonatorische Phrasierung schafft große Unterschiede bei formgleichen Partikeln. *ja UND?*, in einem Zug steigend gesprochen, hat die Funktion, die Relevanz einer gegnerischen Behauptung in Frage zu stellen. Wenn aber eine Lehrerin nach einer Schülerantwort sagt: *jA. Und?*, so setzt sie die Aufforderung zu einem neuen Lösungsversuch wieder in Kraft (Redder 1989, 396). In einer Studienberatung werden zwei Redebeiträge mit ja-Anknüpfungen eingeleitet:

---

[29] Auch andere Wortarten können zu Konnektoren grammatikalisiert werden; zu *nur/bloß* als adversativem Konnektor: Asmuß (2002, 37ff.).

[30] Auch beim erstmaligen Sprechen. In biografischen Interviews in der Reihenfolge der Häufigkeit: *ja, also, na, na ja, na also, ach, so, gut, nee* (Herrmann-Winter 1979, 182).

[31] Kallmeyer (1987); Kallmeyer/Schmitt (1993, 67ff.); Gruber (1996, 187ff.).

[32] Willkopp (1988, 178f.); Uhmann (1996, 315ff.); Gruber (1996, 178ff).

BE: gehen sie auch in die ALte abteilung.
RA: <<f>JA? so wie ich das äh geLESn hab (-)
is ALte> ALte abteilung überhaupt nicht NOTwendig dafür.
[...]
BE: ja aber wer wEIß was sie in x. für eine ORdnung haben.
(Schröder 1985, 29).

Das laut, akzentuiert und steigend gesprochene *JA?* des Ratsuchers drückt Überraschung und Zweifel aus; die ja-aber-Einleitung des Beraters die abgemilderte Form eines Gegenarguments.

7.9.4. Elemente im Vor-Vorfeld

Eine typisch gesprochensprachliche Äußerungsanordnung ist es, vor der eigentlichen Ausführung kleine Elemente zu setzen, die sich sowohl semantisch-pragmatisch auf die vorhergehende (monologische oder dialogische) Rede zurückbeziehen, wie auch verstehensanleitende Vorausweisungen auf den unmittelbar folgenden Sprechakt zu geben. Fiehler (1995) nennt sie „Operatoren".[33] Beispiele aus Text 3 sollen klarmachen, worum es geht:

ja gUt in in RUSSland da ha hat man natürlich keine trauung vorm alTAR mehr, = Ankündigung einer Einräumung
SCHÖN, also:; (-) geHÖRT mir nun Endlich = positive Wertung des Vorhergehenden und thematische Anbindung
↑AU ja also die frau gehört !DIR! = Ausdruck von Überraschung, Empörung
nEIn nEIn verSTEH das nich = Ankündigung einer Zustimmung, da Negationspartikel zu einem vorher negierten Satz
GU:T. äh (-) ICH m m gestEh dir das ZU, = Einräumung, die danach performativ vollzogen wird.

Ähnliche Beispiele sind:

jedenfalls auf dem rücken der mitglieder solche dinge auszutragen ist nicht gerechtfertigt (yae)
sicher. der ton macht immer die musik. (3002.32)
vorAUSgesetzt, das klAppt auch alles.
NEIN? (.) ich reg mich NICHT mehr auf. (2740/4,2)
sag mal- hats irgendwo milch.
na gut de de de de aber sie entschuldigen wenn teile der polizei ...
sehn sie mal- warum war er denn [...] UNtergetaucht.
na UND? es ändert sich trotzdem nichts.[34]

---

[33] Fiehler u.a. (demn., Teil III) handeln ausführlich von ihnen.

[34] Beispiele aus Unger (1989); Fiehler (1995); Gruber (1996); Auer (1997); Kraft (1999).

Solche Vorschaltelemente können auch korrigiert werden:[35]

Friedman: [...] dass sie das aus der ZEItung erfahren.
B. Höhn: ja GUT, also NEE. wir ham auch ne PREssemitteilung deswegen wohl bekommen. („Vorsicht Friedman", HR 28.12.00)

Diese Vorschaltelemente bestehen aus Konjunktionen, Interjektionen, Adverbien, Konjunktionaladverbien, festen Wortverbindungen, Anredeformen, Imperativen und sogar Sätzen.[36] Sie haben Äquivalente am Ende von Äußerungseinheiten:

DRECKsau haww isch gsAcht; gUt. (3001/03,4)
dieser hUnd ist WEGgelAUfen. gAnz klar. (3001/02).

Vorangestellt, besetzen sie die Vor-Vorfeldstelle eines Satzes. Einige sind prosodisch durch Pausen abgesetzt, akzentuiert, mit steigender oder fallender Intonation (Uhmann 1991, 129ff.), d.h. sie bilden dann eigene prosodische Einheiten (Auer 1997, 84). Ihre Funktionen sind sehr vielfältig. Sie drücken Gefühle und Einstellungen aus (*ach das ist ja schade*); sie adressieren die eigene Äußerung (*du beate*); sie fordern Aufmerksamkeit (*guck mal, pass mal auf, mensch*) oder erhöhen das illokutive Potenzial der eigenen Äußerung; sie beziehen die folgende Äußerung semantisch auf die vorhergehende (Konsens, Dissens, Einräumung); sie fassen die kommende Äußerung zusammen und entwerfen für den Hörer eine Erwartung; sie schwächen Gesichtsbedrohung ab (*bitte verstehen sie mich nicht falsch*); wieder andere (*erstens*) gliedern die Rede. Insgesamt haben sie also segmentierende, gesprächsorganisierende, semantisch relationierende, einstellungs- bzw. gefühlsausdrückende und beziehungsgestaltende Funktionen. Sie sind ein veritables Spezifikum der gesprochenen Sprache.

---

35 Vgl. oben S. 128: *ja nää doch ich denk ...* .

36 Thim-Mabrey (1988, 56) und Auer (1997) zählen dazu auch freie Themen und satzförmige Äußerungen, die ein Verb des Denkens oder Sagens enthalten (*wenn sie sich erinnern; wenn ich da mal kurz reingehn darf; felld mer grad ai* [fällt mir gerade ein] *schönen gruß von maiers*).

8. Lexik, Wortsemantik, Modalität

8.1. Allgemeines

Zur Lexik der gesprochenen Sprache liegen lange nicht so viele Forschungen vor wie zur Syntax, zu den Formulierungsverfahren oder auch zur Prosodie (vgl. den Überblicksartikel von Hartmann 1994). In letzter Zeit sind jedoch vermehrt Untersuchungen über Metaphern, Gesprächspartikeln und über die interaktive Konstitution von Wortbedeutungen erschienen.

8.1.1. Mündliche lexikalische Alternativen

Bei vielen Substantiven, Verben und Adjektiven stehen sich (konzeptionell) gesprochene und geschriebene Normalformen gegenüber, Substantive: *ami* – „Amerikaner", *bammel* – „Angst", *glotze* – „Fernsehapparat"; Verben: *kriegen* – „bekommen",[1] *kucken* – „sehen", *schmeißen* – „werfen"; Adverbien: *sowieso/eh* – „ohnehin", *bloß* – „nur"; Adjektive: *belämmert* – „töricht/dumm"; Indefinitpronomen: *die ganzen* – „alle".[2] Oft werden dabei die konnotativ-emotiven Bedeutungsanteile verstärkt.

In der Privatheit mündlicher Kommunikation sind lexikalische Formen von Drastik und Expressivität (*mist, scheiße*) eher erlaubt als in Bereichen konzeptioneller Schriftlichkeit, obwohl sich immer mehr Sprecher und Schreiber auch in öffentlichen Situationen und geschriebenen Medientexten salopper bis derber Wörter des Alltags, auch der Jugendsprache, bedienen. Im semantischen Bereich der Sexualität hat die gesprochene Sprache einen viel größeren Wortschatz aufzuweisen als die geschriebene.

Auch bei den Phraseologismen zeichnen sich beim Sprechen Übertreibungen bis zum Derben aus, z.B. folgende schweizerdeutsche Redewendungen von Jugendlichen: *häsch en harte abzug?* (‚bist du dumm?'), *schmöcksch* [schmeckst du] *de friedhof?* (Drohung), *mach dich zu chääs* (‚verschwinde'), *d finger ab de röschdi* (zu jemandem, der etwas anfasst), *sich in arsch chlühe* (‚sich anstrengen'; Burger/Buhofer/Sialm 1982, 260ff.; vgl. Androutsopoulos 1998, 222ff.). Auch Erwachsene sagen eher als dass sie schreiben: *da beißt die maus keinen faden ab* (‚daran ist nichts zu ändern'), *bis in die puppen* (‚bis spät in die Nacht').

---

1 Vgl. Schlobinski (1992, 178).

2 Vgl. die Listen bei Sornig (1990, 91); Hartmann (1995, 157); Betten/Mauser (2002, 198); zu morphologischen Varianten (*was – etwas, nix – nichts* etc.) auch 4.1.6.

8.1.2. Lexikalische Regionalismen

Zur lexikalischen Besonderheit des Sprechens kommen – wie in der Lautung – Regionalismen, die für Unkundige nicht selten zu Missverständnissen Anlass geben: schwäb. *laufe* (nicht: ‚schnell gehen‘), mannh. *schlabbe* (keine negative Konnotation),[3] ruhrdt. *machen* = ‚gehen‘. Es ist ein Verdienst der Dialektforschung, viele solcher Dialektwörter in Sprachatlanten dargestellt zu haben,[4] denen auch solche der Umgangssprache folgen (Eichhoff 1977-2000). In der Bundesrepublik kamen in den 90er Jahren lexikalische Unterschiede in den Gebieten der alten und der neuen Bundesländer ins Bewusstsein der Öffentlichkeit.

8.1.3. Empirische Unterschiede zur geschriebenen Sprache

Hier steht die Forschung noch am Anfang; es liegt aber schon ein Häufigkeitswörterbuch von Sprechern aus dem ländlichen Bereich vor (Ruoff 1990). Aus Vergleichen zwischen mündlichen und schriftlichen Versionen von Texten[5] ergibt sich, dass in den schriftlichen die folgenden lexikalischen (und nicht-lexikalischen) Einheiten weggelassen bzw. geändert werden: Hörersignale und Hörerkommentare, gefüllte Pausen, Gliederungssignale zu Beginn (*ja* mit Varianten; *nun, also, ich meine*) und am Ende eines Beitrags (*und so*), Rückversicherungssignale (*ne?, nich wahr?*), Formeln (*würd ich sagen*), Spaltsätze (*das wesentliche daran ist*), Allquantoren (*immer*), viele Modalpartikeln (*mal, erst mal, nu, eben*) und Modalwörter (*sicherlich, wohl, bitteschön*). Pronomen werden als Substantive wiedergegeben (*bei jedem* → „bei jedem Schauspieler“), einfache Substantive werden zu komplexen Nominalphrasen erweitert (*bildung* → „Ausgaben für Bildung und Wissenschaft“).[6] *ja schließlich* wird umgeformt in „doch“; *hat zu sagen* in: „bestimmt, was gemacht wird“; *oder sowas* in: „und solchen Dingen“ (Schank/Schoental 1976, 8ff.). Als Motive hinter der schriftlichen Fassung stecken Präzisierung und Explizierung, Vermeidung von Doppeldeutigkeit, Weglassung von Unnötigem, Durchsichtigmachung des thematischen Zusammenhangs und sprachliche Ästhetik.

---

3 Oft haben Wörter in Umgangssprachen und Dialekten nicht die negative Konnotation, die entsprechende standardsprachliche Wörter haben; das Wort *maul* in der mannheimerischen Redewendung *ah halt doch DU dei maul* ist nicht abwertend für ‚Mund‘ gemeint; die Redewendung bedeutet: ‚übertreibe nicht so‘.

4 Eine Auswahl ist leicht zugänglich in König (1993, 166ff.).

5 Schank/Schoenthal (1976, 8ff.); Heinze (1979, 255ff.); Tannen (1982a, 9ff.); Steger (1987, 36ff.); Müllerová 1989, 20ff.).

6 Während in gesprochenen Bundestagsreden 129 solcher Phänomene geäußert werden, tauchen in der Veröffentlichung dieser Reden nur noch 39 davon auf (Heinze 1979, 258).

8.2. Wortbildung

Obwohl keine vergleichbaren Korpora vorliegen, kann man annehmen, dass die Wortbildungsmuster für geschriebene und gesprochene Sprache im Wesentlichen die gleichen sind, auch Komposita mit einer Interjektion als Bestimmungswort („Hurra-Patriotismus" – *uäh-haare*) und Wortgruppenkonversionen (*dieses zwischen-den-stühlen-stehen*, TB III, 35; *dieses in-der-nacht-läuten*, Phonai 42, 160). Dekomposita sind jedoch nicht so komplex und gehen kaum über drei Basislexeme hinaus (geschriebene bis zu fünf: „Kern-waffen-test-stop-abkommen").[7]

Aus Belegen von Gersbach/Graf (1984) und Hartmann (2000) ergibt sich, dass in Dialekten aus anderen lexikalischen Basen Ableitungen produziert werden als in der (geschriebenen) Standardsprache (*be-häg, ge-lump, ge-hud-el, ge-sock-s, ge-dön-s*), und es stehen andere Gebrauchshäufigkeiten zu vermuten: weniger fremdsprachliche Suffixe (*-(at)ion, -ismus, -esse, -ent/ant*), weniger institutionelle Bildungen auf *-schaft, -heit, -tum* (Gersbach/Graf 1984, 237, 255ff.), dafür mehr intensivierende Präfixe (Präfixoide) wie *mords-(gepolter), scheiß-(arbeit), arsch-(glatt), sau-(blöd), tot-(lachen)/tod-(schick), stink-(normal), stock-(besoffen), wahnsinns-(gerenne), riesen-(mädlein)*.[8] Beim Suffix *-(er)ei* überwiegt die negativ konnotierte Iterativbedeutung (*lauf-erei, säckleinstreck-erei, studier-erei;* ebd., 246). Aus einer Basis wird auch nur eine Ableitung gewonnen, während Schreiber (literarischer) Texte aus stilistischen Gründen auch zwei unterschiedliche Ableitungsformen verwenden („Gelaufe" vs. „Lauferei"). Manche Affixe kommen häufiger mündlich vor, z.B. das Präfix *rum-* in der Bedeutung ‚ziellos' und negativ konnotiert (*rum-fummeln, rum-knutschen, rum-knubbeln* in einem Sprecherbeitrag), das Suffix *-mäßig* (*die sind randale-mäßig unterwegs*), Suffixe auf *–i* (*schlapp-i, scholl-i, hirn-i*), auf *–fritze, -kopf/-kopp* (*dös-kopp*) und insgesamt sehr viel mehr Diminutivableitungen.[9]

---

[7] Das schlägt sich auch in den mittleren Werten von Wortlängen, gemessen an der Anzahl von Silben, nieder: 1,55-1,65 gesprochen vs. 1,9-2,0 geschrieben (Höhne-Leska 1975, 55).

[8] Vgl. Sandhöfer-Sixel (1988, 174ff., 230ff.); van Os (1989, 117f.); Androutsopoulos (1998,103ff.).

[9] Diese gehorchen auch nicht der euphonischen Regel, kein *-lein* an einsilbige Wörter auf *-l* oder mehrsilbige auf *-el* zu hängen. Es gibt im Schwäb.: *tälein, gäulein, knödelein, göckelein, zottelein, kinderpistölein* (ebd., 232f.).

8.3. Lexikalische Kategorien

8.3.1. Deiktische Ausdrücke, Anrede

Raum, Zeit, Sprecher und Adressat der Sprechsituation (d.s. die Kategorien der ich-hier-jetzt-Origo Karl Bühlers 1965, 107) sind als gemeinsames Wissen unmittelbar gegeben und immer mitgedacht. Mit verbaler Deixis und Zeigegesten kann man Teile dieser sichtbaren Umgebung fokussieren und zum Gegenstand gemeinsamer Aufmerksamkeit machen; man stellt dadurch die im Augenblick relevante Situation erst her (Hausendorf 2003). Auch bei Verweisungen, die die unmittelbare Sprechsituation überschreiten, geht man in Gedanken immer von ihr aus, konkret bei Wegauskünften, abgeleitet auch für soziale Zugehörigkeit (*wir, hier* = ‚(in) unsere(r) Familie', ‚(in) unsere(r) Stadt', ‚(in) unser(em) Land' etc.).[10]

In geschriebenen Texten müssen dagegen Raum, Zeit und Personen explizit genannt werden (z.B. in Briefen: Adresse, Absender, Ort, Datum).[11] Geschriebene Texte eröffnen durch die räumliche Anordnung der Zeichen eine kategorial andere Art von Verweisraum (Ehlich 1983, 85ff: „Textraum" vs. „Sprechzeitraum"). Erst beim mündlichen Erzählen wird auch der textliche Aufbau räumlicher und zeitlicher Orientierungen in einem „Vorstellungsraum" notwendig (Bühler 1965, 123: „Deixis am Phantasma").

Das gemeinsame Kontextwissen ermöglicht viele Weglassungen, Verkürzungen und Pronominalisierungen. Auf Objekte im gemeinsamen Wahrnehmungshorizont kann man mit deiktischen Ausdrücken hinweisen, die in geschriebener Version, wo die Gemeinsamkeit des Wahrnehmungsraums fehlt, explizit versprachlicht werden müssen (Erben 1972, 327; Hartmann 1994, 195f.). Deshalb sind Transkripte ohne die Kenntnis der Gesprächssituation oft nicht verstehbar. Ähnliches gilt auch bei zeitlichen Verweisen.[12]

---

[10] Aus der Perspektive Ost- vs. Westdeutschland: *wir* vs. *die*; *hier* vs. *drüben* (Hausendorf 2000, 274ff.; Grötsch 1994, 5ff.); alte DDR vs. neue Bundesländer: *früher* vs. *jetzt* (ebd., 15, 42).

[11] In mündlichen Nacherzählungen werden mehr Deiktika produziert als in schriftlichen (Tophinke 2000, 16). Zeitliche Orientierungen werden in einer Urteilsbegründung durch Adjektive („gleichzeitig"), Adverbien („unterdessen") und Phrasen („nach wenigen Schritten") in eine zeitliche Linie gebracht, während in den mündlichen Zeugenaussagen weitere Informationen perspektivengebunden durch *und dann* nur hinzugefügt werden (Rehbein 1989, 268, 318f.).

[12] Die Bindung an die Sprechperson, ihren Raum und ihre Zeit gilt auch bei abgeleiteter Deixis. Während es beim Sprechen z.B. möglich ist, Zeitangaben auf die eigene Lebensgeschichte zu beziehen (schwäb.: *mai vaddr isch gschdorba mo n e ous dr schual komma bee* = ‚mein Vater ist gestorben, als ich aus der Schule gekommen bin'; Ruoff 1979, 74), folgt man beim Schreiben einem allgemeinen Zeitschema von (Wochen-)Tag, Monat, Jahr.

Für deiktische Personenreferenz haben die meisten Sprachen die Rollen von Sprecher und Hörer grammatikalisiert. Die Entscheidung zwischen *du* und *Sie* (in manchen ländlichen Gegenden auch noch *Ihr*) ist ein Zwang, dem man sich auf die Dauer nicht entziehen kann. Die unterschiedlichen Bedeutungsdimensionen, die mit dieser Opposition einhergehen (private Nähe vs. Distanz, Solidarität vs. politische/weltanschauliche Distanz, (Un-)Höflichkeit) können zu Irritationen führen, wenn man nicht mit der erwarteten Form angeredet wird (Besch 1996, 44ff.). Sprecher, die jemanden grundsätzlich mit *Sie* anreden, wechseln manchmal nur an einer Stelle zum *Du*, um größere Nähe herzustellen (vor allem in untergeordneten Einheiten: *kuck mal*), aber auch für verbale Aggression (*du BLÖder SCHREIhals. ah HÖR doch AUF?* in einer Sendung des Privatsenders RTL).

Personennamen spielen wegen der unmittelbaren Anwesenheit der Interaktionsbeteiligten beim Sprechen wahrscheinlich eine größere Rolle als beim Schreiben. Vor- und Nachnamen, die analog zum Duzen und Siezen gebraucht werden, aber auch „überkreuz" kombiniert werden können, haben ihren systematischen Ort im Ablaufschema des Begrüßungsrituals (seltener bei der Verabschiedung) und dienen zusammen mit der Blickrichtung zur Kennzeichnung des gemeinten Adressaten, wenn mehrere Personen anwesend sind. Namenanreden stehen meist im Vor-Vorfeld und können mit weiteren Elementen kombiniert werden: *du weißt du ralf? das is jetz EINmal passiert.* Diminutive gegenüber Erwachsenen (*veralein? gibst du mir mal die schere?*) stellen größere Nähe her; Intonationsführungen geben der Anrede eine bestimmte kommunikative Bedeutung; fallend: *Ach tante LIna.* = Appell an die Einsicht; steigend-fallend: *hErr? JUNG.* = mahnend; Dehnungen als Intensivierung: *die kann überHAUPT nicht mehr arbeiten. <<len>E:rI:KA:::.>*. Im Ganzen intensivieren Anreden das Gewicht des damit vollzogenen Sprechakts.[13]

8.3.2. Modalpartikeln

Unter ‚Modalpartikeln' versteht man Partikeln, die normalerweise unbetont sind, nicht im Vorfeld stehen können, nicht mit jedem Satztyp kombinierbar sind, und deren allgemeine Funktion es ist, eine Einstellung des Sprechers auszudrücken. Die Bedeutungen betreffen die Einschätzung von Mitteilungen als bekannt, als erwartet oder nicht; sie dienen der Hervorhebung, der Verstärkung und Abschwächung von Sprechakten (z.B. von Aufforderungen), der Regelung der Beziehung zwischen Interagierenden u.a. (Forschungsgeschichte: Dittmar 2002, 155ff.). Beispiele aus unseren Texten sind (standardsprachlich normalisiert):

---

[13] Zu weiteren Funktionen von Namen in Gesprächen: Schwitalla (1995a).

denn:
wie redest denn du? (Text 1, 17), *was glaubst denn du?* (Text 2, 11), *wo seid ihr denn gewesen?* (Text 6, 6)

doch:
hab ich dir doch erzählt (Text 1, 19), *regen sie sich doch nicht so auf* (Text 2, 19), *wir habens doch hingeschrieben, das stimmt doch nicht, wir lügen sie doch nicht an, das ist doch der gipfel der unverschämtheit* (Text 6, 13f.), *das darf doch nicht wahr sein* (Text 9, 5)

aber:
das hat der aber verstanden (Text 2, 10), *dann haben sie sich aber schwer getäuscht* (Text 2, 15)

ja:
das genügt ja auch (Text 3, 12), *das ist ja alles kein problem* (Text 6, 21), *ich sagte ihnen ja ...* (Text 11, 28)

mal:
pass mal auf (Text 3, 22), *das is ja überhaupt mal die frage* (Text 3, 28), *sie könn nicht mal richtig abschreiben* (Text 4, 8), *sagen wir mal* (Text 11, 16)

eben/halt:
dass eben das kind diese funktionsstörung hat (Text 11, 10), *rupfst du ihm halt das letzte raus* (Text 7, 2)

eigentlich:
dass er aber eigentlich den schluss daraus nicht gezogen hat (Text 11, 9).

Die zehn häufigsten, in gesprochenen Texten vorkommenden Modalpartikeln sind: *ja, doch, mal, auch, eben, denn, schon, eigentlich, wohl* (Hentschel 1986, 247).[14] Modalpartikeln kommen häufiger in konzeptionell mündlichen Texten vor als in konzeptionell schriftlichen,[15] und ihre Häufigkeit steigt mit dem Grad der Informalität und Nähe (Hentschel 1986, 238ff.). Auch die Kombination von Modalwörtern und -partikeln ist beim Sprechen höher als beim

[14] Vgl. auch die Liste bei Rost-Roth (1998, 299) für Argumentationen. Zu Modalpartikeln in empirischen (nicht: ausgedachten) Äußerungen: die Aufsätze von Lütten und Sandig in Weydt (Hg.) (1979), die von Rudolph, Werlen, Kirstein und Hentschel/Weydt in Weydt (Hg.) (1983), die von Burkhardt, Harden (zu *na ja*), Katny (zu *wohl*), Schmidt-Radefeld und Westheide in Weydt (Hg.) (1989), von Lindner in Abraham (Hg.) (1991), von Hartog/Rüttenauer (1982) zu *eben*, von Rost-Roth (1998) zu *ja, auch, eben/halt, mal, eigentlich* und Kombinationen, von Dittmar/Bredel (1999, 153ff.) und Dittmar (2000) zu *halt/eben(t)*; Dittmar (2002) zu *eigentlich*, Asmuß (2002, 32f.) zu *bloß*.

[15] Thurmair (1989, 3f.); Hartmann (1994, 193). In argumentativen Ausführungen sind z.B. 4,7% aller Wörter Modalpartikeln (Rost-Roth 1998, 299f.).

Schreiben (Schatte 1992, 101).[16] Experimentelle Befragungen zu Dialogtexten mit vielen gegenüber wenigen Modalpartikeln zeigen, dass jene als „natürlich", „warm" und „flüssig" empfunden werden, diese als „hölzern" und „kontaktschwach" (Weydt 1993, 11).

Einige Modalpartikeln sind mündliche Alternativen (*halt* – „eben", *sowieso* – „ohnehin"), und manche kommen regional begrenzt vor (süddt. *eh* = ‚ohnehin', schwäb., bair. *fei* = größere Intensität), tragen also zum regionalen Kolorit des Sprechers bei. Süddt. *halt* dringt insgesamt nach Norden (Hentschel 1986, 177) und speziell von West- nach Ostberlin vor (Dittmar 2000).

8.3.3. Heckenausdrücke

Sprecher sind sich dessen bewusst, dass ihre Wortwahl nicht immer dem entspricht, was sie eigentlich sagen wollen. Sie verwenden dann Ausdrücke, die man nach George Lakoff als „Heckenausdrücke" (hedges, von engl. *to hedge* = ‚einer Frage ausweichen') bezeichnet. Beim Sprechen sind es meist Vagheits- und Distanzierungssignale. Ihre Form reicht von Partikeln (*so, na ja*; Hausendorf 1995, 135), Adverbien (*irgendwie*) und Wortverbindungen (*oder so, so ein*; Hausendorf 2000, 242f.; *und solche*) bis zu Wendungen (*was weiß ich; ich weiß nich*) und Sätzen (*ich bin net sicher ob des so hinhaut aber ...;* vgl. Werlen 1984, 365ff.; Dittmar 1997, 303).[17] Manchmal werden sie vor und hinter den betreffenden Ausdruck platziert: <u>*so so*</u> *dreißig* [Jahre] <u>*würd ich sagen*</u> (2742/1,1,3).

Von Jugendlichen und Akademikern wird behauptet, dass sie besonders viele Heckenausdrücke verwendeten (Weber 1984, 81).[18] In aufgenommenen Gesprächen von Studierenden (wie übrigens auch von Jugendlichen allgemein) äußern Sprecher gehäuft Heckenausdrücke nur bei vorsichtigen Wertungen, bei Aussagen, die ihnen unangenehm sind, und wenn sie schwierige Sachverhalte versprachlichen müssen:

---

[16] M.W. liegen keine systematisch vergleichenden Studien zwischen geschriebenen und gesprochenen Texten vor. Hentschel (1986) und Thurmair (1989) beziehen aber gesprochenes Material in ihre Analysen mit ein (dort auch weitere Literatur zu einzelnen Partikeln in gesprochener Sprache). Eine exemplarische Analyse des Partikelgebrauchs im Text „Erziehungsprobleme", (TB III, 27ff.) findet sich in Hentschel (1986, 256ff.).

[17] Auch Lachpartikeln können eine solche Distanzierungsfunktion haben (Schwitalla 2001a, 340f.).

[18] Zu Formen von Abschwächungen und deren Kombinationen in Seminarsitzungen: Langner (1994).

> aber der der nächste schritt wird halt irgendwie net gegangen also also dass diese ideologiezertrümmerung eben als mittel (-) der gesellschaftsveränderung eingesetzt (würde) de:r de:r veränderung von einzelnen personen (-) sondern (--) also er betreibt des eben nu:r (--) sozusage zu:r darstellung. (-) also weil er hat ha au überhaupt keine solche: (--) wie sagt man da pädagogische o:der so was ziele ne? also er will ja niemand aufkläre oder so (Schmidt 1988, 81).

Die Heckenausdrücke *sozusage, wie sagt man da, oder sowas* stehen in einer Äußerungsumgebung mit Verzögerungssignalen (Dehnungen, Pausen), welche auf Formulierungsschwierigkeiten hinweisen.[19] Der ganze Redeteil, der nur als annähernd passend gekennzeichnet ist, wird mit *oder so* auch rückwärtsverweisend abgeschlossen. Bei Äußerungen aber, in denen sich die Sprecher (auch Jugendliche und Akademiker) ihrer Sache sicher sind, fehlen solche Vagheitsindikatoren.

8.3.4. Interjektionen, Gesprächspartikeln

Einige Wortklassen kommen nur in gesprochener Sprache vor, in schriftlichen Texten allenfalls, um Gesprochenes zu imitieren. Dazu gehören außer einigen Modalpartikeln die meisten primären Interjektionen und Gesprächspartikeln. Primäre Interjektionen wie *ach, ah, aha, oh, ih, pfui, nanu, ojojoi* haben keine lexikalische Bedeutung; sie drücken Gefühle aus, manche auch einen Appell (*pst!, kst!*). Sekundäre Interjektionen sind aus Lexemen abgeleitet, haben aber nicht mehr deren lexikalische Bedeutung (*mist, herrGOTT, oh JE > oh mein jesu*; Burkhardt 1998; Nübling 2001).[20]

Wenn man Gesprächspartikeln im weiten Sinne als Wörter definiert, die bei der Durchführung eines Gesprächs wichtig sind (so die Klassifikation bei Burkhardt 1985), dann gehören auch Modalpartikeln, Onomatopoetika und alle Typen von Interjektionen dazu; fasst man sie in einem engen Sinne als

[19] Vgl. auch die Heckenausdrücke in verzögert gesprochenen Sequenzen bei Schmidt (1988) S. 59, Z. 7 und S. 70f., Z. 1–3.

[20] Abgrenzungen sind aber schwierig (Interjektionen werden auch als Hörersignale und zur Einleitung von Redebeiträgen verwendet), und die Autoren klassifizieren ganz unterschiedlich. Ehlich (1986), Rasoloson (1994) und Zifonun u.a. (1997) fassen Gesprächspartikeln unter dem Terminus „Interjektion“ zusammen; Burkhardt (1998) differenziert zwischen „Empfindungswörtern“ (*ach, ätsch, hurra*), „Schallwörtern“ (*hui, plumps, peng*) und „ikonischen Empfindungswörten“ (*pfui, puh, uff*), Nübling (demn.) zwischen primären (prototypischen: *ah, ih, oh*) vs. sekundären Interjektionen (*donnerwetter, meine güte*), Appellinterjektionen (*pst, ätsch*) und Adverbialinterjektionen (*schwupp, ruckzuck*). Manche Interjektionen sind sozialspezifisch (jugendsprachliches *ey*) und können deshalb gut für die Karikierung fremder sozialer Welten verwendet werden (Bausch 1994, 417f., 458; Schwitalla 1994a, 493f.).

solche, die der Gesprächsorganisation und -steuerung dienen (Anfang und Ende, Teile, Sprecher-/Hörersteuerung, Bezüge von Sprecherbeiträgen), so kann man folgende Funktionen anführen (Überblick: Schwitalla 2002):

- Kontaktherstellung (*hallo, he, kst*);
- Sicherung der Aufmerksamkeit (attention getters; *hör mal*);
- Einleitung der Gesprächsbeendigung (am Telefon: *gut, okay* mit entsprechenden Partikeln der Zustimmung);
- Gliederung von thematischen und interaktiven Gesprächsteilen (Gliederungssignale: *gut, so*, oft mit Tonsprung);[21]
- Sicherung der Sprecherrolle: gefüllte Pause (*äh, m*; vgl. 6.2.3);
- Markierung eines plötzlichen Einfalls (*ach/ah SO*);[22]
- Korrektursignale (*oder, äh*);
- Hörersteuerung und Segmentierung: Rückversicherungssignale (*ne?, nich?, gell?*);
- Rezeptionssignale, z.B. *na JA?* = Zweifel, Widerstreben;[23] *na GUT.* = Zustimmen, Nachgeben; *ja JA:?* = Irrelevanz; *tja* = Ratlosigkeit, Unabänderlichkeit; *ach SO* = plötzliches Verstehen und viele andere.

Besondere Aufmerksamkeit hat in der Forschung das Lautsubstrat *HM* gefunden, das je nach unterschiedlicher Phonetik (*ʔmʔm* mit zweimaligem Glottisverschluss = ‚nein'), Intonationsrichtung, Kürze vs. Dehnung und einfacher vs. doppelter Form ganz unterschiedliche Einstellungen ausdrücken kann. Intonation hat hier phonemischen Wert wie in den Tonsprachen.[24] Ehlich (1986) spricht hier, analog zu Bühlers Unterscheidung zwischen symbolischem und deiktischem Feld, vom „Lenkfeld" („expeditiven Feld") sprachlicher Zeichen. Er unterscheidet folgende Typen und gibt z.T. Bedeutungsparaphrasen (ebd., 54):

Typ I: fallend-steigend, einfach: *hm*\/; kurz und redupliziert = Konvergenz;
Typ II: steigend *hm?* = ‚wieso das denn?'; kurz *hm?* = ‚was sagst du da?';[25] redupliziert *hmhm?*;
Typ III: gleichbleibend, einfach *hmm-* = ‚vielleicht, aber'; kurz *hm-*;

---

[21] Hartog (1996, 75ff.); Sachweh (1999, 123f.).
[22] Bredel (2000).
[23] Willkop (1988, 193ff.); Gruber (1996, 178ff.).
[24] Henne/Rehbock (1982, 80f.): „tonale Zeichen". Vgl. Wahmhoff/Wenzel (1979); Ehlich (1986); Willkop (1988, 106ff.); Rasoloson (1994, 215ff., 222, 225); Zifonun u.a. (1997, I, 367ff.).
[25] Aufforderung zum Sprechen: Meng/Schrabback (1994, 209).

TYP IV: fallend *hm.* = ‚das ist aber merkwürdig; kurz *hm.* = ‚da haben wir den Salat'; redupliziert *hmhm.* = komplexe Divergenz, deliberativ.[26] Schmidt (2001, 25) hat *HM* in verschiedenen Intonationsversionen Beurteilern vorgeführt und aus übereinstimmenden Antworten sieben Form-Funktionsklassen gefunden (vgl. Abb. 2).

	potentieller Formprototyp		Varianten		potentielle Funktionsklasse	
Nr.	**idealisierter F0-Verlauf**	**Items**	**idealisierter F0-Verlauf**	**Items**	**Vorläufige Bezeichnung**	**Antwortkategorien in den Hörtests**
1	kurz	H3 / S2			Kenntnisnahme	„Schulterzucken" „(ablehnende) Kenntnisnahme"
2	lang	K8 / M2			Turnhalten, Turnbeanspruchen	„Ich muss nachdenken" „Moment mal..."
3	kurz	*K7*		M1 / G2	Beendigungssignal	„Abschluss eines Gesprächs" „Steht für mich nicht zur Debatte" „Erschöpftes Seufzen" „Oh je..."
4		B1		K1	Bestätigung	„Ja." (Bestätigung) „Ja!" (uneingeschränkte Zustimmung)
5		*K3*	tief hoch	G1 / R3	Ablehnung	„Nein." (Ablehnung) „Nein!" (entschiedene Ablehnung) „Nein" (für Kinder)
6	lang	K6 / Ger2		Kehr10	Positive Bewertung	„Lecker!" „Toll!" „Ach so!"
7	kurz	B4			Reaktionsaufforderung	„Was?" (Aufforderung zum Sprechen)

Abb. 2: Intonationsklassen von *HM* nach Schmidt (2001, 25).

[26] Ehlich (1986) behandelt auf diese Weise auch die Interjektionen AH kurz fallend = Überraschung, steigend-fallend: = freudige Überraschung, kurz steigend = eingeworfene Verneinung; OH = Betroffenheit, Verblüffung, IH = Abscheu, AU = Schmerz, EI = Babytalk, Trost, Überraschung (in der Kurzform), OI = Überraschung, Bewunderung, HOI und HE = Aufmerksamkeitsweckung; vgl. Willkop (1988, 229ff.; 239ff.) zu OH und AU; Rasoloson (1994, 138ff.; 181ff.) zu OH und AH. Zu allen diesen auch Zifonun u.a. (1997, I, 386ff.). Zu Formen von *AHA*: Ehlich (1986, 75ff.); Willkop (1988, 219ff.); Drescher (d., 5.3. zu franz. *ah*). Vgl. auch die Listen bei Burkhardt (1998, 67ff.); außerdem *pff* für ‚Verachtung, Geringschätzung', ein lufteinziehender Schnalzlaut (dentaler Plosiv) als Rezeptionssignal von schlechter Nachricht u.a. In Gesprächen von Jugendlichen kommen solche Interjektionen, die z.T. ins Lautmalerische übergehen, relativ häufig vor.

Auch Rückversicherungssignale (*ne?, nich?, gell?*) und ihre Beantwortung durch ein Hörersignal wurden häufig untersucht.[27] Sie werden normalerweise nach Äußerungseinheiten gesprochen, seltener auch rückbezüglich zur eigenen Rede, nachdem ein Anderer etwas gesagt hat (Rehbein 1999, 108f.). Ihre appellative Stärke richtet sich nach dem Sprechakt, der zuvor vollzogen wurde: Nach einem wertenden oder direktiven Sprechakt fordern sie mehr Zustimmung als nach bloßen Mitteilungen. Nach jeder Äußerungseinheit gesprochen, haben sie nur noch Segmentierungsfunktion.[28] Fehlen sie, wenn sie sonst oft gegeben werden, kann dies eine andere Meinung andeuten.

Hörersignale (*mhm, hm, ähm*) bekommen ihre Funktion außer durch Intonation durch ihre Position in Bezug auf die Rede des Sprechers. Vor dem sog. recognition point, also der Stelle, an der klar wird, was der Sprecher sagen will, mit progressiver Intonation, zeigen sie den Wunsch an, die Sprecherrolle zu übernehmen (Kehrein/Rabanus 2001, 41), danach, und insbesondere nach einem Rückversicherungssignal, bestätigen sie die Sprecherrolle des aktuellen Sprechers. In dieser Funktion stehen sie bei oder kurz nach syntaktischen Abschlüssen (Willkop 1988, 50; Selting 1995, 302, 308; Kehrein 2002, 203).

In der Nähe von Konjunktionen und Konjunktionaladverbien stehen Gliederungssignale mit inhaltlich relationierender und themenverbindender Leistung (Diskursmarker, Überblick: Fraser 1999) wie *übrigens, außerdem, jedenfalls, aber, also, na ja, jedoch.*[29]

8.3.5. Lautmalerei, Inflektive

Onomatopoetika und Inflektive (Comicswörter) kommen beim Sprechen nicht so häufig vor, wie man vielleicht denken könnte, übrigens auch nicht in Gesprächen Jugendlicher. Dennoch kann die Geräuschimitation großen Anteil daran haben, Unmittelbarkeit herzustellen. Das ist besonders in Erzählungen wichtig, in denen viele Mittel (szenisches Präsens, Detaillierung, Stimmimitation) darauf abzielen, den Hörer in das dargestellte Geschehen zu involvieren. Es gehört zur sinnlichen Ästhetik des Sprechens, wenn Geräusche durch die Sprechorgane nachgeahmt werden und genau in die zeitliche Abfolge der Schilderung des Geschehensablaufs platziert werden (Sandhöfer-Sixel 1988, 237).

---

[27] Rehbein (1979); Rath (1979, 116ff.); Willkop (1988, 253ff.); Stein (1995, 180ff.); Zifonun u.a. (1997, I, 384f.).

[28] Beispiele für Rückversicherungssignale nach jeder Äußerungseinheit bei Schu/Stein (1994, 252); Schwitalla (2002, 265f.).

[29] Betten (1980, 194f.) zu *also*; Kotthoff (1997, 159ff.) zu *naja, na gut, ja*; Günthner (1999) zu *obwohl*; Dittmar (2001, 162ff.) zu *also*; Scheutz (2001, 127f.) zu *weil*.

In einer Erzählung, in der geschildert wird, wie Studenten verschiedene Gegenstände aus dem Fenster geworfen haben, werden folgende lautmalerische (onomatopoetische) Laute und Wörter verwendet:

> franz is ja neulichst reingekommen das erste sofort (-) topf genommen wasser und sch sch [= Geräusch strömenden Wassers]
>
> wir hatten vierzig bierdosen dabei glaub ich und da immer die leeren bierdosen klonk [= Aufprall der Bierdose auf der Straße]
>
> ich schmeiß die [wasserbomben] nich auf die omas (-) das is ja immer so he helau bosch [= Aufprall eines Frischhaltebeutels mit Wasser] („wasserbomben").

Lautmalerische Wörter stehen für ganze Sätze, die das Geräusch beschreiben müssten; sie wirken in der Verkürzung aber viel eindringlicher. Sie fungieren wie Rhemata in der Abfolge Thema (*wasser, bierdosen, die*) und Rhema. Sie werden seltener syntaktisch integriert (*und dann macht es auf einmal RO:TSCH.* = Herabfallen eines Ofenrohrs), sondern stehen als Äußerungseinheit für sich:

> un han de schlüssel rumgedreht de rückwärtsgang ringemacht <<f>b b b BROMM> (Aufprall eines Autos; Müller 1983, 294f.)
>
> und denn sin s immer RAUS REI rro rro rro ratatatatata (Jugendliche beim Einstellen ihrer Mopedmotoren; Klein 1995, 54).

Anders als lexikalisierte Onomatopoetika (*kikerkiki, wau, klatsch, peng*) werden solche Lautimitationen aus dem Augenblick heraus erfunden.[30] Sie sind ein weiterer Beleg für die sprachliche Kreativität von Sprechern.[31]

Inflektive, also Wörter, die aus der Stammmsilbe eines Verbs gebildet werden, kommen in gesprochener Sprache ebenfalls nicht gerade häufig vor, gehören aber zum „Klangzauber" (Müller 1989, 65) mündlicher Ausdrucksmöglichkeiten, besonders wenn das Lexem selbstreflexiv so gesprochen wird, wie es seiner Bedeutung entspricht. Eine Streitgegnerin stellt den umstrittenen Vorfall einer tätlichen Auseinandersetzung so dar:

> ich kam raus da waren sie am (-) am (-) anbrüllen und waren auf den zu (-) am ihn schlagen (-) ja (-) da hab ich zu ihnen gesagt lassen sie meinen bruder in ruhe (-) was fällt ihnen ein (-) da kam ihre frau runter kreisch kreisch kreisch (-) is ja ihre art (Nothdurft 1993, 70).

kreisch kreisch kreisch wird auch ‚kreischend' ausgesprochen; insofern inszeniert die Sprecherin den keifenden Auftritt der Nachbarin und macht ihn so präsenter, als es beschreibende Ausdrücke könnten.

---

[30] Französische Beispiele bei Drescher (d., 5.4.1.).

[31] Lautmalerische Adverb-Interjektionen wie *schwupp, ruckzuck* werden beim Sprechen mit Kindern und im sekundären Babytalk mit alten Leuten verwendet, z.B. *hatschi, hopp, hoppela, hopsala, rumwidibum, rumsfidibus* (Sachweh 1999, 155).

8.4. Semantische Prinzipien der Alltagsrede

8.4.1. Vagheit

Beim Sprechen müssen wir uns nur so präzise ausdrücken, dass der Hörer versteht, was wir meinen.[1] Manchmal fällt uns auch nicht auf Anhieb das treffende Wort ein und wir begnügen uns mit dem Allerweltswort *ding(s)* (Koch/Oesterreicher 1990, 104ff.). Weiß der Angesprochene, was damit gemeint ist, genügt das auch (Fahrkartenkauf am Bahnhofschalter):

KU: nach staufen kriege ich nichts im im ding. gell?
BE: nee: ich geb s ihnen. (Mielniczuk 1989, 330).

Mit *ding* war der Fahrkartenautomat für den Nahbereich gemeint. Bei Wortfindungsschwierigkeiten dient *ding* als Stellvertreter, im folgenden Fall schon mit aktiviertem Genus des gesuchten Wortes: *hast du die dings bekommen? die gebührenordnung.*

Zur Vagheit gehören Passivkonstruktionen und Pronomen statt Substantiven.[2] Der Referenzbezug ist durch implizites Mitverstehen garantiert, auch wenn dasselbe Pronomen auf zwei verschiedene Personen verweist (Kindt 1985, 107f.). Manche Tabuthemen werden mit Pronomen versprachlicht, um Anstößigkeit zu vermeiden. Aber auch sonst gebraucht man allgemeinere Bezeichnungen, z.B. das Verb *tun* in der Äußerung *hättest du was getan* für ‚die Initiative ergriffen'.[3]

An bestimmten Stellen von Gesprächstypen ist Vagheit sogar erforderlich, z.B. in Schlichtungsgesprächen in der Phase des Einigungsvorschlags. Auf tätliche Angriffe und Beleidigungen wird dann sehr abstrakt mit *vorfall, äußerungen, verhalten* und mit Indefinitpronomen (*was*) referiert, damit der/die Beschuldigte dem Einigungsvorschlag zustimmt (Klein 1995, 101ff.; Deppermann 1997, 352ff.). Auch Politiker formulieren abstrakt, wenn sie parteiinterne Gegensätze überdecken wollen (*unterschiedliche auffassungen, durchdringungsmechanismen, bestimmte dinge*; Holly 1990, 171, 265) oder wenn sie eigene Interessen verdecken wollen (*s werden hier einige themen diskutiert werden*; Kallmeyer/Keim 1996, 281f.).

---

1 Darüber hinausgehende Präzision beschwört Konflikte herauf, wie die sog. Krisenexperimente von Harold Garfinkel gezeigt haben.

2 Zu den Indefinitpronomen *man, sie* anstelle spezifischer Bezeichnungen: Vahl-Seyfarth (1987), oft mit verschleiernder Funktion (Schank 1989, 132ff.) und bei unangenehmen Erfahrungen (Bredel 1999, 132f.).

3 In der gesprochenen Version sagt jemand *was zu essen*, in der geschriebenen Version lautet es dann „Kuchen und Plätzchen" (Tophinke 2000, 18).

8.4.2. Bildlichkeit, Metaphern

Alltagssprecher stellen die Wirklichkeit konkret dar, auch wenn sie von abstrakten Gedanken sprechen. In Text 1 wird ‚Flirten' konkretisiert als *zublinzeln*; in Text 3 das kommunistische Ehekonzept in einer Massenhochzeit. Je detailreicher eine Darstellung wird, umso weniger kann sich der Hörer dem Nachvollzug in der Phantasie entziehen, desto mehr wird er/sie vom Thema gefesselt. Bilder bleiben länger im Gedächtnis als abstrakte Beschreibungen und beziehen die Hörer stärker in das geschilderte Geschehen ein.[4]

Beim spontanen Sprechen greifen wir oft auf Metaphern zurück.[5] Folgende metaphorische und metonymische Umschreibungen für Personen, ihre Eigenschaften und Handlungen kommen in den hier zitierten Textausschnitten vor: *tranfunzlige (alte frau); seinen speck kleiden; schnalle* (= ‚Mädchen'); *wildsau, drecksau; jemanden fertig machen; jemandem den marsch blasen; sich zusammenreißen; gespalten sein; es wackelt halt; schwach sein, vom stuhl fallen; eine entlastung erfahren.*[6] Metaphern sind besonders wichtig bei Erklärungen von Experten und in Therapiegesprächen.[7]

Wie in geschriebenen Texten werden auch beim Sprechen Metaphern weiterentwickelt. In einer Podiumsdiskussion über Umweltprobleme kam der Vergleich der Welt mit einem *großen kuchen* auf, der ungerecht verteilt sei:

> wir ham den einen großen kuchen und sind gewohnt als europäer die großen stücke unter uns zu verteilen zu konsumieren mit individueller freiheit zu genießen und die kleinen stücke lassen wir übrig (-) n paar krümel auch noch (-) wir ham versucht dieses modell zu erhalten indem wer immer neue und größre kuchen gebacken ham (-) sin immer mehr mitesser da die immer dringender auf anteilig große stücke drängen und die zutaten die ressourcen wern immer weniger das heißt unsere mitmenschen in den erdregionen die also keinen zugang zu den großen stücken ham (-) werden zunehmend rebellischer und unsere zukünftigen generationen ham überhaupt keine changs mehr einen kuchen zu essen ja vielleicht ham wir nich mal ne changs brot zu essen
> (Spiegel 1996, 105.).

[4] Schon die antike Rhetorik rät zur Anschaulichkeit (Aristoteles, Rhetorik, 1417b); in der Alltagsrede: Zimmermann (1965, 64ff.); Tannen (1989, 26f., 135ff.); vgl. auch 10.5.: Illustrieren, typisierendes Zitat.

[5] Nach einer Auszählung produziert man pro Minute durchschnittlich 1,8 neue und 4,08 verblasste Metaphern (Gibbs 1994, 123).

[6] Vgl. die Metaphern für ‚Kopf', ‚Kind(er)', ‚etwas verstehen' bei Hartmann (2000, 34ff.); für ‚betrügen' und ‚sterben' bei Hartmann (demn.); für gruppenspezifische Verhaltensweisen bei Hausendorf (2000, 388ff.).

[7] Hartog (1996, 217ff.); Roderburg (1998); Brünner (1999, 30ff.); Burger (2001, 322ff.).

Am Anfang steht das Bild des ungleichmäßig verteilten Kuchens: Die Europäer bekommen (*konsumieren, genießen*) die *großen stücke*; den Ländern der Dritten Welt bleiben nur *n paar krümel*, die die Europäer *übriglassen*. Dann kommt das neue Bild des Kuchenbackens (= Industrialisierung) auf (*immer neue und größre kuchen*). Die Zunahme der Weltbevölkerung (*immer mehr mitesser*) führt wieder zur Metapher ‚Welt = Kuchen' zurück; aber auch das Bild vom Kuchenbacken bleibt präsent (*die zutaten*) und wird mit der ersten Kuchenmetapher verbunden: *die* [...] *keinen zugang zu den großen stücken ham*. Zum Schluss wird die Metapher rekonkretisiert als Beispiel für Nahrungsaufnahme. Der Textausschnitt zeigt, wie Bilder eine Macht für das weitere Formulieren haben. Sie bieten Ansatzpunkte, um neue Analogien auszuprobieren.

Neben Metaphernausbau gibt es das Verfahren der Metaphernreihung: Eine Metapher führt zu einer weiteren aus einem anderen Sachbereich (ein Schlichter sagt):

> wir wissen doch (-) wo was: (-) hergesagt wird wird was hingsagt sagt man in pfarrheim (-) äh: m: wahrscheinlich hat jeder so e bissl an dem ding gedreht, (-) bis es so richdich ESkaliert ist (-) und dann also hier (-) auf diesem (-) äh auf diese (-) höhe <<all>möcht ich mal sage> auf diese spitze des eisbergs gekommen ist. („schnellredner").

In der Ausgangsformulierung wird der Begriff ‚Eskalation' mit einem ersten Bild aus der Technik (*an dem ding gedreht*) veranschaulicht. Dann versucht es der Sprecher mit dem Begriff selbst, der die Raumdimension ‚vertikal' eröffnet und zu *höhe* und *spitze des eisbergs* führt, was aber etwas Anderes bedeutet (‚nur ein kleiner Teil von schlimmen Dingen ist erkennbar').

8.4.3. Wertung, Intensivierung

Gesprochenes ist viel stärker als Geschriebenes durchsetzt mit stark wertenden, übertreibenden, dramatisierenden lexikalischen Wörtern und Wendungen. Sprachliche Formen dafür sind (van Os 1989):

- Zahlwörter: *tausend wehwehle, vor hundert johr mol* (Text 1, 10, 40); *dieser erweiterte familienbegriff* [mit] *cousinen siebenundneunzigsten grades* (Lucius-Hoene/Deppermann 2002, 221);
- intensivierende Präfixe (vgl. 8.2.; *riesen-knatsch, wunder-schön, sau-gut*);
- explizit wertende Adjektive (*blödsinnig, eklig*) und Substantive (*schwachsinn, quatsch*);
- konnotativ wertende Wörter (Sandhöfer-Sixel 1988, 142ff., 157ff.);
- Phraseologismen wie *der hammer sein, gut drauf sein* (ebd., 191ff., 238ff.; van Os 1989, 118ff. für ‚lachen', ‚sich freuen'; Hartmann 1999);

- Gradpartikeln: *ein total neues auto*;
- Allquantoren: *jeder, keiner, immer, nie*;[8]
- Tierbezeichnungen als Emphaseträger (*saublöd, hundemüde, mausetot, tigern, bärenhunger*; Sornig 1990, 93).[9]

In argumentativen Gesprächen dient Hyperbolik dazu, die Verfehlungen des Gegners zu vergrößern und eigene Handlungen abzuschwächen (Pomerantz 1986). Durch übertreibendes Ad-absurdum-Führen des Standpunkts des Gegners wird dieser untergraben (eine alemannische Sprecherin argumentiert gegen die Meinung, eine gute Ausleuchtung von Bushaltestellen reiche zur Sicherheit von Frauen aus):

> des saget halt immer die MÄnner, s isch halt wunderbar AUSgleuchtet, da kann überhaupt GAR nix passiere, dann brÄUcht ma nur die GANze stadt AUSleuchte, un kein verbreche würd meh pasSIEre; (Christmann 1993, 8f.).

Durch die Extremformulierungen bekommt die Rede der Sprecherin mehr Dramatik. Bei der Darstellung der Gegenposition (*wunderbar ausgeleuchtet*) kippt die Übertreibung um in Ironie.[10]

In Konfliktgesprächen verwenden Positionsgegner Übertreibungen von Sachverhaltsdarstellungen, um die Notwendigkeit ihrer eigenen Lösungen dringlicher zu machen und um den Gegner anzugreifen:[11]

> wir ham mittlerweile überhaupt kein system mehr für die haushaltskasse (--) du holst nur andauernd vom konto geld, (-) und das konto geht immer weiter in die miesen. (-) des is es einzige prinzip des herrscht (Spiegel 1995, 164).

In narrativen Texten haben Übertreibungen den Effekt, Perspektiven des Erzählers auszudrücken (*ein ganz irrsinnig wilder typ*; Kallmeyer 1981, 418), zur Detaillierung beizutragen und dadurch die Geschichte lebendiger zu gestalten.

---

8 Von 15 mündlich geäußerten Allquantoren vor einem US-amerikanischen Senatskomitee wurden im Druck nur zwei übernommen (Labov/Labov 1986, 229).

9 Beim Schreiben würden solche Intensivierungen durch weniger stark wertende Adjektive (*groß*) und geläufige Gradpartikeln (*sehr*) ausgedrückt (Hartmann 1994, 201).

10 Nothdurft (1993, 69f.) gibt einen Ausschnitt aus einem Schlichtungsgespräch wieder, in dem ein Sprecher den übertreibenden Vorwurf seines Gegners, er sei *jeden abend besoffen*, ins Phantastisch-Absurde weiterführt: *da darf isch ja gar keine TANKwaje fahre* [...] *nä da trink isch noch das ganze öl aus* (vgl. auch Nothdurft 1996, 410); zu übertreibender Selbstbezichtigung und Aufforderung vgl. W. Hartung (1996, 158, 122). Das umgekehrte Verfahren ist das der Bagatellisierung (Rehbein 1989, 284ff.).

11 Vgl. W. Hartung (1996, 157ff.); Keim (1996, 223f., 228); Nothdurft (1996, 410).

8.4.4. Lebenspraktische Lexikalisierung

Im Unterschied zu den hochspezifizierten Begriffsdefinitionen in den Wissenschaften und Institutionen halten sich Alltagssprecher an die lebenspraktisch notwendige Bedeutungsdifferenzierung. Nur diejenigen Objekte, Prozesse, sozialen Gruppen usw. werden lexikalisch kategorisiert und dadurch intersubjektiv bedeutsam gemacht, die für eine Sprachgemeinschaft auch ‚Bedeutung' im Sinne von Relevanz haben (Steger 1991, 87ff.). Objekte der erfahrbaren Welt werden auf einer mittleren Abstraktionsstufe (basic level categories der Prototypensemantik) begrifflich gefasst. Es sind Objekte, die für eine Gesellschaft wichtig sind, die Kinder früh kennenlernen und deren sprachlicher Ausdruck ein- oder wenigsilbig sind.

8.4.5. Durchschaubarkeit

Alltagssprecher gehen oft von der Annahme aus, dass die Lautgestalt eines Wortes auf ihre Bedeutung hin durchsichtig sei oder in sich schon eine Bedeutung trage (so die physei-Theorie in Platons Dialog *Kratylos* 383bff.). Daher die vielen sog. Volksetymologien (*Hängematte, Felleisen*), der interpretierende Umgang mit Namen (*Blasius*, Patron der Bläser; *Valentin*, Patron der Epileptiker: *fall-net-hin*) oder gefühlsmäßige Deutungen von Lautgestalten (die Währungsbezeichnung *Ecu* klang 1995 deutschen Finanzpolitikern nicht „hart genug").

8.5. Sequenzieller und interaktiver Bedeutungsaufbau

Wortbedeutungen sind beim Sprechen immer in situative und textliche Kontexte eingebunden, die ihren spezifischen Sinn definieren.[12] Oft baut sich die Bedeutung eines Wortes in zunehmender monologischer oder dialogischer Präzisierung auf (Forschungsüberblick: Deppermann 2002). Eine zuerst vage eingeführte Vorstellung heftet sich an ein Wort, das im Verlauf weiterer Ausführungen zunehmend an semantischer Schärfe gewinnt und zu einem „Schlüsselwort" für den zu besprechenden Weltausschnitt wird.[13] Begriffswörter ohne Bedarf an Bedeutungsdifferenzierung werden dagegen umstandslos wiederholt; sie unterliegen weniger als beim Schreiben dem Gebot der stilistischen Variation (vgl. 9.3; Koch/Oesterreicher 1990, 102f.).

---

[12] Zu den kognitiven Prinzipien des Wortverstehens im Kontext: Kindt (2002, 48ff.).

[13] Beispielanalysen für die Wörter *gefahr, racheakt, dioxin* bei Nothdurft (1996, 390ff.); für *dioxin* auch Spranz-Fogasy (1993); für *couch* bei Spiegel (1996a); für *freiheit* und *assi* bei Deppermann (2001, 61ff.; 2002a, 162ff.).

Sprachliche Verfahren der zunehmenden Präzisierung sind: Verwendung des Begriffs in einem neuen lexikalischen Kontext, Maßangaben, eine angedeutete Handlungsszene, „Portionierung" von komplexen Inhalten in ihre Teile (Kindt 1985, 130, 137ff.), weitere Wörter mit gemeinsamem Oberbegriff, Abgrenzungen zu bedeutungsähnlichen Wörtern, definierende Prädikativsätze, Komposita und Adjektivattribute (Günther 1993, 142, 148f.; Nothdurft 1996, 391ff.). Alle diese Verfahren können auch in schriftlichen Texten verwendet werden. Charakteristisch für das dialogische Sprechen sind dagegen interaktive Prozesse: jemanden aufzufordern, sich klarer auszudrücken, dem Sprecher bei der Bedeutungsexplizierung zu helfen, Rückfragen, Korrektur und Widersprechen, Überprüfung von Folgerungen aus dem Verstandenen, Aufdecken und Bearbeiten von Missverständnissen (Hinnenkamp 1998, 207ff., 252ff.; Kindt 2002, 46f.).

In kontroversen Gesprächen versuchen nachfolgende Sprecher, lexikalisches Material aus dem Beitrag ihres Gegners aufzugreifen und es in polemischer Absicht gegen den Opponenten zu kehren (Schwitalla 2002). Dabei können auch negative Konnotationen von Wortverbindungen hervorgehoben werden, die vom Gegner denotativ eingeführt wurden (Streitgespräch Nannen-Löwenthal, 1970, TB II, 245f.):

NA: ich habe herrn kindler deshalb gebeten nicht mit nach
bevilaqua an diesem abend zu fahren weil es bereits
dunkel war und ich herrn kindler erst am nächsten morgen
bei helligkeit mit den dingen konfrontieren wollte
LÖ: ja was wollten sie denn im dunkeln in bevilaqua

Oder es wird an einer wörtlichen Lesart einer Redewendung festgehalten (Vorwurf eines vernommenen Jugendlichen:)

JU: SIE kriegen dat bezAhlt dat sie hier sItzen.
ISCH krieg et aber net bezAhlt.
BE: dat wär ja NOCH schöner.
JU: JA. dAt wär SCHÖner. (-) ja für MISCH wär dat schöner.
(Vernehmung 1, 16).

Das kann auch zu Wortspielen ausgenutzt werden:

A: ich hab heut nämlich die letzte klauSUR ghabt.
B: Echt?
A: ja: stell dir vOr,
B: dann biste FERtig?
A: ja allerDINGS.
<<A und B lachen>> („prüfung")

Generell kann gesagt werden, dass sich in jedem Sprecherbeitrag eine Interpretation des vorangegangenen Beitrags zeigt. Da Begriffswörter von sich aus keine festumrissenen Bedeutungen haben, sondern individuell, sozial, funktiolektal, geschlechtsspezifisch usw. variieren können, ist es nicht verwunderlich, dass wir beim Sprechen je nach kommunikativen Bedürfnissen einzelne Bedeutungsaspekte fokussieren. Erst die Teilnahme anderer Sprecher an der begrifflichen Arbeit eröffnet auch eine Teilnahme an einer gemeinsamen Welt.[14]

8.6. Lexikalische Stile, Stilwechsel

Jede soziale Gemeinschaft bildet ein Repertoire lexikalischer Mittel aus, an dem sie erkennbar ist: Akademiker z.B. an ihrem Fachwortgebrauch, aggressive männliche Jugendliche an Drohformeln (*ich schlag dich tot*), Umweltschützer an ihren zentralen Begriffen (*öko, umwelt*; Sandig 1986, 258ff.). Soziale Stile werden durch (z.T. erfundene) Quasizitate gespiegelt, an denen bestimmte Gruppen erkennbar sein sollen (z.B. *das ist ja so wichtig; du das find ich jetzt nicht okay* für Ökos und Alternative; *gib mir ne zigarette* für bettelnde Jugendliche). Eng miteinander verflochtene Interaktionsgruppen verändern die Bedeutungen von allgemeinsprachlichen Wörtern, sodass Außenstehende diese nicht verstehen können (für eine Akademikergruppe: Steger 1964).

Derbheit als stilistischer Ausdruck für unterprivilegierte Schichten hat eine lange Tradition (*vulgär, Gossensprache*) und wird von den betroffenen Schichten als stigmatisierend erkannt. Im folgenden Ausschnitt (Keim 1995, 477) verbietet eine Mannheimerin aus der ärmsten Schicht eines Arbeiterviertels ihrer kleinen Tochter, die zu einem anderen Mädchen *dreggische hur* gesagt hatte, solche *wieschde werder* [wüsten Wörter] zu gebrauchen. Die Sprecherin tut dies paradoxerweise aber gerade im groben Stil der „wüsten Wörter“:

> <<f>hald die klabb schunsch kriggsch änni gschosse [halt die Klappe sonst kriegst du eine geschossen = geknallt] (--) ach gott erzähl ned de ganze mist jetz (-) un aa noch die wieschde werdder> (--) <len>deswege bleibsch mi m aasch donn aa immer dehääm (-) gehsch e mer do nimmer runner. [deswegen bleibst du mit dem Arsch dann auch immer daheim gehst du mir da nicht mehr hinunter] (--) do bringsch nämmisch [nämlich] die GANze werddder net nuff [hinauf in die Wohnung] die kennd vun mir die werddder net (Keim 1995, 477; ein ähnliches Beispiel bei Sandhöfer-Sixel 1988, 210).

Vertreter von Institutionen sprechen mit dem Vokabular und mit typischen Wendungen ihres Fachwissens (Klein 1995, 124f.; Spiegel 1997, 296ff.). Dies kann auf institutionsfremde Sprecher einen Anpassungsdruck ausüben, sich situationsadäquat auszudrücken, auch wenn Alltagslexik nicht stören würde. Ein Mann sagt in einer Schlichtungsverhandlung *geräuschentwicklung* statt

---

[14] Es ist ein zentraler Gedanke von Wilhelm v. Humboldt, dass sprachliche Äußerungen notwendig den Umweg über ein anderes sprechendes Subjekt nehmen müssen, damit gesellschaftlich geteilte Wortbedeutungen entstehen können (Gesammelte Schriften, Berlin, 1903ff., Bd. 4, 435).

einfach *lärm*; eine Frau reformuliert in einer genetischen Beratung *durcheinander gemacht werden* durch *verunsichert werden* (1405/4,372).

Kommunikativ bedeutsame Stilwechsel in der Rede fallen mehr noch als durch Lautung, Syntax und Prosodie durch Wörter auf, die in der Situation, in der gesprochen wird, nicht erwartet werden. Eine Studentin spricht in einer Therapie von ihrer Familie und sagt:

> ich hab ihrer familie die familie (-) wörner hab ich also dreckig gemacht ja meinen vaters unwürdig gehandelt und so (Kallmeyer 1981, 428f.).

Die Reformulierung von *dreckig machen* durch *unwürdig handeln* mit genitivischem Attribut springt für einen Augenblick von der Normallexik, in der *dreckig* üblich ist (auch die Therapeutin sagt: *als es dir dreckig ging*), in eine höhere soziale Welt sprachstilistischer Ansprüche, symbolisiert sie kurz, grenzt sie aber auch implizit vom eigenen Selbstverständnis ab.[15] Wenn dagegen ein Sozialamtsbeamter gegenüber einer Klientin in einer drohend-fordernden Sequenz die Redewendung *nägel mit köpfen machen* verwendet, schwächt dies (zusammen mit anderen Indikatoren: Heckenausdrücken, Partikeln) das drohende Moment ab (Selting 1989, 213). Wie in Stilwechseln durch Codeswitching (4.2.2.) und prosodischen Verweisen auf andere Sprecherquellen (5.7.) werden lexikalische und syntaktische Stilwechsel zur Selbst- und Fremddarstellung gebraucht; man zeigt Rollendistanz und Ungezwungenheit (Sandig 1986, 216).

---

[15] In einer ca. einstündigen Aufnahme eines Small-Talk-Gesprächs unter Mannheimer Jugendlichen (2703/15) wechseln diese für kurze Sequenzen immer wieder in andere soziale Bereiche: Sie sprechen wie Erwachsene: *füllisch is die doch ä bissl – ach was prächtig*; wie Werbetexte: *des entzieht der haut die feuschtischkeit*; wie eine arme Familie ihres Vororts: *mer hawwe iwwerhaupt kä geld, des sozialamt kummt erscht wiedda morge*; wie die Schlagzeile einer Boulevardzeitung: *mädche wird von acht type vergewaltigt*. Damit gehen z.T. phonetische und prosodische Wechsel einher.

8.7. Interaktionsmodalitäten

Unter „Interaktionsmodalität" versteht man die Geltungsweise von Redeteilen, mit der der Sprecher eine bestimmte Einstellung zum Gesagten ausdrückt, aber auch die Art der Interaktion definiert. Interaktionsmodalitäten haben weitreichende Folgen dafür, wie das Gesagte gemeint ist, welche Konsequenzen daraus gezogen werden dürfen, wie das Verhältnis zur Wirklichkeit „gerahmt" ist und wie man mit dem Kommunikationspartner umgeht. Prototypische Modalisierungen des Sprechens sind: ernst, pathetisch, fraglos sicher, ironisch, sarkastisch, scherzend, spielerisch, witzig, belustigt. Eine systematische theoretische Aufarbeitung gibt es noch nicht.

Ausgangspunkte der empirischen Beschreibung von Modalisierungen des Sprechens waren im deutschen Sprachbereich Aufsätze von Kallmeyer (1979a) zum emphatisch begeisterten Sprechen und von Müller (1983) zur komisch belustigten Darstellungsweise in einer Erzählung.[16] Inzwischen kommen immer mehr „Kandidaten" für Modalitäten hinzu und eine systematisierende Ordnung wird immer schwieriger.[17]

Am Ausdrucksrepertoire von Interaktionsmodalitäten sind grundsätzlich alle Ebenen der Sprache beteiligt. Müller (1983, 302ff.) nennt für ‚aufgelockerte Heiterkeit' beim Erzählen auf der artikulatorisch/lautlichen Ebene: Codeswitching und Lachpartikel, auf der Ebene der Stimmmodulation: Kontraste zwischen ‚beschwingt' und ‚ernst', auf der lexematisch/morphologischen Ebene: Intensivierungen (*stockdunkel, klammheimlich*) und Lautmalereien, auf der syntaktischen Ebene: Verkürzungen, auf der semantisch/pragmatischen Ebene: starke Bilder (*do hann isch do gestann wie vom schlach getroff*), auf der prosodischen Ebene: Pausen, schnelles und lautes Sprechen.

Das Problem solcher Zusammenstellungen ist, dass alle diese Eigenschaften auch in nicht als komisch modalisierten Erzählungen vorkommen können. In ironisch modulierten Erzählungen wird z.B. ebenfalls so gesprochen. Dabei verwenden Sprecher auch prosodische Übertreibungen, gespielte Tragik, scheinbare Perspektivenwechsel und Stimmimitationen (Schwitalla 1995, 32f., 37ff.; Kotthoff 1996a). Bei Darstellungen eigenen Leidens wurden spielerisch übertreibendes Lamentieren (Schmitt 1992, 194ff.), lachend gesprochene und übertreibende Gefühlsexpression für belustigte Selbstironie und im Gegensatz dazu verzögertes, betont ernstes Sprechen für wirklich schwerwiegende Krankheiten untersucht (Schwitalla 1995, 60ff., 79ff.). An einer längeren Sequenz ironischen Sprechens über einen Abwesenden hat M. Hartung

[16] Dem Begriff ‚Interaktionsmodalität' entspricht der Begriff ‚key' bzw. ‚keying' bei Goffman (1977, Kap. 3), vgl. Streeck (1994, 583).

[17] Zu Formen des scherzhaften Sprechens vgl. Kotthoff (1996a, Kap. 4).

(1996) das Zusammenwirken von Litotes, positivem Werten wider alle Erfahrung, Paradoxie und dem gemeinsamen Entwickeln eines phantastischen Bildes beschrieben. Obwohl man ironisch ohne Ironiesignale sprechen kann, geben Sprecher oft Hinweise auf das Unzutreffende eines wörtlichen Verständnisses durch übertreibende Formulierungen[18] und Prosodie.[19]

Trotz aller Schwierigkeiten kann man versuchen, an prototypischen Fällen von Modalisierungen einige Verfahren anzugeben. Für die Modalität ‚fraglose Sicherheit' haben Kallmeyer/Keim (1994a, 269f., 280) das Sprechen in einem Zug, nach „links" verschobenen Intonationsgipfel und fallende Fortführung, wenig expressive Stimme und die Tendenz zur Formelhaftigkeit ausgemacht.[20] Für pathetisches Sprechen ist die Kombination aus stilistisch hoher Lexik (*auf den flügeln der arbeiterbewegung*), langsamem, dicht und emphatisch akzentuiertem Sprechen und (für Dialektsprecher) Standardlautung charakteristisch (vgl. S. 51, Punkt 4).[21] Scherzhafte Angriffe (aggressive Frotzeleien) enthalten übertriebenen Gefühlsausdruck und Wirklichkeitsverzerrung, unnötige Wiederholungen, grobe Imageverletzungen ohne begleitende entsprechende emotionale Expression (Schütte 1987, 251ff.). Das alles sind Beschreibungen von Einzelfällen und insofern durch größere Korpora ergänzungsbedürftig.

Eine besondere Form scherzhaften Sprechens sind Sequenzen gemeinsamen Phantasierens, in deren Verlauf der Realitätsbezug ab-, das Phantastische zunimmt. Man spricht dann mit fremden Stimmen, oft begleitet von Varian-

---

[18] Z.B. durch Gradpartikel (*total aufgefressen*) und Allquantoren (*weiß immer alles besser; er pausierte ja NUR*). Zu weiteren lexikalisch-semantischen Ironiesignalen gehören Modalpartikeln, die geteiltes Wissen unterstellen (*ja, natürlich*), ungewöhnliche Bezeichnungen (*heirater* für ein Brautpaar), unangemessene Referenz (*wir*, wenn der Sprecher in Wirklichkeit nicht eingeschlossen ist), semantische Paradoxien (Beispiele teils aus M. Hartung 1996a; vgl. auch Löffler 1975, 127).

[19] Trotz intensiver Suche hat man kein typisch ironisches Prosodiecluster gefunden. Es werden aber wie in der Lexik (Hyperbolik) Abweichungen vom Normalen beim Tonhöhenspektrum, bei der (Dichte der) Akzentsetzung und bei Dehnungen ausgenützt (Bolinger 1986, 127, 157, 308; Uhmann 1996, 335f.). Eine erste Analyse ironischen Sprechens aufgrund authentischen Materials ist M. Hartung (1996a); dort werden insbesondere ironische Hörerkommentare untersucht. Vgl. auch Schubarth (2001) und Kotthoff (2002).

[20] Haiman (1990) führt für sarkastisches Sprechen in verschiedenen Sprachen an: Längung von Frikativen, emphatische Aspiration, verschlucktes Lachen, Nasalierung, lexikalische Distanzmarkierungen und Hyperformalität.

[21] Vgl. Schwitalla (1995, 494f.). Holly (1990, 198ff.) rechnet zum pathetischen Stil eines Politikers stilistisch hohe Lexik (z.T. biblisch: *frieden unter den menschen*), Erwähnung bedeutender Personen, geflügelte Worte; außerdem spricht der Politiker an einer solchen Stelle ohne Verschleifungen.

ten- und (parodistischen) Stilwechseln; man produziert Wortspiele, Neologismen, Metaphern, Ironie und Hyperbolik. Wie in der Literatur kann Tabuisiertes offen ausgesprochen werden. Auch typisch literarische Verfahren wie die semantische Überblendung eines Wirklichkeitsbereichs durch einen anderen oder Schilderungen aus einer Perspektive, die der Sprecher im Grunde ablehnt (Michail Bachtins (1979, 195ff.) „hybride Konstruktionen“), haben hier ihren Ort. Trotz des starken Lachens, das die phantastischen Vorstellungen begleitet, bearbeiten die Beteiligten damit Probleme ihrer Lebenswelt (wie übrigens auch mit Witzen; Streeck 1994; Kotthoff 1997). Wer solche sprachlichen Phantasiespiele analysiert, staunt über die plötzlich aufbrechende Fülle überraschender, witziger, manchmal aber auch erschreckender Bilder (Beispielanalysen bei Keim 1995, 241ff.; Schwitalla 1995, 467ff.; 1995b; Kotthoff 1996a und mehrere Aufsätze bei Kotthoff (Hg.) 1996b).

9. Formulierungsverfahren

9.1. Allgemeines

Unter den Bedingungen der Flüchtigkeit der Rede kann man nicht alles, was man sagen will, auf einmal sagen; aber zu jedem Zeitpunkt muss ein Sprecher so sprechen, dass alles, was im Augenblick wichtig ist, dem Hörer auch sprachlich präsent ist. Seit den 80er Jahren hat sich die Gesprochene-Sprache-Forschung immer mehr der Frage gewidmet, wie der Prozess der Formulierung zustandekommt.[1] „Formulieren" heißt nicht, dass für einen fertigen Gedanken eine passende sprachliche Form gefunden wird, sondern meint die schöpferischen Bemühungen (Antos 1982, 100ff.), im Verlauf des Sprechens Ausdrucksstrukturen zu finden, die dem, was man (eigentlich) sagen will, angemessen sind. Auch der „Inhalt" ist zu Beginn des Sprechens nicht immer völlig durchdacht, sondern wird erst im Verlauf der Formulierungsanstrengungen präzisiert.[2]

Formulierungsaktivitäten beziehen sich sowohl auf die Frage, wie neue Inhalte ausgedrückt werden (die prospektiv gerichtete Seite des Formulierens), wie auch auf die Frage, wie schon Gesagtes noch einmal bearbeitet wird (das Reformulieren mit seinen Unterarten: Wiederholen, Paraphrasieren, Korrigieren, Resümieren; vgl. Gülich 1994, 79; Gülich/Kotschi 1996, 39f.).[3] Auf der Äußerungsoberfläche unterscheidet sich das Sprechen vom Schreiben durch nichts so sehr wie durch den Paraphrasecharakter des schrittweisen Formulierens.

Ein klares Bild dieser Verfahren ist noch nicht in Sicht, sowohl was die Abgrenzung der prototypischen Reformulierungsverfahren untereinander (Wiederholung, Paraphrase, Korrektur) wie auch was die Abgrenzung zu anderen Verfahren der zeitlich linearen Vertextung kognitiver Inhalte betrifft (Exemplifizieren, Verdeutlichen, Erläutern, Illustrieren, Abschweifen, Einschieben,

---

[1] Antos (1982); Gülich/Kotschi (1987); (1996); Bührig (1996); Überblick: Kotschi (2001); Forschungsüberblick: Hossbach (1997, 19ff.).

[2] Mit dem Begriff des Formulierens als einer sprachlichen Tätigkeit, die auf die Organisation der Rede selbst gerichtet ist, ergibt sich (einmal mehr) die Notwendigkeit, den Begriff der Illokution nicht als den für sprachliche Handlungen zentralen anzusehen (Antos 1982, 105ff.; Gülich/Kotschi 1987, 203f.).

[3] Gülich/Kotschi (1996, 60f.) nennen noch das Distanzieren, womit ein Sprecher ein Urteil über das zuvor Gesagte abgibt, eingeleitet durch: *in der tat, jedenfalls, in wirklichkeit, letztendlich, im grunde genommen* usw. (= starke Distanzierung); vgl. auch die Typologie nicht-paraphrastischer Reformulierungen bei Hossbach (1997, 107ff.).

Kommentieren, Ergänzen u.a.).[4] Beim Ankündigen und Zusammenfassen stellt sich zusätzlich das Problem, dass die Äußerungsstrecken, die sie umfassen, unterschiedlich weit sind.

Unter ‚Formulierungsverfahren' (Gülich/Kotschi 1996: „Textherstellungsverfahren") verstehe ich hier alle diejenigen Äußerungsprozeduren, die ein Sprecher „ausprobiert" oder die ihm auch zur Hand sind, um Wissensinhalte in eine verstehbare sprachliche (nicht nur syntaktische) Form zu bringen.[5] Sie können vom Sprecher wie vom Hörer initiiert sein. Einige Phänomene des Sprechens, die in 7.4. schon behandelt wurden, kommen nun unter dem Aspekt der Hervorbringung neu in den Blick. Zuerst sollen die vorausweisenden, dann die bearbeitenden Verfahren besprochen werden.

9.2. Ankündigen

Wer sich anschickt, etwas Neues zu sagen, muss nicht nur vorher seine Gedanken ordnen, was mehr Zeit in Anspruch nimmt, als eine Informationseinheit innerhalb einer schon eröffneten thematischen Reihe auszusprechen; er/sie muss dem Adressaten auch einen vorausdeutenden Hinweis darauf geben, was inhaltlich und/oder kommunikativ folgt. Harvey Sacks (1971) hat als Erster gezeigt, wie eine Erzählung im Rahmen einer Unterhaltung zuerst interaktiv abgesichert sein muss, um überhaupt begonnen werden zu können. Der Erzählwillige bietet die Erzählung an, indem er/sie etwas Erzählenswertes andeutet. Die Rezipienten erfahren aus der Ankündigung, was für eine Art von Erzählung beabsichtigt ist, worauf sie hinausläuft oder welches die Wertungsgesichtspunkte sind:

> oh ich hab gestern mitta:g (...) hab ich n goldiges erlebnis im gschäft ghabt. (2742/4)
> ich hab also mit denen n riesenknatsch gehabt (2742/5,1,14).

Allgemein lassen sich Aktivitätsankündigungen als sog. vorgreifende Verdeutlichungen (Kallmeyer 1978, 229) fassen, in denen die Art des Hand-

4 Vgl. die Liste der textorganisierenden Verben bei Antos (1982, 63). Alle diese Verfahren kann man in einem weiten Sinne auch als Formulierungsverfahren betrachten. Bei einigen stellt sich das Problem der Abgrenzung zu den gleichnamigen komplexeren Textsorten (Illustrieren als Formulierungsverfahren und als Textsorte; Schwitalla 1991). Bührig (1996, 175ff.) behandelt Erläutern als Formulierungsverfahren und grenzt es vom Umformulieren (Paraphrasieren) ab.

5 Obwohl es schwer ist, Inhalt und sprachlichen Ausdruck nicht in der Behälter-Metapher zu denken, muss darauf hingewiesen werden, dass jede Ausdrucksänderung eine Bedeutungsänderung mit sich bringt, wenn sie auch noch so minimal ist. Worauf es in diesem Kapitel ankommt, ist die Einsicht, dass sich bei allen Formulierungsverfahren mit den geänderten Formulierungen (= wie man etwas sagt) auch die Inhalte (= was man sagt) ändern.

lungsschemas metakommunikativ festgelegt wird. Je nach Situation und Absicht heben die Sprecher einzelne Elemente hervor oder bauen die Ankündigung aus. In der folgenden langen Erzählankündigung zu Text 5 werden nicht nur die Orte zweier Erlebnisse mitgeteilt, sondern auch der Charakter und das Ziel der Erzählung:

> und eh zwei: eh sachen, eh eh die ich erlebt habe, EINmal in UNserem hotel, und die andere sache war auf der HINfahrt ZUM urlaubsort. .hhh und eh <<all>da hab ich was erLEBT und auch DURCHgefochten, was ich von mIr aus NIE:: also noch NIE im leben eh fertichgebracht <<acc>hätte oder mir ZUgetraut hätte so was überhaupt zu machen,>> eh dass selbst mein mann gesacht hat mama was is n mit DIR los; [...] ich bin über mir SELber hinausgewachsen. (2742/11,2).

Hinweise auf Aspekte beabsichtigter Aktivitäten gibt es auch für kleinere Einheiten. Neue Themen (*ich wollte noch einmal auf ... zurückkommen*; TB I, 66) und Illokutionen (*jetzt hab ich zunächst mal ... die frage an sie*; TB III, 125) werden metakommunikativ angekündigt (Rehbein 1981, 236ff.). Selbst relativ kleinteilige Aktivitätstypen wie Wertungen, Einräumungen, Zustimmungen und Widersprüche können zuerst in einem Wort wie in einem Kern zusammengefasst und dann erst satzförmig ausgeführt werden (7.7.4.).

Dialogische Sprechhandlungen mit einer initiierenden Kraft (Henne/Rehbock 1982, 205ff.) entwerfen erwartete mögliche Anschlusshandlungen des Gesprächspartners: Ein Gruß lässt einen Gegengruß erwarten, eine Frage eine Antwort, ein Kompliment einen Dank oder ein Herabspielen und ein Vorwurf noch mehr Anschlusshandlungen, von denen der erste Sprecher einige präferiert (Eingeständnis, Entschuldigung), andere nicht (Gegenvorwurf, Bestreiten der Vorwurfsberechtigung). Sprechakte mit initiativem Potenzial enthalten für einen zweiten Sprecher eine „konditionelle Relevanz" für eine erwartbare rückbezügliche Handlung; sie sind ein zentrales Forschungsthema der Conversational Analysis („adjacency pairs": Schegloff/Sacks 1973; „conditional relevance": Sacks u.a. 1974).

Sprechakte wie Einladungen, Verabredungen, Bitten, Absagen und gesichtsbedrohende Fragen werden vorsichtshalber mit einer vorausgeschickten Äußerung vorbereitet, aus der der Adressat die beabsichtigte Sprechhandlung schon ahnen kann. Er/sie wird sozusagen auf etwas vorbereitet, was ihm/ihr abverlangt wird, und der Initiierende zeigt mit den vorgeschalteten Aktivitäten, dass er/sie nicht „mit der Türe ins Haus fallen" will (Hopper 1992, 156ff.). Äußerungen wie: *darf ich dich mal was fragen? hast du heute abend etwas vor?* lassen eine Bitte bzw. einen Vorschlag zu einem Treffen erwarten (Schegloff 1980). Adressaten können dann solche Antworten geben, aus denen der Initiierende schließen kann, dass er/sie sich einen Korb holen wird. Im folgenden Beispiel erkundigt sich ein Anrufer, ob die Angerufene Zeit zu einem Treffen hat:

ER: ja:: (-) das heißt du bist auch des ganze wochenende
(-) mehr oder weniger, (2,2)
SIE: JA: also: (-) mh ich hab schon immer was zu tun
ich muss <len>wir TREffen uns halt jetzt nächsten
mittwoch wieder bis dahin muss ich halt mal was
geSCHRIEben ham; ne?> (-) das is so des problem ne?
u:n: da ich da wie gesagt sehr lustlos (-) äh (-)
geSPALten DRANgeh und sehr lustlos irgendwo (-) äh (-)
wackelts halt. („kino").

Aus den sehr verzögert gesprochenen Informationen, dass die Angerufene viel zu tun habe, kann der Anrufer schließen, dass er wenig Chancen für ein Treffen hat. Beide Sprecher formulieren stockend, um das Gesicht des/der Anderen zu wahren (Abbrüche, stille und gefüllte Pausen, Dehnungen; vgl. 7.4.5.).

Komplexe kognitive Inhalte kann ein Sprecher in einzelne Punkte zerlegen und mit Zahlwörtern (und Zählgesten) angekündigen: *dass also für mein gefühl zwei probleme anstehen* (Text 11, 2). Dadurch wird dem Hörer nebenbei zu verstehen gegeben, dass der Sprecher bis zur Durchführung dieser Punkte das Rederecht beansprucht.

9.3. Schemata der Informationsorganisation

Für zielgerichtete kommunikative Aufgaben sind die Portionierungen der Einzelinformationen meist von der Problemlage vorgegeben; in Unterhaltungssituationen können sich Sprecher mehr ihren assoziativen Einfällen überlassen. Wegauskünfte werden als zeitlich-räumlich verbundene Stationen von Ausgangsort (= hier-Origo) zum Ziel organisiert. Selbst Beschreibungen von räumlichen Situationen und Gegenständen folgen einer Zeitlinie des schrittweisen Erhellens einzelner Partien. Narrative Einheiten nehmen ihren Ausgangspunkt von Personen, ihren Handlungen und führen zu den Zielen dieser Handlungen. Mitteilungen von kulturell fundierten Ereignisfolgen (Einkauf, Restaurantbesuch) orientieren sich an sog. Scripts, die bestimmte Rollen, rollengebundene Handlungen und Ziele umfassen (Chafe 1987, 29).

Immer wieder sind in spontaner Rede die Abfolgen von zunächst allgemein und vage formulierten Thematisierungen zu beobachten, die dann im weiteren Verlauf in Einzelheiten aufgefächert werden (Chafe 1987, 41ff.; Foppa 1990, 186f.), z.B.:

allgemeine Situation → Objekt im Fokus
abstrakter Begriff → Beispiel
Ganzes → Teil

Verlauf → einzelne Schritte
Person → einzelne Handlungen
Objekt → Eigenschaft[6]

Ähnlich steht es mit der Abfolge zuerst wertender Äußerungen, die dann beschreibend oder argumentativ in Einzelheiten dargelegt werden: *aber es is halt so ätzend ...; es is halt total schwierig ...*; (vgl. Text 3: *ich finde es schrecklich wenn ...*).

9.4. Antithese

Für argumentative Aktivitäten bietet es sich an, Inhalte in einer Opposition zu strukturieren. In Diskussionen finden Teilnehmer Meinungen schon vor, an denen sie sich ausrichten können. Einer Präferenz für Zustimmung folgend (Pomerantz 1984), beziehen sich Diskutierende, die eine gegenteilige Überzeugung vorbringen, zunächst (oft positiv wertend) auf eine andere Meinung, bevor sie, mit *aber* eingeleitet, ihren eigenen Standpunkt formulieren. Sprachliche Strukturmuster für die Einleitungen solcher alternativer Positionen sind zweiteilige Konjunktionen wie *zwar – aber, klar – aber, sicher – aber*:

> ich mein (-) klar irgendwie kann ich dich da schon verSTEHN,
> aber (--) <<p>ich hab halt> (-) mit dieser nachricht net unbedingt gerechnet. (Kallmeyer/Schmitt 1993, 57).

In monologischer Rede werden mit *einerseits – andererseits, sowohl – als auch* und anderen Konjunktionen (*obwohl*) Oppositionsbildungen hergestellt. Dialogisch wie monologisch begnügen sich Sprecher auch mit der bloßen Markierung des eigenen Standpunkts durch *aber, aber sonst, nur, halt*.

9.5. Formelhaftes Sprechen

Kritiker der gesprochenen Sprache halten diese für stereotyp, formelhaft und vorgestanzt. Gewiss greifen wir zur Durchführung bestimmter Sprechakte auf gesellschaftlich vorgefertigte Formeln zurück (Begrüßungen, Verabschiedungen, Sich-Entschuldigen usw.; Werlen 1984). Aber Gesprochenes ist insgesamt nicht formelhafter als manche geschriebenen Textsorten auch (Politiker-, Festreden, offizielle Mitteilungen, Urteilsbegründungen, Zeugnisse, Anzeigentexte).[7]

---

[6] Das ist der Typ „Elaboration“, einer von 15 Typen semantisch-logischer Textprogression bei Mann/Thompson (1986, 63f.).

[7] Bestimmte Routinesituationen wie die morgendliche Pflege in Altersheimen fördern Formelhaftigkeit; aber auch hier haben sie ihre Funktionen (Sachweh 1999, 120ff.).

Coulmas (1981, 53ff.) schlägt folgende Kategorien vor (vgl. auch Burger u.a. 1982, 30f.):

1. Redewendungen (syntaktisch unvollständig, übertragene Bedeutung): *jemanden aufs glatteis führen; einen strich drunter machen* (Sandhöfer-Sixel 1988, 191ff.);
2. Sprichwörter (satzförmig, übertragene Bedeutung, Kondensierung kulturellen Wissens): *wes brot ich ess, des lied ich sing; gleich und gleich gesellt sich gern*;
3. Gemeinplätze (satzförmig, Truismen, Tautologien): *wir sind alle nur menschen; was zuviel ist, ist zuviel*;
4. Routineformeln für bestimmte Sprechakte und dialogische Aktivitäten: *guten tag; darf ich vorstellen? wie bitte? hörst du mir überhaupt zu?*

Aus ethnografischen Forschungen geht hervor, dass, je traditionaler eine Kultur ist, um so häufiger auf einen Schatz an Sprichwörtern zurückgegriffen wird, mit denen Einzelfälle des täglichen Lebens unter allgemeine Gesetze subsumiert werden. Sprichwörter haben in weiten Teilen unserer Gesellschaft ausgedient, allseits akzeptierte Wahrheiten und Normen festzuklopfen (Burger u.a. 1982, 136). Viel häufiger werden sie zu witzigen Verdrehungen verwendet: *kommt zeit, kommt unrat; wer die moral hat, hat die qual* (Beckmann/König 1993, 182). Das gilt auch für geflügelte Worte (*wer nie sein brot im bette aß, weiß nicht, wie krümel pieksen*) und Sprüche.[8] In bäuerlichen und Arbeitermilieus werden Sprichwörter, Maximen und Gemeinplätze dagegen durchaus zu konsensstiftenden Zwecken formuliert.[9]

Routineformeln haben sehr viele Funktionen für die Herstellung, Durchführung und Beendigung von Gesprächen. Ich zähle einige auf (vgl. Coulmas 1981, 70ff.):

- Begrüßungs- und Verabschiedungsformeln (Werlen 1984, 230ff.);
- phatische Kommunikation (*schönes wetter heute*);
- Anfangs- und Endformeln für Redebeiträge und Äußerungseinheiten (Anfang: *meiner meinung nach; soweit ich weiß; ob du's glaubst oder nicht; wenn ich dazu etwas sagen darf;* Ende: *weißt du?, so ist das*);

---

[8] Ein Gesprächsausschnitt einer Studentengruppe (Zulassungsarbeit von Marita Roth, Würzburg 1996) enthält eine ganze Folge von abgewandelten Sprüchen. Ausgehend von der paradoxen Absichtserklärung, für einen späteren Beruf in Portugal spanisch zu lernen, werden im Verlauf gemeinsamer Sprachspiele Redewendungen und Sprichwörter mit geographischen und Ländernamen verändert: *das kommt mir portugiesisch vor* → *das sin nämlich alles portugiesische dörfer* → *lass ma die kirche in portugal* → *das ist wie schwalben* [!] *nach portugal tragen* → *aber alle wege führen nach portugal.*

[9] Coulmas (1981, 61); Keim (1995, 407ff.), vgl. das Beispiel S. 181: *die bringts*; Schwitalla (1995, 509ff.).

- Bekräftigungsformeln (*ich bleibe dabei; tut mir schrecklich leid*; Werlen 1984, 349ff.; Stein 1995, 172ff.);
- Formeln für bestimmte Sprechakte: Sich-Entschuldigen (*entschuldigung*), Widersprechen (*tut mir leid*), Ratifizieren (*macht nix*); Danken, Bitten, Loben, Drohen usw. (Burger u.a. 1982, 110ff.).

Vertreter von Institutionen bedienen sich formelhafter amtssprachlicher Ausdrücke, um ihre offizielle Rolle, z.T. auch ihre institutionelle Macht zu dokumentieren (*hiermit eröffne ich die sitzung*; Klein 1995, 122ff.). Die Sprecher greifen dabei nur an einzelnen Stellen, nicht für längere Redeabschnitte, auf vorgefertigte Formulierungen zurück (Lüger 1980, 26). Und selbst wenn wie in Gottesdiensten der Wortlaut vorgeschrieben ist, hat der Durchführende einen gewissen Spielraum der individuellen Gestaltung (Werlen 1984, 88, 149ff.).

In sozial unterschiedlichen Gruppen dienen die einzelnen Formeltypen zu ganz unterschiedlichen kommunikativen Zwecken. In der tonangebenden Schicht eines Vororts von Mannheim spielen Sprichwörter keine Rolle; Redewendungen (*in die brüche gehen; ins schwarze treffen; in einem abwasch*) werden dagegen häufig gebraucht, am häufigsten zum Ausdruck von Wertungen, Gefühlen und Beziehungen (*mich hats schier umgehauen; s hängt mir zum halse raus; du bist ja n schatz*; Schwitalla 1995, 257ff.). In einer Frauengruppe der Arbeiterschicht von Mannheim dienen unterschiedliche Formeltypen zur Referenz auf bestimmte Personen und ihre Charakterisierung, zu Handlungsmaximen und Typisierungen für Situationen und Sachverhalte (Keim 1995, 391ff.), zum sozialen Ausschluss u.a. Viele Formeln sind hier spezifisch gruppensprachlich.[10] Allgemeine sprachliche Kennzeichen solcher Charakterisierungsformen sind Zuspitzung auf ein sprechendes Detail, Verkürzung, Entindexikalisierung und eine besondere prosodische Form (ebd., 261ff.).

9.6. Wiederholung

Keine Art des Reformulierens geschieht so häufig (und wurde so häufig untersucht) wie das Wiederholen.[11] In Kap. 7.4.2. wurden Wiederholungen nach ihren produktionsspezifischen Bedingungen betrachtet: als schubweises For-

[10] Aus einer Erzählung über das Verhalten einer Frau zu ihrem Mann in einem Gasthaus, die in dem wörtlichen Zitat gipfelte: *DU kriggsch eier mit schinke*, hatte sich im Laufe der Zeit durch verkürzende Wiederholungen die Charakterisierungsformel *er kriggt schinke mit nudle, sie frisst zwee steaks* ergeben (Kallmeyer/Keim 1994a, 282ff.).

[11] Gülich/Kotschi (1996): „Rephrasieren"; vgl. Bazanella (Hg.) (1996) und die im Folgenden zitierte Literatur.

mulieren, in überlappender Rede und nach einer Parenthese. Wiederholungen von Wörtern, die semantisch nah am besprochenen Thema liegen, garantieren den inhaltlichen Zusammenhang auch über längere Strecken; sie haben also wie Paraphrasen die Funktion, Gesprochenes thematisch kohärent zu machen. In Transkripten längerer Äußerungsfolgen kann man beobachten, dass themengebundene Stichwörter zusätzlich zu semantisch verwandten Wörtern auf gleicher oder höherer Abstraktionsstufe immer wieder produziert werden (Bublitz 1996, 18ff.).[12] Im Folgenden werden die wichtigsten Funktionen dargestellt:

1. Bekräftigung

Wiederholungen von Wörtern und von Äußerungseinheiten dienen der Bekräftigung; sie können wörtlich gleich, leicht verändert, chiastisch umgestellt usw. sein;[13] im folgenden Beispiel kommen Akzente, größere Lautstärke und ein Tonsprung nach oben als prosodische Unterstützung hinzu:

> die ärzte tun WIRKklich ALles;
> <<f>↑die TUN ALlEs?
> TUN ALles.>

Mit wörtlicher Wiederholung eigener Redeteile kann man seiner Überzeugung einen verstärkenden Ausdruck geben und, bei angemeldetem Zweifel, mit Beteuerungsformeln noch unterstützen, so in einer Bundestagsrede eines SPD-Abgeordneten:

> dass sie bewusst in ihrm antrag über das notwendige mein ich im augenblick als auch über das mögliche
> [Unruhe bei der CDU/CSU]
> jawoll als auch über das mögliche hinausgehen
> (Heinze 1979, 289).

Auch variierende Wiederholungen mehrerer eigener Äußerungsteile, das „Herumreiten" auf dem eigenen Standpunkt dient dazu, sich von Pressionen anderer abzuschirmen und hartnäckig das eigene Anliegen zu intensivieren (Keim 1996, 237ff.). Ein Jugendlicher sagt bei einer Vernehmung:

---

[12] Gülich/Kotschi (1996, 58ff.) teilen Wiederholungen je nach dem Grad der Änderung des sprachlichen Materials (Rephrasierungen) in wörtliche und nicht-wörtliche ein und beide noch einmal in totale und partielle.

[12] Blanche-Benveniste u.a. (1979; 1991, 177ff.); van Os (1989, 106ff.); Drescher (demn., 6.3.).

		dann möscht isch mein anwalt jetz ma anrufen			
da hab isch mein rescht					
isch					
habe	mein rescht		mein anwalt		anzurufen
jetz		möscht isch	den	gerne	anrufen
jetz auf die stelle		möscht isch			
		isch			
möscht		ihn		gerne	anrufen

(Vernehmung 1, 20).

Dialektsprecher, die auch das Standarddeutsch beherrschen, wechseln bei Wiederholungen oft die Sprachvariante (Gumperz 1982, 78f.; vgl. S. 51). In Passiv-Aktiv-Konversen betont die notwendige Agensergänzung in der aktivischen Reformulierung die Zuspitzung des Vorwurfs an die Adressatin: *des is ALles aus der lUft gegriffe. sie greife ALles aus der LUFT*; (3001/3).

2. Ikonische Abbildung

Zur ikonischen Abbildung immer gleicher Vorgänge eignen sich Wiederholungen, weil in ihnen ja Sprachliches wiederholt wird wie das, was sie inhaltlich mitteilen (Gülich/Kotschi 1996, 58). Wiederholt werden dabei Verben (*wir schufteten und schufteten*), aber auch ganze Sätze (*und Inge WARte mal? INge WARte mal.*; Selting 1989, 205) und längere Äußerungen in zunehmender Verkürzung der Einheiten:

die macht die TÜR	auf? (-)
und erzählt	von ihren z-problemen. (-)
und erzählt [...]	über DIEse sache,
und	über ihr KIND,
UND	
UND	
UND (-)	
und ich kriege kaum LUFT. (2740/2,3).	

3. Verständnissicherung

Im Fall einer Nachfrage, wenn Hörer nicht oder nur teilweise verstanden haben, wiederholen Sprecher eigene Äußerungen, indem sie sie mit zusätzlichen Maßnahmen der Verständnissicherung versehen: langsameres und lauteres Sprechen, deutliche Artikulation, Dehnungen und Akzenthäufung, Sprossvokale.[14] Im Gegensatz zu Korrekturphänomenen, die die Tendenz haben, schneller gesprochen zu werden, werden Wiederholungen auf Nachfrage

[14] Kurt Tucholsky (1961, Bd. 2, 224f.) hat in der Humoreske „Ein Telephongespräch" (1927) durch verstärkende Sprossvokale die überdeutliche Artikulation bei geräuschbedingten Wiederholungen imitiert: „Hier is Paue̲l! [...] Ochse! En Ochse bist du – allemal! Nein. Neie̲n! ...". (vgl. *schəwein*, S. 45).

langsamer gesprochen (Couper-Kuhlen 1992, 349). Ein Beispiel aus dem Film *Der Hauptmann von Köpenick* (R. Oswald 1931):

> hier ist BÜRgermeister Obermüller. KÖpenIck. [...]
> ach GOTT. [langsam, tief:] BÜRgermeister O:bermüller KÖ:pE:NICK.

Mit erbetenen Wiederholungen sind wir schon im Bereich dialogisch zustande gekommener Wiederholungsphänomene, deren Funktionen nun näher betrachtet werden sollen.[15]

4. Hörerbestätigung

In der Schule haben Wiederholungen von Schülerantworten durch die Lehrerin den Status von Anerkennung, in Gerichtsverhandlungen den der Ratifizierung einer neuen Information (Bührig 1996, 248ff.). In privaten Situationen begleiten Hörer häufig einen aktuellen Sprecher, indem sie Wörter oder Wortfolgen wiederholen. Dadurch zeigen sie nicht nur ein aktives Mitgehen und Verstehen, sondern auch, dass sie inhaltlich dem Sprecher zustimmen:

> A: sondern durch WORte (-) [kann man einen menschen töten.
> B: [<<p>durch worte. ja> (2742/8).

Wenn dialogische Wiederholungen sich häufen, rufen sie den Effekt echohaften gemeinsamen Sprechens hervor. Im folgenden Ausschnitt wiederholt die Erzählerin A kurze Einwürfe der Zuhörerin B, bis A und B gleichzeitig fast dasselbe sagen:

> A: obwohl KINder anwesend waren [KINder versteh isch
> B: [im VOLL besetzten BUS,
> A: [im VOLL besetzten BUS,
> B: [und NACHTS?
> ihr fahrt doch im[mer nAchts.
> A: [des nAchts. (2742/11,2).

Noch deutlicher geschieht das in stufenweiser (fugaler) Wiederholung derselben Äußerungseinheit durch mehrere Sprecher. Dadurch demonstriert die Gesprächsgruppe in auffallender Weise, dass sie sich über etwas einig ist (Schwitalla 1993, 83ff.). Im folgenden Ausschnitt wird eine abwesende Frau durch die Formel *die bringt es* charakterisiert:

> A: die bringds [awwa
> B: [die br[ingds.
> C: [bring[ds
> D: [die bringds [ja.
> C: [die bringds?
> B: <<lacht>>
> C: die bringds. (Keim 1995, 126).

[15] Vgl. insbesondere Bublitz (1988, 225ff.; 1989, 358ff.) und Tannen (1989, 36ff.).

Wiederholungen von Wörtern, die etwas Überraschendes mitteilen, vielleicht noch lachend gesprochen, demonstrieren gemeinsame Freude.[16] Der folgende Ausschnitt stammt aus einer Frauengruppe, die sich über ein Foto unterhält, das von ihr in einer Stadtteilzeitung veröffentlicht werden soll; die Frauen phantasieren nun eine erotisch aufreizende Pose:

SU: odda im bikIni WEnigsdens
KU: NEIN de tAnga.
SU: TANga
HN: ah TANga
KU: de TONga ja
BA: fIlsbach bei [nAcht <<lacht>>
IN: [ja fIlsbach bei nAcht
LM: im TANga geht se <<lacht>> (Keim 1995, 244).

5. Ironische Bestätigung

Ironie ist meist prosodisch markiert und kann nur oft durch das Hören als solche erkannt werden. In einem Streitgespräch (TB III, 35) gibt es folgende Stelle, in der ein Mann seiner Frau vorwirft, sie sei nicht selbstbewusst und stehe *zwischen den stühlen*:

ER: dieses ZWIschen den stühlen STEHen (3) muss AUFhörn.
SIE: <<p>ja MUSS aufhörn. MUSS aufhörn.>

Die Akzente auf *MUSS* (statt auf dem Vollverb) lassen die Wiederholung eindeutig sarkastisch-ironisch klingen.

6. Echofrage

Äußerungswiederholungen mit steigender Intonation gelten als eine Ankündigung der Überraschung, der Ungläubigkeit („questioning repeat", Jefferson 1972, 299):[17]

ER: dAss sie mir geHÖRT. jA?
SIE: [...] die frau gehört !DIR!,

Löwenthal: wir haben sie ja bisher AUCH fair behandelt.
Nannen: SIE haben mich fair behAndelt? (TB II, 239f.).

7. „Retourkutsche"

In Streitgesprächen geben sich die Kontrahenten oft denselben Vorwurf zurück und verwenden dazu auch das lexikalische Material des Vorredners. Zwei Beispiele ebenfalls aus dem Streitgespräch Nannen – Löwenthal (TB III, 239-272):

[16] Ein englisches Beispiel bei Jefferson (1972, 299).

[17] In Äußerungsformaten bis zu drei Akzenten steigt ihre Intonationskontur am Ende höher als bei gleichlautenden Entscheidungsfragen (Bannert 1985a, 324), vgl. S. 59.

LÖ: das entsprIcht ihrer mentaliTÄT dass sie ANdere immer für DUMM halten
NA: nein SIE halten ihre ZUschauer für dUmm herr lÖwenthal (TB III, 244).

NA: was sie betreiben ist geMEINgefährlich
LÖ: NEIN herr nannen was SIE betreiben ist gemEIngefährlich (ebd., 248).

Selten bleibt beim wiederholenden Sprechen alles gleich, meist ändert sich die Prosodie oder die Lautung; Wörter werden hinzugefügt oder weggelassen; dialogische Wiederholungen werden deiktisch umformuliert. Es ändert sich auch die kommunikative Qualität. Mehrere Ermahnungen von Lehrern z.B. schwächen ihre illokutive Kraft ab, während mehrere Vorwürfe oder Beschimpfungen sie steigern können (Ehlich/Rehbein 1977, 399ff.). Aufforderungen, welche insistierend wiederholt werden, bekommen größere Dringlichkeit und werden meist auch direkter reformuliert (Schecker 1986), bei Nichtverstehen des Adressaten auch auf's Wesentliche verkürzt (Sachweh 1999, 116):

TUN SIE ma n MUND spüle maria? (-)
ma n MUND spüle. (2)
MUND spüle.

8. Genussvolle Verlängerung

In Erzählungen und Witzen werden Pointen und andere Mitteilungen, die besonders spaßig sind und bei den Hörern Lachen auslösen, oft wörtlich wiederholt, manchmal auch variierend paraphrasiert (die folgende Sprecherin ist Saarländerin und erzählt in innerer Rede von einem Unfall):

lo [da] hat doch nix gestann; wat denn lo gestann?
de kannsch doch no net so weit senn [sein] dass de schon am door [Tor] bischt (--)
dass de denen of et door drofgefahr bischd. (Müller 1983, 295).

9. Weitere Funktionen

Mit Wiederholungen und anderen Verzögerungsphänomenen kann man versuchen, die Aufmerksamkeit des Adressaten zu bekommen (Goodwin 1981, 57ff.), beim Kampf ums Wort das Rederecht zu behalten oder zu erobern; oder man will einfach kein unangenehmes Schweigen entstehen lassen (Sachweh 1999, 125f.).

9.7. Aufzählung, Liste

Zusammen mit syntaktisch paralleler Formulierung werden einzelne Objekte (Eigenschaften, Tätigkeiten etc.), welche zu einer übergeordneten Kategorie gehören, aufgezählt, um eine Überzeugung in speziellen Einzelheiten zu dokumentieren. Dieses Verfahren gibt dem Sprechen eine auffallende Kontur, zumal oft Rhythmik und gleiche Intonation hinzukommen. Zwei Beispiele aus einem Bericht einer Mutter über die Schule ihres Sohnes:

da hat sich kein LEHrer,
da hat sich kein REKtor,
da hat sich NIEmand drum geKÜmmert.

aber da kommt kein LEHrer- (-)
    da kommt kein KLAssenkamerad- (-)
    da kommt NIEmand, (--)
und das kind ist schon praktisch ABgestempelt. (2742/3,4).

Viele solcher Listen sind dreigliedrig (Jefferson 1990, 63ff.), wobei das letzte Glied, welches oft auch einen generalisierenden Ausdruck enthält, zum Signal des Abschlusses fallend intoniert wird (vgl. Text 1, 3–6; Text 11, 17–19). Viergliedrige und längere Listen verlängern nur dieses Schema:

also ich hab eine krankheit die GAR nichts tAUgt.
ich kann nich SItzen-
        nich STEHen-
        nich LIEgen-
    kann nich LAUfen-
    GAR nichts. (2740/7,3).

Es sind immer dieselben syntaktischen Glieder, die zu einer Liste zusammengebunden werden: Subjekte und Prädikate wie in den obigen Beispielen, z.T. auch Objekte, die nur aus einem Wort bestehen, oder ganze Sätze:

die häuser in denen ich drin war waren alle PIcobello
in SCHUSS,
also im TREppenhaus   is nix DREckich-
                und es is nix kaPUTT-
                und es is ALles schÖn in ORDnung. (2702/22).

Listen haben die Funktion einer Spezifizierung bzw. Detaillierung eines anfangs gegebenen übergeordneten Begriffs oder einer Aussage. Das letzte Glied der Liste geht meistens auch wieder in eine generalisierende Zusammenfassung über. Listen eignen sich deshalb dazu, längere Ausführungen in einem begrifflichen Kern abzuschließen.[18]

[18] Müller (1989) und Jefferson (1990, 68ff.) stellen für Listen bei italienischen und amerikanischen Sprechern noch zusätzliche Formgebungen ästhetischer Art fest: Lautwiederholungen bei amerikanischen Sprechern, Assonanzen, Alliterationen und sehr regelmäßige Rhythmen bei italienischen Sprechern. Erickson (1988, 65) zeigt, wie sogar Sprecher zweier getrennter Dialoge, die gleichzeitig sprechen und dabei Listen produzieren, sich dennoch aufeinander abstimmen, indem sie ihre Akzente so setzen, dass sie genau mit denen des anderen Dialogs zusammenfallen. Obwohl Schiffrin (1994) von einem kognitiven Begriff von ‚Liste' ausgeht, der nicht erfordert, dass die einzelnen Instanzen unmittelbar aufeinander folgen, zeigen ihre Beispiele von Listen ähnliche Strukturen: parallele Syntax (mit Syntaxbruch, wenn eine neue (Sub-)Kategorie eröffnet wird, ebd., 400); fakultative Generalisierung am Schluss (ebd., 388, 393), fakultative Rahmung durch eine generelle Aussage (ebd., 402).

9.8. Paraphrase

Wo immer man ein Stück gesprochener Sprache untersucht, wird man auf Paraphrasen (Umformulierungen) stoßen. Paraphrasen sind inhaltlich variierende Wiederholungen von schon Gesagtem. Während wir beim Schreiben durch längeres Vorausplanen auch komplexe Inhalte in Sätze bringen können, bedarf es beim Sprechen einer schrittweisen Explizierung von mitzuteilenden Inhalten, manchmal mit wiederholenden Teilen von Äußerung zu Äußerung: *ich habe eine frage; (-) und das ist die frage der moral, der inneren moral jedes menschen*; (TB I, 230).[1]

Es ist nicht so einfach, Paraphrasen von wenig veränderten Wiederholungen und präzisierende Paraphrasen von geringfügig ändernden Korrekturen abzugrenzen.[2] Der Oberbegriff für alle drei Verfahren ist ‚Reformulieren'. Gülich/ Kotschi (1987, 242) teilen Paraphrasen in folgende Unterklassen ein:

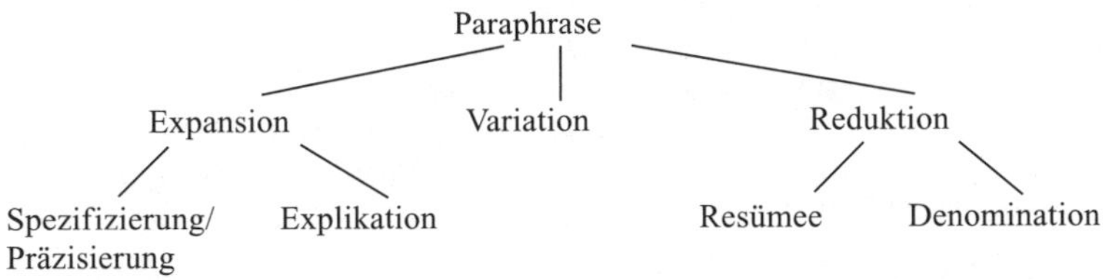

Damit sind schon einige Funktionen genannt: Es gibt spezifizierende/präzisierende Paraphrasen von zuvor abstrakt Mitgeteiltem; eine variierende Paraphrasierung umschreibt das Gesagte mit anderen Worten und eröffnet weitere Aspekte; reduzierende Paraphrasen fassen zusammen und bringen auf den Begriff. Alle zusammen haben je nach Kommunikationssituation und davon abhängigen Rollen unterschiedliche Zwecke.[3]

---

1 Auch mit Paraphrasen haben sich viele Linguisten beschäftigt: Rath (1979, 189ff.); Blanche-Benveniste u.a. (1979), dies. (1990, 214ff.); Wenzel (1981); Selting (1987, 210ff.); Gülich/Kotschi (1987, 216ff.); Gülich (1994, 84ff.); Bührig (1996, 94ff.); Baßler (1996, 248ff.); Hartog (1996, 233ff.); Lucius-Hoene/Deppermann (2002, 218ff.); Forschungsüberblick bei Hossbach (1997).

2 Rath (1979, 210, 217); Gülich/Kotschi (1987, 243).

3 Zu Paraphrasen in der Psychotherapie: Wahmhoff (1981); Weingarten (1990); in Schulstunden, Beratungsgesprächen, Interviews, Arzt-Patienten-Gesprächen und anderen institutionellen Situationen: Bührig (1996). Dort werden sprecher- und hörerseitige Paraphrasen unterschieden (162ff.) und auf Änderungen von erwarteten Anschlusshandlungen des Adressaten aufmerksam gemacht (z.B. 147f.).

In einem weiten Sinne sind Pararaphrasen inhaltliche Wiederholungen von schon produzierten Äußerungen ohne einen Reformulierungsindikator (Beispiel aus einer Diskussion):

a) dein chef hat dich ja auch geBRAUCHT. (-)
b) der war ja auf dich ANgewiesen.
c) der wäre ja AUFgeschmisssen gewesen ohne dich. (2742/10,3).

Der Bezugsausdruck a) wird durch b) und c) inhaltlich variierend paraphrasiert. Die syntaktische Struktur und die semantischen Verhältnisse zwischen *chef* und Adressatin (*dich*) bleiben gleich. Variiert wird der Inhalt von ‚etwas bedürfen' als *brauchen, angewiesen sein, aufgeschmissen sein*. Dabei lässt sich eine gewisse Intensivierung und zunehmende Idiomatisierung feststellen.

Mit Mehrfachparaphrasen kann man das, was man eigentlich sagen will, immer genauer sagen. Die Schreibweise der Positionen untereinander lässt das deutlich werden. Ein Dirigent sagt zum Orchester:

a) sie sollten dichter spielen <<singt:>> pamdDIja
b) dichter in diesen vorhalt hinein
c) diesen vorhalt schwerer nehmen
d) AUSbreiten.
(Schütte 1991, 165).

a) ist der ursprüngliche Entwurf mit einer vorgesungenen Variante dessen, was *dichter* gespielt werden soll; b) verbalisiert das Objekt als *vorhalt* und präzisiert *spielen* aus a) als *hinein*[*gehen*]; c) und d) heben einzelne Aspekte von *dichter hineingehen* hervor: *schwerer nehmen* und *ausbreiten* meinen eine stärkere Ausführung und zeitliche Dehnung des Spielens.

Beim Paraphrasieren wird oft syntaktischer Parallelismus ausgenützt. Jedoch ist es nicht so, dass syntaktisch immer weitergeschritten würde. Die maximale syntaktische Füllung kann am Anfang, in einer weiteren oder in der letzten Paraphrase stehen. Im folgenden Beispiel wird die maximale Füllung mit sechs Positionen gleich zu Beginn erreicht, der eine Paraphrase mit drei (b) und eine mit vier Positionen (c) folgen. Ein Mannheimer Jugendlicher berichtet von seinem Zuhause:

a) ich hab dahäm jedn dag KRACH. ja?
b) jedn dag zwEEhunnert DEzibel. ja?
c) bei uns dahäm immer POWer in ner bUd. ALla.
(2701/64).

Die allgemeine Bezeichnung *krach* wird konkretisierend, übertreibend und mit einer anderen Sprache bzw. Sprachvariante (*zweehunnert dezibel, power*) reformuliert. Solche Mehrfachparaphrasen leuchten sozusagen einzelne Aspekte eines Sachverhalts aus.

Paraphrasen im engeren Sinn kann man solche nennen, die mit einem Reformulierungsindikator eingeleitet werden (*oder, das heißt, mit anderen worten, anders gesagt*; Gülich/Kotschi 1987, 216). Eine Paraphrasekonstruktion besteht dann aus einem Bezugsausdruck, einem Reformulierungsindikator und dem Reformulierungsausdruck.[4]

An einem längeren Gesprächsausschnitt aus einer Schulberatung sollen nun Formen und Funktionen von Paraphrasen im Zusammenhang betrachtet werden. Ein Berater spricht über den Sohn einer Mutter, die in seine Sprechstunde kommt:

Text 11 „schulprobleme“ (Schröder 1985 66f.).

01 BE: ansonsten hat er wunderBAR abgeschnitten ja? (-)
02 so dass also (-) äh <<len>für MEIN gefühl ZWEI probleme anstehen.>
03 zum <<f>einen wir müssen der SCHUle klarmachen,> (-)
04 dass er (-) äh da (-) ne gewisse entlastung erfährt; ja?
05 <<all>das heißt (-) ich hab so den eindruck auch das was der lehrer> (-)
06 <<len>geschrieben hatte in diesem beobachtungsbogen?>
07 MU: mhm?
08 BE: dass (-) er (-) zwar diese verHALtensproblematik sehr treffend beschrei:bt
ja?
09 dass er aber eigentlich den SCHLUSS daraus (-)
10 dass eben das kind (-) äh diese (-) orgAnische
11 funktionsstörung hat NICH gezogen hat (-)
12 und ähm wahrscheinlich den fritz-erwin doch (-) ähm (-)
13 ziemlich stark stresst (-) durch (-) NOTwendige sachdisziplin
14 im unterricht [durch a:nforderungen [die
15 MU: [ja ja [ja
16 BE: <<all>sagen wir mal> <<len>die ANdern kinder alle akzeptiern (-)
17 die aber bei ihm nach ganz bestimmten aktiviTÄten> (-)
18 <<all>zum beispiel wenn er> <<len>viel geschrieben hat.>
19 <<all>oder wenn er> <<len>viel gelesen hat.>
20 oder wenn er überhaupt (-) sehr viel LEISten musste. (-)
22 dann äh (-) <<all>wie man so schön sagt>
22 <len>ihm in die verkehrte kehle kommen [ja? (-) und dann solche (--)
23 MU: [mhm
24 BE: aktivitäten solche stör (-) verhaltensweisen AUSlösen (-)
25 DAS wäre also n problem wo ICH glaub mi m lehrer (-)
26 ganz intenSIV nochmal reden müsste (-)
27 sie sagten s wärn
28 MU: ich: s:agte ihnen ja das is noch so einer von dem [alten schlag
29 BE: [von der alten schule

[4] Zur Notwendigkeit von Indikatoren bei unterschiedlichen Reformulierungsverfahren vgl. Gülich/Kotschi (1996, 65). Zu den Reformulierungsindikatoren *das heißt* und *also*: Bührig (1996, 191f., 236ff.).

Der Berater kündigt in Z. 2 zwei Probleme an, von denen er aber nur eines ausführt, nämlich dass der Junge eine *gewisse entlastung* erfahren müsse. Eingeleitet durch den Reformulierungsindikator *das heißt* (Z. 5), wird dieses Problem bis Z. 25f. expliziert, wo es der Berater noch einmal abschließend nennt (*das wäre also n problem*).

In Z. 6. ist von einem Schreiben des Lehrers die Rede. Das Akkusativobjekt von *geschrieben* wurde zuerst als Pronomen eingeführt. Es wird ab Z. 8 substantivisch und damit spezifizierend als *verhaltensproblematik* reformuliert; zugleich ändert sich *schreiben* in *beschreiben*. In einem Oppositionsverfahren (9.4.) folgt nun eine Negierung dessen, was die besorgte Mutter befürchten könnte, nämlich eine *organische funktionsstörung* ihres Kindes. Diese Information wird ebenfalls paraphrastisch spezifizierend mitgeteilt, als Inhaltssatz zum vorhergehenden Akkusativobjekt *schluss*.

Es folgen nun in schneller Abfolge mehrere semantische Präzisierungen von Informationsteilen, die zuvor in allgemeiner Form verbalisiert wurden: Dass der Lehrer den Sohn *stresst*, wird durch zwei Präpositionalphrasen präzisiert (Z. 13ff.):

> durch notwendige sachdisziplin im unterricht
> durch anforderungen die ...

Das in die zweite Präzisierung fallende, semantisch sehr allgemein gehaltene Substantiv *aktivitäten* wird wieder paraphraseankündigend (*zum beispiel*, Z. 18) listenartig konkretisiert durch *viel geschrieben* und *viel gelesen*, und dann wieder generalisierend resümiert durch *überhaupt sehr viel leisten müssen* (Z. 20). Am Ende dieser Paraphrasenreihe schließt der Sprecher den Rahmen durch die Wiederholung des auslösenden Stichworts *aktivitäten* (Z. 24), das selbst wieder als eine Reformulierung von *in die falsche kehle kommen* verstanden werden kann. Der generelle Ausdruck *solche aktivitäten* wird durch solche *stör verhaltensweisen* noch einmal paraphrasiert, wobei *stör*, wahrscheinlich weil zu negativ klingend, in *verhaltensweisen* korrigiert wird. Dann folgt die schon besprochene rahmenbildende, resümierende Formulierung und danach ein Themawechsel zur Charakterisierung des Lehrers. Dabei formuliert der Berater simultan, konstruktionsergänzend: *von der alten schule*, was in Bezug auf *vom alten schlag* eine Inhaltsparaphrase ist.

Es hat sich folgende Paraphrasekonstruktion mit bis zu vierfacher Einbettung ergeben, im Folgenden symbolisiert durch Einrückungen nach rechts:

P_1: zu *entlastung*, eingeleitet durch *das heißt*
$P_{2,3}$: zum Objekt von *schreiben*, durch zwei dass-Sätze
P4: Inhaltssatz zu *schluss* in P3
$P_{5,6}$: zu *stressen*, durch zwei Präpositionalphrasen
$P_{7,8,9}$: zu *aktivitäten* innerhalb des 2. Relativsatzes zur 2. Präpositionalphrase, eingeleitet mit *zum beispiel*, alle drei als wenn-Sätze
P_{10}: Schlussrahmung: *solche aktivitäten*
P_{11}: *solche verhaltensweisen*
P12: resümierende Schlussrahmung: *problem*

Natürlich werden so dicht aufeinander folgende Paraphrasen eher in erklärenden Zusammenhängen produziert, insbesondere wenn ein Experte einem Laien etwas erklärt.

Wie alle Formulierungsverfahren können auch Paraphrasen dialogisch durchgeführt werden. Die Funktionen sind vielfältig: am häufigsten wohl, um etwas Allgemeines zu spezifizieren, zu aspektualisieren und zu konkretisieren und umgekehrt, um etwas Spezifisches wieder zu verallgemeinern oder auf den Begriff zu bringen (Gülich/Kotschi 1987, 242). Daneben dienen sie auch der Verständnissicherung (z.B. beim Sprechen mit Nicht-Muttersprachlern; Tiittula 1994), der Abschwächung oder Steigerung, der Bewertung und Einordnung in einen argumentativen Zusammenhang (Wenzel 1981, 391ff.; Wahmhoff 1981, 114f.).

9.9. Fremdinitiierte Korrektur

In Ergänzung zu den selbstinitiierten Korrekturen (9.4.2.) sollen hier kurz Korrekturen erwähnt werden, die von einem Hörer ausgehen. Selbstkorrekturen werden vor Fremdkorrekturen präferiert, sodass ein Hörer nicht unmittelbar nach dem Beitrag, der die zu korrigierende Äußerung enthielt, die Korrektur anmahnt, sondern erst nach einer kurzen Pause, die dem Sprecher Gelegenheit gibt, die Korrektur selbst durchzuführen (Schegloff u.a. 1977). Mit der zeitlichen Einpassung in den Rhythmus der Partneräußerung oder mit einem nicht zum Rhythmus passenden Einsatz signalisiert der Hörer, als was er/sie seinen korrigierenden Eingriff versteht: als ein bloßes akustisches Verstehensproblem, das prompt und rhythmisch integriert gesprochen wird (*wie bitte?*), oder als einen Fehler, für den der Sprecher dann auch verantwortlich ist (Couper-Kuhlen 1992, 354). Auch wenn der Hörer nur einen Indikator für einen Korrekturanlass ausspricht, überlässt er/sie den Vollzug dem Sprecher und handelt somit gesichtsschonender, als wenn er/sie die Korrektur gleich mitproduzierte (Gülich/Kotschi 1987, 230f.). Wie für selbstdurchgeführte Korrekturen gilt (fast) generell, dass auch fremdinitiierte in einem schnelleren Tempo gesprochen werden als die Rede zuvor (Couper-Kuhlen 1992, 344ff.).

Die Formen der fremdinitiierten Korrekturen sind vielfältig: Der Hörer kann nur ein Korrektursignal geben und die Korrektur dem Sprecher überlassen; er/sie kann die Korrektur auch gleich durchführen und dabei unterschiedliche zeitliche Einpassungen wählen. Das interaktive Zusammenspiel von Korrekturanmahnung und -ausführung kann expandiert werden.[5] Das folgende Beispiel steht für eine früh einsetzende Korrektur. Die Befragte korrigiert zuerst die Wortwahl *wohnunge(n)* in *häuser*, dann das Attribut *renovierte* in *neue*; die Sprecherin bestätigt die zweite Korrektur durch Wiederholung:

A: sin des renovierte wohnun[ge?
B: [die häuser
<<all>nä nä nid d <<len>die NEUe da.>
A: die neie. ah ja
(Keim 1995, 285).

Die Korrektursequenz selbst wird von der Dialektsprecherin standardverschoben gesprochen.

9.10. Resümee, Klammerbildung

Darlegungen von inhaltlich zusammengehörenden Informationen werden oft durch ein Resümee abgeschlossen. In Text 3 handelte der erste Inhaltskomplex der Studentin vom Ablauf einer Hochzeitszeremonie in der ehemaligen UdSSR. Sie leitete diese Inhaltseinheit mit einer Wertung ein (*ich finde es schrecklich*), veranschaulichte sie in vier zeitlich aufeinander folgenden Etappen einer Handlungsszene, ging einen Abstraktionsgrad höher (*dann werden pro tach vierzich ehen geschlossen*) und gab zum Schluss eine resümierende Wertung in elliptischer Form (*alles kühl und sachlich*), welche auch die Darstellungsperspektive mitteilt, auf die es der Sprecherin ankam. Bei Resümees von wenig expandierten Ausführungen kommt es zu Überschneidungen mit resümierenden Paraphrasen.

In Resümees werden vorhergehende Ausführungen kategorial unter einen übergeordneten Begriff gebracht, der zur Aussageintention des Sprechers passt (*alles kühl und sachlich; war ne cholerikerin*, Text 7, 20; *asoziales pack*, S. 64). Es kann sich aber auch eine neue Aspektualisierung ergeben, wenn ein Wort bzw. eine Wendung gewählt wird, die das Gesagte in einer Gesamtwertung zusammenfasst.[6] Resümierend werden auch kommunikative Aktivitäten benannt: *das wären also so meine einwände* (Kallmeyer/Schmitt 1993, 49).

---

5 Ein Beispiel für ein viermaliges Hin und Her in Gülich/Kotschi (1987, 217f.).

6 Z.B.: *hat mir mut gemacht* als Interpretation von zuvor zitierten Äußerungen (Bührig 1996, 201); *racheakt* als zusammenfassende Interpretation eines Berichts (Nothdurft 1996, 398).

Manchmal greifen Sprecher am Ende einer Ausführung eine Formulierung ihrer Ankündigung noch einmal auf und stellen auf diese Weise eine deutliche Anfangs- und Schlusssegmentierung her. Für eine Empörungserzählung gibt Christmann (1993, 16ff.) folgendes Beispiel:

Beginn: s gibt WIRKlich immer mehr gstörte leute.
Ende: da meinsch du hosch NUR mit gstörte zu tun.

Mit solchen Klammerbildungen werden nicht nur Erzählungen, sondern auch andere Aktivitätstypen wie Berichte, Beschreibungen, Argumente von der Umgebung abgegrenzt. Eine Frau leitet die Beschreibung der Krankheit ihres Mannes ein mit: *ich könnt jetzt ein buch schreiben dreißig jahre ehe mit einem behinderten mann* und schließt sie ab mit: *wie gesagt da könnt ich n buch drüber schreiben*. Ein wertender Vergleich beginnt mit: *was wir auch UNgerecht finden* und wird nach langer Ausführung beendet mit: *und DAS finden wir unverschämt*. Ein Argument wird eingeleitet mit: *es gibt doch keinen grund* und beendet mit: *da gibts keinen grund dafür* (Schröder 1995, 227f.; der Textabschnitt S. 156 wird eingeleitet und beendet mit: *hab ich mir überlegt* [...] *so würde ich halt formulieren*). Oft genügt zu Beginn ein impliziter Wertungshinweis, der nach der Ausführung auf den Begriff gebracht wird:

Beginn: ja ich habe auch (-) nAchbarn die alles WEGschmeißen
Ende: so UNsozial wie nur Irgend ETwas. (2740/4,1).

10. Textformen

10.1. Allgemeines

Auf der Textebene ist fast keine Vergleichbarkeit zwischen konzeptioneller Mündlichkeit und Schriftlichkeit mehr gegeben. Textmuster aus dem Bereich der mündlichen Kommunikation, die schriftlich festgehalten werden (Sagen-, Märchen-, Witzsammlungen, Protokolle), gehören zur mündlichen Kommunikation, wenn sie nicht vorher schriftlich aufgesetzt wurden (wie Mitschriften von Reden, Predigten usw.). Die dialogische Einbettung mündlicher Kommunikation hat ganz andere Wirkungen für die Strukturierung größerer Interaktionsformen als die zumeist monologisch geschriebenen Texte.

Bei den wenigen Textsorten, die in mündlicher und schriftlicher Version vergleichbar sind, ist man auf die typischen Unterschiede gestoßen, die nun schon öfter festgestellt wurden: Die geschriebenen Versionen von themengleichen Erzählungen sind kürzer; ihre Inhaltsschritte sind in weniger, dafür komplexeren Sätzen formuliert; Wertungen werden explizit gemacht (Tannen 1982a, 9f.); außerdem kommen häufiger Perspektivenwechsel vor (Müllerová 1989, 24f.).

10.2. Gibt es gesprochensprachliche „Texte“?

Diese Frage ist umstritten. Manche (Ehlich 1983a) meinen, der Begriff ‚Text‘ sei so sehr mit einer Konservierung der Äußerungsstrukturen auf einem materiellen Träger verbunden, dass komplexe mündliche Interaktionsformen davon terminologisch abgetrennt sein sollten („Diskurs“). Nur geschriebene Texte, die in ganz anderen Räumen und Situationen rezipiert werden als sie geschaffen wurden, ohne dass sich Produzent und Rezipient überhaupt kennen müssen, ohne die Möglichkeit eines gemeinsamen Zeigfeldes, sollte man demnach „Texte“ nennen. Andere (Rolf 1993, 27ff.) fügen als weiteres Argument hinzu, dialogische Äußerungsketten könnten nicht „Texte“ sein, weil sie mehrere Sprecherquellen hätten, deren Ziele nicht immer ein Textziel konstituiere, was man aber für „Texte“ fordern müsse.

Wieder andere sprechen ohne Hemmungen von gesprochensprachlichen „Texten“ und „Textsorten“. Einen guten Grund dafür kann man darin sehen, dass bei allen anerkannten Unterschieden beider Medien gesprochen- wie geschriebensprachliche Texte bestimmte Bedingungen erfüllen müssen, um die Homogenität von sprachlichen Einheiten auf untergeordneter Ebene zu gewährleisten:

1. Sie müssen eine erkennbare thematische Struktur haben (den „roten Faden“ = Aspekt der Kohärenz); ihnen entsprechen auf der sprachlichen Oberfläche Verweismittel auf benachbarte Inhaltsteile (Aspekt der Kohäsion);
2. sie müssen eine erkennbare handlungslogische Abfolge haben (z.B. sprachliche Handlungen, die Bedingungen für andere sind);
3. sie müssen bestimmten Funktionen (Zielen) dienen, auch wenn diese nicht immer verbal expliziert werden (das Ziel kann auch darin bestehen, sich gut zu verstehen);
4. Texte müssen einen Anfang und ein Ende haben.

10.3. Interaktionsformen und Forschungsbereiche

In den letzten drei Jahrzehnten sind einige Kommunikationsbereiche sprachlicher Interaktion intensiv erforscht worden. Dazu gehören:

- Verhandlungen vor Gericht
- Schulunterricht
- Beratungs- und Schlichtungsgespräche in unterschiedlichen Institutionen
- Gespräche zwischen Behördenvertretern und Bürgern
- Sendeformen im Rundfunk und Fernsehen (Interviews, Diskussionen, Talk-Shows, Unterhaltungs-, Wissenschaftssendungen)
- Interaktionen zwischen Ärzten/Therapeuten und Patienten
- Interaktionen in Familien
- Interaktionen in Arbeits- und Freizeitgruppen
- Interaktionen zwischen Deutschen und Angehörigen fremder Länder/Kulturen.

Diese Forschungen sind inzwischen sehr umfangreich und können hier nicht dargestellt werden. Zielorientierte Kommunikationstypen mit handlungslogisch aufeinander folgenden Teilschritten wie Lehrgespräche, Interviews, Beratungen, Diskussionen, Schlichtungen, Streitgespräche standen in der Forschung am Anfang. Interaktionstypen der Geselligkeit (Frotzeln, Klatschgeschichten, Austausch von Neuigkeiten, gemeinsames Phantasieren) wurden erst seit den 80er-Jahren untersucht.

In institutionellen Kommunikationsbereichen herrscht oft ein Ungleichgewicht, was (Experten-)Wissen und Machtverhältnisse für Entscheidungen angeht. Viele Studien haben regelhaft ablaufende Strukturen von Gesamteinheiten dieser Interaktionsfolgen ergeben.[1] Dialogisch zu vollziehende Inter-

[1] Vgl. z.B. die in dieser Einführung genannten Arbeiten von Baßler (1996), Bührig (1996), Gruber (1996), Hartog (1996), Hoffmann (1983), Kallmeyer (1985), Klein (1995), Lucius-Hoene/Deppermann (2002), Nothdurft (1992), Redder (1989), Schank (1981; 1989), Selting (1983), Spiegel (1995), Spranz-Fogasy (1993), Wahmhoff (1981), Weingarten (1980), Wenzel (1981).

aktionstypen sind so gestaltet, dass den Wünschen/Ansprüchen einer Beteiligungsrolle bestimmte Erwartungen einer anderen entsprechen, sodass aufeinander folgende Teile sich gegenseitig bedingen, bei Fehlschlägen in neuer Form wiederholt werden müssen, Konsens beim zentralen Kern der Interaktion hergestellt wird usw. Für einzelne Interaktionstypen gibt es strukturelle Handlungsziele, die durch Routinen erreicht werden. Interessendivergenzen lassen natürlich andere Formen sprachlicher Interaktion erwarten als auf Konsens beruhende Zusammenkünfte. Die Forschungen in diesen Bereichen sind jedoch so vielfältig und die Materie führt so weit in den Bereich der Dialoganalyse, dass im Folgenden nur einige grobe Hinweise gegeben werden können.

Ein Problem stellt sich bei der Einheitenfrage: Wie kann man „kleinere" kommunikative Einheiten von den komplexeren trennen? In größeren Einheiten wie einer privaten Abendeinladung können komplexe dialogische (Befragungen, Argumentationen, Neckereien) oder mehr monologische Einheiten (Erzählungen, Witze) einander ablösen; diese können aus wiederkehrenden Struktureinheiten aufgebaut sein (z.B. Frage-Antwort-, Argument-Gegenargument-Paare, Frotzelrunden), die wieder kleinere Einheiten enthalten können (Sprichwörter, Formeln; zum Problem der Einheitenhierarchie: Steger 1983).

Mehrmals wurde bei der Analyse von mündlichen Textmustern die Erfahrung gemacht, dass sich mit Zunahme des Materials ursprünglich klare Strukturbilder differenzieren und komplizieren. Beratungsgespräche, um eine oft analysierte Textsorte zu nennen, die eine gut erkennbare sechs- oder siebenteilige Ablaufstruktur aufweisen (Schank 1981, 182ff.), stellten sich bei der Betrachtung der konkreten Durchführung als sehr komplex heraus: Teilaktivitäten können sich überlagern oder in mehreren Schüben bearbeitet werden, zunächst andeutungsweise, zu einem späteren Zeitpunkt mit mehr verfügbarem Wissen gründlicher (Kallmeyer 1985). Je nach Problemtyp, institutionellem Rahmen und Interessen der Beteiligten werden ganz andere Musterabfolgen produziert.

10.4. Theoretische Ansätze

Zur Beschreibung längerer mündlicher Interaktionsformen wurden unterschiedliche Ansätze entwickelt.[2] Umstritten ist weiterhin, ob der für Textverhältnisse weiterentwickelte Begriff des illokutiven Sprechakts ausreicht (so

[2] Z.B. die Theorie der Redekonstellationstypen (vgl. 2.5.) und der Begriff ‚Textsorte' (Adamzik 1995, 11ff.); die Begriffe ‚Handlungsschema' (Kallmeyer/Schütze 1976); ‚Aktivitätstyp' (Levinson 1979) und 'kommunikative Gattung' (Luckmann 1986). Forschungsüberblick bei Günthner/Knoblauch (1995).

auf Illokutionen basierende Konzepte von Textfunktionen, z.B. Heinemann/Viehweger 1994) oder nicht (so viele Soziolinguisten und Gesprächsanalytiker). Kallmeyer/Schütze (1976, 16ff.) betrachten als notwendige Ordnungsaktivitäten zur Durchführung eines Handlungsschemas: a) die Abgrenzung am Anfang und am Ende, b) die vorgreifende Verdeutlichung durch den Initianten und die Ratifizierung durch den Partner, c) die dialogische Durchführung des Schemas in seinen wesentlichen Handlungsschritten, von dem nicht dazugehörige Handlungen (z.B. Seitensequenzen) deutlich abgegrenzt sein müssen.

10.5. Das Beispiel narrativer Texttypen

Mündliche narrative Darstellungsformen sind wahrscheinlich die am häufigsten beschriebenen komplexen, mehr monologisch[3] durchgeführten Kommunikationstypen (Überblick: Quasthoff 2001). Eine erste Strukturbeschreibung hatte Labov (1976/78, II, 58ff.) präsentiert, bestehend aus den Teilen: Ankündigung (abstract), Orientierung (Einführung von Zeit, Ort, Personen), Darstellung der Ereignisse in zeitlicher Reihenfolge mit einer Verdichtung zu einer prekären Lage (Komplikation), deren Lösung (Pointe) und abschließender Coda (Gesamtbewertung, Rückführung in die Gegenwart). Das Geschehen wird aus der Perspektive der Erzählfigur, die bei selbsterlebten Erzählungen mit dem Erzähler identisch ist, so zugeschnitten, dass es auf ein unerwartetes Ereignis zuläuft. Quasthoff (1980) hatte dieses Schema mit deutschsprachigen Erzählungen nach den Erfordernissen darstellungs-, sprecher- und hörerbezogener Aufgaben revidiert. In vielen Fällen alltäglichen Erzählens lässt sich dieses Strukturmuster wiedererkennen. Ausschnitte aus den Teilen Komplexion und Lösung hatten wir bisher in den Texten 2, 4, 7, 8, 10.

Aber wie bei anderen Kommunikationstypen auch stellte sich mit Analysen an weiteren Materialien eine zunehmende Textsortenaufsplitterung heraus. Das Idealschema kann durch kommentierende Bemerkungen unterbrochen werden; Rückblenden und Vorausgriffe können die lineare zeitliche Abfolge stören; Erzähler sehr langer Erzählungen reihen mehrere Episoden mit untergeordneten Einzelszenen aneinander und verknüpfen diese Episoden in anderer Weise als die Handlungsschritte in einer Erzählung mit nur einem Höhepunkt; gemeinsames Erzählen hat die Verteilung der Erzählschritte auf zwei

3 „Mehr monologisch“ soll heißen, dass mit Ausnahme des gemeinsamen Erzählens die Durchführung der Erzählung bei einem Sprecher liegt, der/die aber vor Beginn der Erzählung auf die Ratifizierung und nach ihrem Abschluss meist auch auf eine zustimmende Schlussbewertung der Adressaten angewiesen ist. Darüber hinaus wirken die Zuhörer an bestimmten Stellen bei der Durchführung des Erzählschemas mit.

oder mehr Sprecher zur Folge; das Erzählschema kann durch Hörerkommentare, längere Diskussionen und Parallel- oder Kontrastgeschichten suspendiert werden usw. Selbsterlebte Erzählungen unterscheiden sich von solchen aus zweiter Hand (Redder 1994); ein Bericht in einer Institution ist anders strukturiert und hebt auf andere Ereignismerkmale ab als eine Alltagserzählung (Hoffmann 1983, 274ff.; Rehbein 1989, 305); eine Schilderung geht eine Abstraktionsstufe höher, teilt mit, wie es (immer) war und gibt Wertungen dazu (Rehbein 1989, 304f.).

Eine eigene narrative Textform ist das Illustrieren. Begriffe, Behauptungen, wiederkehrende Ereignisfolgen werden in kurzen Szenen illustriert, die einige syntaktische Regelmäßigkeiten aufweisen (indefinite Referenz, Präsens, Indikatoren der Beispielhaftigkeit). Eine Jugendliche illustriert die These: *bei uns ist alles jugendfeindlich* durch eine wiederkehrende Szene:

ah dann gibts dann auch so kleine [Kinder]
un des is so HART wenn die dann vorm haus irgendwas machen,
<<all>was weiß ICH> <<len>ihre (-) BLÖden solDAtenspiele oder was,>
da kommt er [der Hausmeister] AN? und SCHEUCHT se weg
<<geht doch zum SPIELplatz,>> un was weiß ICH wohin?
<<imitiert den Hausmeister>>
ich mein bei uns GIBTs kein spIElplatz.
(Schwitalla 1991, 191).

Zwar wird eine Szene vorstellbar: Ein Hausmeister vertreibt spielende Kinder vor dem Hauseingang; aber Ort, Zeit, handelnde Personen bleiben unbestimmt und werden nur auf kategorialer Ebene eingeführt (*vorm haus; kleine, der hausmeister*; zunächst auch das Spielen der Kinder: *irgendwas machen*). Die Beispielhaftigkeit wird mehrmals betont (*was weiß ich, oder was, und was weiß ich*). Detaillierung gibt es nur im Zitat. Die kleine Szene erfüllt ihren Zweck, die eingangs genannte These anschaulich und damit überzeugend zu machen.

Weitere narrative Textsorten sind das gemeinsame Rekonstruieren eines Vorfalls, bei dem es auf das möglichst genaue Wiedererinnern ankommt, desweiteren Kurzformen wie wiedergegebene direkte Reden, sei es zum Belegen einer Behauptung, sei es zur Charakterisierung einer Person (eine Mannheimerin schildert ihre Mutter):

Text 12 „mutter“ (2742/6,2)

isch hab Ewisch STREIT ghabt mit meiner MUdder.
un jetz PLÖTZlich bin isch ihr kInd-
<<len, hohe Stimme:>↑kInd isch KENN disch jo GA:R nimmEHr,
du hosch disch jo SO:: verÄnnert.>
↓haww isch sat s war ZEIT.
du hosch misch long geNUG erprEsst.>

<<sehr hoch:>↑ah KIND? isch hab disch doch net erPRESST.>
<<all>↓haww isch sat wa wie nennsch DU des?
was du jahrelong getriwwe hosch?>

Die ironische Mitteilung, dass ihre Mutter sie als *kind* bezeichnet, wird ohne jede situative Kennzeichnung, ja sogar ohne Redeeinleitung durch eine beispielhafte Rede illustriert. Allein prosodische Wechsel machen die Sprecherquellen kenntlich. Die hohe Stimme, das gedehnte Sprechen und stellenweise lange Dehnungen (*ga:r, so::*) imitieren die Falschheit der Mutter, welcher der resolute Sprechton der Sprecherin selbst gegenübergestellt wird.

Charakterisierende Redewiedergaben können so verkürzt werden, dass man sich fragen kann, ob man überhaupt noch von narrativen Darstellungen sprechen soll (eine Frau spricht von Kindern, die von ihren Eltern keine Zuwendung erfahren):

die haben auch gar kein SELBSTbewusstsein mehr.
<<all>wer BIST du denn schOn.
ach das KANNST du doch nicht.> (2701/105).

Dennoch wird mit den zitierten Aussprüchen eine Szene vorstellbar, in der Eltern ihre Kinder zurechtweisen. Mehrere Arten solcher narrativen Kurzformen können ohne jede situative Einführung auskommen, weil es nur auf das sprechende Zitat ankommt. Zum Schluss eine Kurzform für eine Anekdote:

do hot e kolLEgin <<e telefongspräsch gfIEHrt<< mi m MANN;
<<= ein Telefongespräch geführt>>
un no hot der gsAcht (-) FRAU? oder FRÄUlein.
hot die gsacht waRUM?
sind sie verhEIraded, oder sind sie NISCHD verheiraded.
<<Zuhörerinnen lachen>> (2742/1,1).

Zielpunkt ist die schlagfertige Antwort, die detailliert ausgebreitet wird (syntaktischer Parallelismus); alles andere, Vorgeschichte, Ort, Zeit und andere Umstände, die Frage des männlichen Gesprächspartners, die Handelnden selbst (indefinite Referenz) werden verkürzt oder vage dargestellt.

Wie bei anderen Kommunikationstypen kommt es nicht nur darauf an, die Strukturmerkmale zu bestimmen, sondern auch darauf, die sprachlichen Mittel zu eruieren, die mit einem narrativen Typ verbunden sind. (Oben haben wir einige genannt: Ellipsen, Tempusformen, stimmveränderte Redewiedergabe). Der Zweck und Reiz von Alltagserzählungen liegt darin, die Hörer imaginativ in ein Geschehen einzubeziehen, sodass sie es aus der Perspektive des Erzählers miterleben. Das setzt voraus, dass Erzähler interpretierende Vorgaben machen, anschauliche Details wiedergeben, Spannung schaffen, übertreiben und mit sprachästhetischen Mitteln Unmittelbarkeit herstellen (Kallmeyer 1981; Tannen 1989, 138ff.; Redder 1994).

11. Lachen, Weinen usw.

Mit unserem anatomischen Sprechapparat können wir nicht nur Sprachlaute produzieren, sondern auch nicht-sprachliche Geräusche wie Lachen, Gähnen, Seufzen, Aufschreien, Röcheln, Brummen, sich Räuspern, Schnarchen, Rülpsen und viele andere mehr. Einige von ihnen können wir bewusst hervorbringen und ihnen je nach Kontext eine metonymische Bedeutung geben (lautes Gähnen bei einem langweiligen Vortrag; provokatives Rülpsen von Jugendlichen). Manche geschehen unbewusst als instinktive Reaktionen (Aufschreien, hörbares Lufteinziehen bei etwas Erschreckendem); sie können aber auch kommunikative Qualität bekommen.[1]

Eine besondere Bedeutung für private Situationen wie solche im Arbeitskontext haben lächelndes Sprechen und Lachen, wobei ein lächelndes Sprechen das Lachen oft vorbereitet. Am häufigsten wird gelacht, um Scherzhaftigkeit zu kontextualisieren, manchmal schon lange bevor im sprachlichen Material etwas Scherzhaftes erkennbar ist. Lachen ist erwartbar als angemessene Reaktion auf Witze (Kotthoff 1997, 144ff.) und auf scherzhafte Bemerkungen, bei denen der Sprecher selbst lacht und damit den Adressaten zum Mitlachen einlädt (Schütte 1991, 141f.). Zusammen mit Scherzhaftigkeit kann lächelndes Sprechen und Lachen gesichtswahrende Funktionen haben, sowohl für den Sprecher, z.B. wenn er/sie eine Verfehlung eingesteht, wie auch für beide, wenn er/sie in das Territorium des Adressaten eindringt, z.B. etwas haben will, zu etwas auffordert, kritisiert, frotzelt (Keim 1995, 241ff.; Dannerer 2002, 98ff.) oder Tabubrüche begeht.[2]

Lachen kann auch ironisch verwendet werden, indem man nicht richtig lacht, sondern Lachpartikel sozusagen spricht. Als solches ist es geeignet, jemanden auf einen deplatzierten Witz oder Scherz hinzuweisen. Im folgenden Beispiel wird eine junge Frau (C), die sich nach Meinung ihrer Freunde zu sehr um den guten Zustand ihrer Kleidung kümmert, aufgezogen. C hat sich neue Schuhe gekauft; es droht ein Gewitter. G (weiblich) und M (männlich) schlagen ihr vor, ihre Schuhe auszuziehen und sie barfuß nach Hause zu tragen:

---

[1] Hausendorf/Quasthoff (1995, 234f., 249ff.) zu absichtlichen Würg-Lauten und weinendem Sprechen; Baldauf (1998) zu Aufschreien und Stöhnen; Schnieders (2002, 129, 132) zu Stöhnen.

[2] Zu weiteren Funktionen: Timm/Augenstein (1996); Schwitalla (2001).

G: du kannst sie dann AUSziehn und in deinen Pulli packen.
und BARfuß gehen.
M: ja. (--) wobei dann wird natürlich dein PUlli NASS.
ich würd den PUlli und die SCHUHe in die BLUse packen.
(hehehehehi)
C: HA:. HA:.
(„schuhe").

12. Ein kurzer Blick auf die nonverbale Kommunikation

12.1. Allgemeines

Die verschiedenen Formen nonverbalen Verhaltens wurden seit den 50er-Jahren, ihre Bezüge zum Verbalen erst seit den 70er-Jahren erforscht.[1] Jede Kultur hat ihre eigenen Regeln für das angemessene mimische und gestische Verhalten, auch darüber, wie nahe man anderen Personen kommen darf. Aber es gibt auch gute Gründe für universale mimische Verhaltensweisen (Ekman 1988). Entgegen der weitverbreiteten Meinung, das kommunikative Gewicht des Nonverbalen überwiege das des Verbalen, gibt es bisher keine verlässlichen Untersuchungen über die psychischen Prozesse der Informationsgewichtung und -abwägung. Wahrscheinlich werden nonverbale Mitteilungen dann relevant, wenn verbale Informationen nicht den Erwartungen des Hörers entsprechen (Wallbott 1988, 214). Sprache und Gestik sind zwar voneinander unabhängig, aber oft aufeinander bezogen (Kendon 1980, 208f.); Sprache kann ohne Gestik verstanden werden (Telefon), Gestik ohne Sprache meistens nicht.[2]

Es gibt viele Klassifizierungen von Gesten. Ekman/Friesen (1969) haben folgende Kategorien:

1. „Embleme", welche kulturell mit bestimmten Inhalten festgelegt sind und auch bewusst hervorgebracht werden (z.B. ‚jemandem den Vogel zeigen');
2. Adaptoren = Selbst-, Partner- und Objektberührungen;
3. Illustratoren, mit folgenden Unterkategorien:
   - „Taktstockgesten" (batons): für Akzente
   - ideographische Gesten: deuten sehr vage den Verlauf von Gedanken an
   - deiktische Gesten = Zeigegesten
   - Raumgesten: bilden räumliche Relationen ab
   - Bildgesten: bilden Formen von Gegenständen ab
   - Bewegungsgesten: bilden Bewegungen ab[3]

---

[1] Überblicksartikel: Wallbott (1987); Streeck/Knapp (1992); Kendon (1992); Sager (2001). Gesamtdarstellung: McNeill (1992). Forschungsgeschichte bei Kühn (2002, 22ff.).

[2] Das kommunikativ stärkere Gewicht des Verbalen betonen auch ausgewiesene Nonverbal-Analytiker: „talk [...] retains a centrality in our experience which no one would wish to deny" (Adam Kendon in: Paul Drew/Anthony Wootton (1988): Erving Goffman. Cambridge, S. 37).

[3] Eine referenzielle, weniger differenzierte Klassifikation als die von Ekman/Friesen bei McNeill (1992, 75ff.), eine funktionale bei C. Müller (1998, 110ff.), eine semiotische bei de Ruiter (2000, 285).

Nicht alle nonverbalen Signale haben den gleichen Status der Aufmerksamkeit und Bewusstheit; manche laufen unbemerkt nebenher und fügen sich in das Gesamt des Kommunikationsgeschehens ein, andere werden als die Hauptlinie der Interaktion beachtet, z.B. Embleme oder wortersetzende Gesten (Wallbott 1987, 1233; Kendon 1992, 328). Zwar haben einige „Kanäle" der visuell wahrnehmbaren Kommunikation ihre besonderen Mitteilungszentren (Mimik: Emotion),[4] aber sie sind nicht darauf beschränkt, sodass für eine bestimmte kommunikative Funktion immer mit mehreren Ausdrucksmitteln zu rechnen ist (Wallbott 1987, 1228). Im Folgenden sollen nur die wichtigsten Aspekte des Zusammenwirkens von Sprechen und nonverbalem Verhalten thematisiert werden.

12.2. Herstellung des Kontakts, Definition des Adressaten

Noch vor dem Austausch verbaler Zeichen (Begrüßung) signalisieren sich Interaktionsbeteiligte durch aufeinander gerichtete Blicke, dass sie bereit sind, miteinander in Kontakt zu treten (Kendon/Ferber 1973, 606, 617). Auch wenn eine Interaktionssituation schon etabliert ist, aber ein Interaktionspartner sich unzugänglich zeigt, kann der Versuch, den Blick des Adressaten einzufangen, dazu dienen, den Kontakt wiederherzustellen. Die Beteiligten verwenden dazu (neben Pausen und verlangsamtem Sprechen) weitere nonverbale Bewegungen (Goodwin 1981, 127ff.; Heath 1984).

Solange die Interaktion dauert, wenden die Partner zumindest den Oberkörper und das Gesicht einander zu (Kendon 1992, 329f.: „F-Formation") und schauen einander an; jedoch wird der Blickkontakt nicht zu lange ausgedehnt, weil er etwas Bedrohliches hat (Anstarren). Spiegelbildliche Körperhaltung ist ein Zeichen erhöhten Einverständnisses, asymmetrische Körperhaltung drückt Differenz und sozial unterschiedliche Position aus (Scheflen 1972). Bei Gesprächen mit mehreren Teilnehmern definiert der Blick des Sprechers (zusammen mit sprachlichen Mitteln, hauptsächlich der Namensanrede), welcher Adressat im Besonderen gemeint ist („axialer Hörer", Kendon 1973; Kühn 2002, 159).[5] Schaut der/die so Angesprochene auf den Sprecher zurück, gibt er/sie zu verstehen, die persönliche Ausrichtung verstanden zu haben.

In Bruchteilen von Sekunden stimmen mehrere Beteiligte unterschiedliche Anforderungen aufeinander ab und zeigen, worauf sie ihre Hauptaufmerksamkeit richten und was sie nebenbei behandeln. Dieselbe Person kann z.B.

---

4 Dazu gibt es sehr viele experimentelle Untersuchungen; Wallbott (1987, 1231).

5 In politischen Fernsehdebatten, in denen Politiker ja öfter zum Publikum als zum Gegner sprechen, indizieren Blicke auf die Kamera, den Moderator oder den Gegner, an wen sich der Sprecher hauptsächlich richtet (Zimmer-Petter 1990, 79ff.).

mit Kopf- und Blickrichtung einem Sprecher signalisieren, dass sie ihm/ihr zuhört, zu gleicher Zeit aber mit einem kurzen Seitenblick, einer unterhalb der Sichtlinie zum Sprecher liegenden Handgeste und einem S-Laut einem Störer zu verstehen geben, er solle seine Störaktivität beenden, dabei aber lächeln und dadurch die Art der Störung gutheißen (Goodwin/Goodwin 1992, 88ff.).

12.3. Sprecher-Hörer-Koordination

Der Blick spielt eine große Rolle für den Sprecherwechsel und die Verteilung der Sprecher- und Hörerrolle. Zu Beginn eines Beitrags wendet der Sprecher den Blick vom Adressaten ab und am Ende ihm/ihr wieder zu und signalisiert einen intendierten Sprecherwechsel. Oberkörperbewegungen und Gesten mit der Funktion, jemanden aussprechen zu lassen, können die Verteilung des Rederechts unterstützen. Vom Hörer wird erwartet, dass er/sie den Sprecher länger ansieht als umgekehrt. Merkt der Sprecher, dass der Hörerblick fehlt, schließt er/sie daraus auf Unaufmerksamkeit, während im umgekehrten Fall keine Probleme entstehen (Goodwin 1981, 75). Richtet der Hörer den Blick auf eine andere Person, so kann dies eine Neuorientierung der Adressierung oder ein Beendigen des Beitrags bezwecken (Kendon 1992, 332).

Handgesten können eigene Redebeiträge verstärken und fremde Initiativen abblocken (Kendon 2000, 55). Die Erhöhung der Intensität einer sprachlichen Handlung, z.B. einer Frage, kann durch ein Sich-Vorbeugen und Eindringen in den Raum des Adressaten mit einer ausgestreckten Hand gesteigert werden (Kühn 2002, 189f.). Beendet ein Beteiligter seinen Redebeitrag und überlässt anderen die Initiative, so deuten dies auch ruhige Hände, Sich-zurücklehnen und sogar geschlossene Augen an (ebd., 211f.).

Auf nonverbaler Ebene entsprechen den Hörersignalen Kopfnicken und andere Kopf- und Handbewegungen. Bleiben sie aus, z.B. aus kulturell unterschiedlichen Regelungen des Blickverhaltens (Erickson/Shultz 1982, 118ff.), führt auch dies zu Störungen. Wie bei Wiederholungen von Wörtern und Intonationsfiguren von Seiten des Hörers kann man in reibungslos ablaufenden Gesprächen auch Übernahmen von nonverbalen Zeichen feststellen.[6] Gemeinsames gestisches Agieren kann sich so bis zur Isochronie steigern.

---

[6] De Fornel (1992): „return gesture" und Mischung von eigener und fremder Geste (ebd., 174); Kühn (2002, 188, 264f.; 297ff.). Heath (1992, 112ff.) beschreibt ein sechsmaliges Hin und Her zwischen Sprecher und Hörer, z.B. eine akzentunterstützende Auf-Ab-Bewegung der Hand, die vom Hörer durch schnelles mehrmaliges Kopfnicken beantwortet wird.

12.4. Segmentierung und Hervorhebung

Gesten unterstützen die Themenkohärenz, wenn ein Thema durch eine Seitensequenz unterbrochen wurde und danach mit der gleichen Geste wie zuvor wieder fortgesetzt wird (C. Müller 1998, 112). Und auch der rhematische Teil einer Äußerung bekommt oft durch eine Taktstockgeste (baton) eine körperliche Entsprechung. Im Fernsehen kann man gut beobachten, wie Sprecher die primären Akzente ihrer Äußerungen durch Augenbrauen-, Stirn- und Kopfbewegungen in der Weise begleiten, dass der Endpunkt der Bewegung mit dem Akzent zusammenfällt oder kurz davor kommt.[7]

12.5. Zeigegesten

Mit Zeigegesten kann man Redegegenstände im gemeinsamen Gesichtsfeld der Interaktanten zum gemeinsamen Fokus der Aufmerksamkeit machen (Hausendorf (2003, 246ff.). Man kann z.B. auf die Beteiligten selbst verweisen, indem man z.B. bei *ich* auf den eigenen Körper, bei *du* auf den Adressaten oder bei einem bestimmten Thema auf eine Person, mit der es assoziiert wird, zeigt (Kühn 2002, 245ff.). Oft wird auf Gegenstände in der Situation gleichzeitig verbal und nonverbal referiert, z.B. wenn jemand von einer Schmerzstelle am Hals spricht und die gemeinte Stelle kurz berührt. Handbewegungen weg vom eigenen Körper haben eine Zeigefunktion, wenn der Sprecher von Themen spricht, die räumlich außerhalb der hier-Origo liegen (Kendon 1985, 219; Streeck/Knapp 1992, 13f.). Bei zeitlich entfernten Ereignissen ist eine solche Geste metaphorisch.

12.6. Illustrierende Gesten

Handbewegungen bilden oft Objekte, Vorgänge und Handlungen ab, die räumlich konstituiert sind. Die Hände können dabei einen Gegenstand selbst repräsentieren (z.B. ein Blatt mit der linken Hand, den darauf schreibenden Stift mit dem rechten Zeigefinger), ihn modellieren (z.B. einen Schiffsrumpf mit beiden schräg gehaltenen Handflächen), seine Umrisse in der Luft zeichnen

---

[7] Kendon (1980, 211, 218); Royé (1981, 249ff.); Streeck/Knapp (1992, 15). Ähnlich wie Chafe (1979) für eine Parallelität von Pausenlänge und Hierarchiestufe der Äußerungseinheit plädiert hat, tut dies Kendon (1980, 210f.) für Hierarchiestufen und nonverbale Signalcluster: In einer längeren Äußerung eines Sprechers markierten batons den primären Akzent einer Intonationseinheit; zusammengehörende Toneinheiten wurden von bestimmten Arm- und Handbewegungen begleitet; die nächst höhere Gruppe ging parallel mit bestimmten Kopf- und Armbewegungen, die wieder nächst höhere mit dem Aktivieren eines oder beider Arme, die ganze Redeeinheit mit der Körperhaltung.

(z.B. einen Rahmen) und Handlungen vollziehen (z.B. den Telefonhörer abnehmen; Beispiele aus C. Müller 1998, 115ff.).[8]

Im Bezug auf das verbal Mitgeteilte haben solche ikonisch darstellenden Gesten oft eine zusätzliche (Kühn 2002, 177, 273f.) oder eine präzisere Bedeutung (ebd., 186, 222, 237, 247, 271; de Fornel 1992, 170; Kendon 2000, 51ff.). Der Modus der durch abbildende Gesten vorgestellten Handlungen und Ereignisse muss nicht „realistisch" sein; die Gesten können nur analoge Formen und Bewegungen ausführen, dafür aber sehr eindringlich wirken (Kühn 2002, 227ff.). Manche werden etwas früher vollzogen als die sprachlichen Ausdrücke und künden somit den mitzuteilenden Gedankeninhalt schon an (ebd., 209ff., 227ff., 256f.).

Mit einer Geste kann man die Bedeutung eines mehrdeutigen Wortes festlegen,[9] eine Wortbedeutung demonstrieren, während man noch nach dem richtigen Ausdruck sucht,[10] einer Satzbedeutung widersprechen und sie dadurch als ironisch kennzeichnen;[11] man kann aber auch sowohl das falsche Wort aussprechen wie gestisch das falsche Objekt zeichnen (Kühn 2002, 284f.). Bestimmte Formulierungen erfordern eine Geste, z.B. eine Zeigegeste bei *da ist ein glas*, eine Raumgeste bei *hans ist dort drüben* (de Ruiter 2000, 292).

Gestische Visualisierungen haben oft eine metaphorische Bedeutung (C. Müller 1998, 110f.). Eine Studentin sagt: *ich hab den ganzen tag nur gedacht und gedacht* und lässt dabei den rechten Zeigefinger an ihrer Schläfe kreisen, wie wenn ihr Gehirn eine sich fortwährend drehende Maschine wäre. Eine Filmschauspielerin sagt in einer Talk-Show: *ich hab mich dann weiterentwickelt* und lässt dabei ihre Hände in einer Vorwärtsbewegung umeinanderkreisen, wie um eine rollende Bewegung nach vorne anzudeuten. Ein Wissenschaftler sagt: *das nebeneinander von heimatideologie und industrialisierung* und macht bei *heimatideologie* mit beiden senkrecht gehaltenen Händen zuerst links und dann bei *industrialisierung* rechts eine kurze Abwärtsbewegung. Dadurch teilt er den Raum vor seinem Körper metaphorisch in Bereiche, die

---

8 Kendon (1985, 221ff.) gibt folgende Beispiele: für das Wort *fechten* eine Handbewegung wie mit einem Schwert; für die Beschreibung des Herabstürzens eines Falken: ausgestreckter rechter Arm auf Schulterhöhe, Zusammenfalten der Finger, plötzliche Abwärtsbewegung der Hand.

9 Ein Professor spricht über das Wort „Vogelflug" in einem Gedicht und fragt: *was ist ein vogelflug?* Dabei winkelt er beide Arme in Schulterhöhe an und lässt seine Hände wie Flügelschläge „flattern", um auf eine Variante der Wortbedeutung aufmerksam zu machen. Ein ähnliches Beispiel bei Kendon (1985, 225).

10 Eine Sprecherin will *viola spielen* sagen, sagt aber *gei gei gei*; dabei macht sie die richtigen Handbewegungen für das Violaspielen (Beispiel von J. Streeck).

11 De Fornel (1992, 172).

voneinander getrennt sind (vgl. Kühn 2002, 237). Man staunt über den Erfindungsreichtum, mit dem mentale Konzepte visualisiert werden.

Die meisten illustrierenden Gesten geschehen unbewusst, manchmal ziehen sie aber die Aufmerksamkeit der Beteiligten auf sich. Mit Gesten kann man verbale Äußerungen ersetzen, z.B. wenn Lärm das Hören behindert, wenn ein offenes Aussprechen zu unhöflich wäre (Kendon 1985, 223f.) oder bei Wortfindungsschwierigkeiten (ebd., 222; Kühn 2002, 214). Streeck (1995, 96ff.) analysiert eine Stelle, wo einem Sprecher nicht das Wort *Merkblatt* einfallen will; er sagt:

> ich hatte letztens w irgendwo a äh äh ähm aufm ARbeitsamt,
> oder (-) was das war.
> DA hatte ich ge äh äh mal son son son son son MERKblatt äh inner hand,

Während der Sprecher wiederholt *so n* sagt, hält er beide Hände mit den Handflächen zu sich gewendet vor das Gesicht, wie wenn er in etwas läse. Er schaut dabei auf seine Hände und lädt dadurch auch den Hörer dazu ein, dies zu tun. Für einen kurzen Moment wird die Geste zum Gegenstand des Blickes von Sprecher und Hörer.[12]

Zum Schluss sollen die Funktionen unterschiedlicher Gesten an einem kleinen Ausschnitt analysiert werden. In einer politischen Diskussion im September 1996 sagte ein Berliner SPD-Anhänger kritisch zu einem Vertreter der PDS:

> dann seh ich überhaupt KEIne PERspektTIve für ne gemeinsame GRUNDlage in der ZUkunft.
> DAT müssen se mir mal erklären wie sie MICH eijntlich da verSUchen in n jeMEINsames BOOT kriejen zu wollen.

1. „batons“: An den unterstrichenen Stellen von akzentuierten Silben begleitet der Sprecher die vokale Hervorhebung durch eine Bewegung seiner zusammengelegten Hände nach unten und wieder nach oben (bei *jeMEINsames* zweimal). Mehrere Akzente bekommen also ein körperliches Äquivalent.
2. Zeigegesten: bei *MICH* führt der Sprecher beide Hände auf seine Brust zu; bei *da* führt er sie weg von sich nach vorne, wo der politische Gegner sitzt.
3. Räumliche Symbolisierung: Zu Beginn von *KEIne PERspektTIve* weist der Sprecher mit beiden senkrecht gestellten Händen nach vorne, wie um einen Blick in die „vor ihm“ liegende Zukunft zu weisen; gleichzeitig führt er mit den parallel gehaltenen Händen drei Akzentmarkierungen durch. Diese metaphorische Geste setzt also vor dem Wort *perspektive* ein, auf

[12] Weitere Beispiele bei Kühn (2002, 273, 285).

das sie sich bezieht. Genau beim Wort *gemeinsame* legt er die rechte Hand auf die linke und bringt beide Hände in eine waagrechte Haltung vor seinem Bauch, sodass sie sowohl das Konzept von ‚gemeinsam' wie das von ‚Grundlage' symbolisieren. Die Hände bleiben aufeinander bis zu *erklären*; sie fallen dann nach unten und werden bei *da versuchen* wieder hochgenommen. Bemerkenswert ist, dass am Schluss des Ausschnitts, in dem der Sprecher ja leugnet, in einem Boot mit dem PDS-Vertreter zu sein, beide Hände nicht zusammenkommen, sondern auseinander gehalten nach unten weisen. – Die gleichzeitige Produktion von sprachlichen und nonverbalen Zeichen hat Psychologen zu der Überlegung geführt, dass die gestische und die sprachliche Produktion gleichzeitig im Gehirn aktiviert und parallel zueinander gesteuert werden (ein Modell bei de Ruiter 2000, 298).

Textsammlungen

Bibliografie:

Glas, Reinhold/Ehlich, Konrad (2000): Deutsche Transkripte 1950 bis 1995. Ein Repertorium. = Arbeiten zur Mehrsprachigkeit 63. Univ. Hamburg. Arbeitsstelle Mehrsprachigkeit.

Bausch, Karl-Heinz (1995): Auskünfte über Mannheim. Textausschnitte aus ethnographischen Interviews. In: Werner Kallmeyer (Hg.): Kommunikation in der Stadt. Teil 2. Berlin, New York, 344–511.

Betten, Anne (Hg.) (1995): Sprachbewahrung nach der Emigration – Das Deutsch der 20er Jahre in Israel. Teil I : Transkripte und Tondokumente. = Phonai 42. Tübingen.

Betten, Anne/Du-nour, Miryam (Hgg.) (2000): Sprachbewahrung nach der Emigration – Das Deutsch der 20er Jahre in Israel. Teil II: Analysen und Dokumente. = Phonai 45. Tübingen.

Brons-Albert, Ruth (1984): Gesprochenes Alltagsdeutsch – Telefongespräche. Tübingen.

Maurer, Silke/Schmitt, Reinhold (1994): Small talk, Klatsch und aggressive Spiele. Ein Textband zum kommunikativen Tagesgeschehen in einem Kiosk. Tübingen.

Pfeffer, J. Alan/Lohnes, Walter F. (Hgg.): (1984): Textkorpora I. Grunddeutsch. Texte zur gesprochenen deutschen Gegenwartssprache. 3 Bde. = Phonai 28–30. Tübingen.

Redder, Angelika (1982): Schulstunden 1. Transkripte. = Kommunikation und Institution 4. Tübingen.

Redder, Angelika/Ehlich, Konrad (Hgg.)(1994): Gesprochene Sprache. Transkripte. = Phonai 41. Tübingen. Mit CD.

Ruoff, Arno (1984): Alltagstexte I. Transkriptionen von Tonbandaufnahmen aus Baden-Württemberg und Bayrisch-Schwaben. = Idiomatica 10. Tübingen.

Ruoff, Arno (1985): Alltagstexte II. Transkriptionen von Tonbandaufnahmen aus Baden-Württemberg, Vorarlberg und Liechtenstein. = Idiomatica 11. Tübingen.

Schlobinski, Peter/Kohl, Gaby/Ludewigt, Irmgard (Hgg.) (1995): Jugendliche Sprechweisen. Diskette. Unterschleißheim: Linguistic Data on Diskette Service by Lincom Europa.

Schröder, Peter (Hg.) (1985): Beratungsgespräche – ein kommentierter Textband. Tübingen.

Schröder, Peter (1997): Schlichtungsgespräche. Ein Textband mit einer exemplarischen Analyse. Berlin, New York.

Sperlbaum, Margret (1975): Proben deutscher Umgangssprache (Bundesrepublik Deutschland). = Phonai 17. Tübingen.

TB I–IV = Texte gesprochener deutscher Standardsprache. Erarbeitet am Institut für deutsche Sprache, Forschungsstelle Freiburg i.Br.

Band I. München 1971.

Band II: „Meinung gegen Meinung". Diskussionen über aktuelle Themen. Hg. von Charles van Os. München 1974.

Band III: Alltagsgespräche. Hg. von Harald P. Fuchs und Gerd Schank. München 1975.

Band IV: Beratungen und Dienstleistungsdialoge. Hg. von Karl-Heinz Jäger. München 1979.
TB I–IV in: http://corpora.ids-mannheim.de/~cosmas/
Wagener, Peter (Hg.) (1994): Tonaufnahmen des gesprochenen Deutsch. = Phonai 40. Tübingen.

Literaturverzeichnis

Abraham, Werner (ed.) (1991): Discourse Particles. Amsterdam, Philadelphia.
Abraham, Werner (1999): Präteritumschwund in German: The Parsing Trigger. In: Ders. (ed.): Characteristic properties of spoken vernaculars. Berlin, 39–58. = Folia Linguistica XXXII/1.
Adamzik, Kirsten (1994): Beziehungsgestaltung in Dialogen. In: Fritz/Hundsnurscher (Hgg.), 357–374.
Adamzik, Kirsten (1995): Textsorten – Texttypologie. Eine kommentierte Bibliographie. Münster.
Adamzik, Kirsten/Christen, Helen (Hgg.) (2001): Sprachkontakt, -vergleich, -variation. Festschrift für Gottfried Kolde zum 65. Geburtstag. Tübingen.
Albert, Christian (2000): Parenthesen als syntaktisches Charakteristikum des Israel-Korpus. In: Betten/Du-nour (Hgg.), 311–337.
Altmann, Hans (1981): Formen der „Herausstellung“ im Deutschen. Tübingen.
Altmann, Hans (1987): Zur Problematik der Konstitution von Satzmodi als Formtypen. In: Jörg Meibauer (Hg.): Satzmodus zwischen Grammatik und Pragmatik. Tübingen, 22–56.
Altmann, Hans/Batliner, Anton/Oppenrieder, Wilhelm (Hgg.) (1989): Zur Intonation von Modus und Fokus im Deutschen. Tübingen.
Andersson, Sven-Gunnar/Kvam, Sigmund (1984): Satzverschränkung im heutigen Deutsch. Tübingen.
Androutsopoulos, Jannis K. (1998): Deutsche Jugendsprache. Untersuchungen zu ihren Strukturen und Funktionen. Frankfurt/M. etc.
Antos, Gerd (1982): Grundlagen einer Theorie des Formulierens. Textherstellung in geschriebener und gesprochener Sprache. Tübingen.
Asmuß, Birte (2000): Strukturelle Dissensmarkierungen in interkultureller Kommunikation. Tübingen.
Atkinson, J. Maxwell/Heritage, John (eds.) (1984): Structures of Social Action. Studies in Conversation Analysis. Cambridge etc.
Auer, Peter (1986): Konversationelle Standard/Dialekt-Kontinua (Code-Shifting). In: DS 14, 97–124.
Auer, Peter (1988): Rhythmic integration in phone closings. = KontRI Nr. 2.
Auer, Peter (1990): Phonologie der Alltagssprache. Untersuchung zur Standard/Dialekt-Variation am Beispiel der Konstanzer Stadtsprache. Berlin.
Auer, Peter (1991): Vom Ende deutscher Sätze. In: ZGL 19,130–138.
Auer, Peter (1993): Zur Verbspitzenstellung im Gesprochenen Deutsch. In: DS 21, 193–222.
Auer, Peter (1996): On the prosody and syntax of turn-continuations. In: Couper-Kuhlen/Selting (eds.), 57–100.
Auer, Peter (1997): Formen und Funktionen der Vor-Vorfeldbesetzung im gesprochenen Deutsch. In: Schlobinski (Hg.), 55–92.

Auer, Peter (1998): Zwischen Parataxe und Hypotaxe: ‚abhängige Hauptsätze' im gesprochenen und geschriebenen Deutsch. = InLiST No. 2.

Auer, Peter (2000): „Hoch ansetzende" Intonationskonturen in der Hamburger Regionalvarietät. = InLiSt No. 23.

Auer, Peter (2000a): On line-Syntax – Oder: was es bedeuten könnte, die Zeitlichkeit der mündlichen Sprache ernst zu nehmen. In: Sprache und Literatur 85, 43–56.

Auer, Peter (2002): Schreiben in der Hypotaxe – Sprechen in der Parataxe? Kritische Bemerkungen zu einem Gemeinplatz. In: DaF 39, 131–138.

Auer, Peter/Couper-Kuhlen, Elizabeth (1994): Rhythmus und Tempo konversationeller Alltagssprache. In: LiLi 96, 78–106.

Auer, Peter/Couper-Kuhlen, Elizabeth/Müller, Frank (1999): Language in Time. The Rhythm and Tempo of Spoken Language. New York, Oxford.

Auer, Peter/di Luzio, Aldo (Hgg.) (1992): The Contextualization of Language. Amsterdam, Philadelphia.

Auer, Peter/Gilles, Peter/Peters, Jörg/Selting, Margret (2000): Intonation regionaler Varietäten des Deutschen. Vorstellung eines Forschungsprojekts. In: Dieter Stellmacher (Hg.): Dialektologie zwischen Tradition und Neuansätzen. = ZDL-Beiheft 109. Stuttgart, 222–239.

Auer, Peter/Selting, Margret (2001): Der Beitrag der Prosodie zur Gesprächsorganisation. In: Brinker u.a. (Hgg.), 1122–1130.

Auerbach, Erich (1971): Mimesis. Dargestellte Wirklichkeit in der abendländischen Literatur. 5. Aufl. Bern, München.

Baddeley, Alan (1990): The development of the concept of working memory. In: Vallar/Shallice (eds.), 54–73.

Bachtin, Michail M. (1979): Die Ästhetik des Wortes. Hg. v. Rainer Grübel. Frankfurt/M.

Baldauf, Heike (1998): Aufschreien und Stöhnen. Äußerungsformen emotionaler Beteiligung beim Fernsehen. In: Brock/Hartung (Hgg.), 37–54.

Bannert, Robert (1985a): Towards a Model For German Prosody. In: Folia Linguistica XIX/3–4, 1985, 321–341.

Bannert, Robert (1985b): Fokus, Kontrast und Phrasenintonation im Deutschen. In: ZDL LII, H.3, 289–305.

Bannert, Robert/Schwitalla, Johannes (1999): Äußerungssegmentierung in der deutschen und schwedischen gesprochenen Sprache. In: DS 27, 314–335.

Barden, Birgit (1991): Sprechgeschwindigkeit und thematische Struktur. = KontRI, Nr. 15.

Baßler, Harald (1996): Wissenstransfer in intrafachlichen Vermittlungsgesprächen. Tübingen.

Batliner, Anton (1989): Fokus, Modus und die große Zahl. In: Altmann u.a. (Hgg.), 21–70.

Bausch, Karl-Heinz (1978): Der Konjunktiv im Deutschen. In: Kopenhagener Beiträge zur Germanistischen Linguistik 13, 21–51.

Bausch, Karl-Heinz (1979): Modalität und Konjunktivgebrauch in der gesprochenen deutschen Standardsprache. = Heutiges Deutsch I/9.1. München.

Bausch, Karl-Heinz (1994): Sprachverhalten von Jugendlichen in Neckarau. In: Kallmeyer (Hg.), 388–466.

Bausch, Karl Heinz (1998): „Sie hat Udo geküsst" oder: Klatsch-Variationen. In: Henn-Memmesheimer (Hg.), 135–155.

Bazanella, Carla (ed.) (1996): Repetition in Dialogue. Tübingen.

Beattie, Geoffrey/Shovelton, Heather (2002): Lexical access in talk: A critical consideration of transitional probability and word frequency as possible determinants of pauses in spontaneous speech. In: Semiotica 141, 49–71.

Becker-Mrotzek, Michael/Fiehler, Reinhard (Hgg.) (2002): Unternehmenskommunikation. Tübingen.

Beckmann, Susanne/König, Peter-Paul (1993): Sprichwörter und ihre Verwendung im Dialog. In: Löffler (Hg.), Bd. 1, 177–185.

Behaghel, Otto (1927 [1899]): Geschriebenes Deutsch und gesprochenes Deutsch. In: Ders.: Von deutscher Sprache. Aufsätze, Vorträge und Plaudereien. Lahr, 11–34.

Behr, Irmtraud/Quintin, Hervé (1996): Verblose Sätze im Deutschen. Zur syntaktischen und semantischen Einbindung verbloser Konstruktionen in Textstrukturen. Tübingen.

Besch, Werner (1996): Duzen, Siezen, Titulieren. Zur Anrede im Deutschen heute und gestern. Göttingen.

Bethge, Wolfgang (1973): Beschreibung einer hochsprachlichen Tonbandaufnahme. = Phonai, Beiheft 1. Tübingen.

Betten, Anne (1976): Ellipsen, Anakoluthe und Parenthesen. In: DS 2, 207–230.

Betten, Anne (1977/78): Erforschung gesprochener deutscher Standardsprache. In: DS 3, 335–361; 4, 21–44.

Betten, Anne (1980): Fehler und Kommunikationsstrategien. In: Dieter Cherubim (Hg.): Fehlerlinguistik. Tübingen, 188–208.

Betten, Anne (1985a): Sprachrealismus im deutschen Drama der siebziger Jahre. Heidelberg.

Betten, Anne (1985b): Formen fragmentarischer Gesprächsäußerungen in simulierter gesprochener Sprache. In: Meyer-Hermann/Rieser (Hgg.) Bd. 2, 269–294.

Betten, Anne (2000): Satzkomplexität, Satzvollständigkeit und Normbewußtsein. Zu syntaktischen Besonderheiten des Israel-Korpus, In: Betten/Du-nour (Hgg.), 217–270.

Betten, Anne (2001): Gesprächsstile. In: Brinker u.a. (Hgg.), 1394–1406.

Betten/Du-nour (Hgg. (2000) s. unter Texte.

Betten, Anne/Mauser, Peter (2002): Deutsche Wörter im Exil. In: Vilmos Ágel u.a. (Hgg.): Das Wort. Seine strukturelle und kulturelle Dimension. Festschrift für Oskar Reichmann zum 65. Geburtstag. Tübingen, 183–200.

Betz, Ruth (demn.): Gesprochensprachliche Elemente in deutschen Tageszeitungen. Diss. phil. Univ. Würzburg.

Biber, Douglas (1988): Variation Across Speech and Writing. Cambridge.

Biere, Bernd Ulrich/Hoberg, Rudolf (Hgg.) (1996): Mündlichkeit und Schriftlichkeit im Fernsehen. Tübingen.

Blanche-Benveniste, Claire et al. (1979): Des Grilles pour le Français Parlé. = Recherches sur le Français Parlé No 2, Aix en Provence. Univ. de Provence.

Blanche-Benveniste, Claire (1981): La Complémentation Verbale: Valence, Rection et Associés. In: Recherches sur le Français Parlé No 3, Aix en Provence. Univ. de Provence, 57–98.

Blanche-Benveniste, Claire/Bilger, Mireille/Rouget, Christine/van den Eynde, Karel (1991): Le Français Parlé. Etudes grammaticales. Paris.

Blanken, Gerhard (2002): Fehlende Wörter. Pathologische Störungen der Einzelwortverarbeitung. In: Dittmann/Schmidt (Hgg.), 359–382.
Blom, Jan-Petter/Gumperz, John J. (1972): Social Meaning in Linguistic Structure: Code-Switching in Norway. In: Gumperz/Hymes (eds.), 407–434.
Bolinger, Dwight (1978): Intonation Across Languages. In: Joseph H. Greenberg (ed.): Universals of Human Language. Vol. 2. Phonology. Stanford, 471–524.
Bolinger, Dwight (1986): Intonation and its Parts. Melody in Spoken English. London.
Brandt, Wolfgang (1983): Zeitstruktur und Tempusgebrauch in Fußballreportagen des Hörfunks. Marburg.
Bredel, Ursula (1999): Erzählen im Umbruch. Studie zur narrativen Verarbeitung der „Wende“ 1989. Tübingen.
Bredel, Ursula (2000): *Ach so* – Eine Rekonstruktion aus funktional-pragmatischer Perspektive. In: LB 184, 401–421.
Brinker, Klaus/Sager, Sven ([2]1996): Linguistische Gesprächsanalyse. Eine Einführung. Berlin.
Brinker, Klaus u.a. (Hgg.) (2001): Text- und Gesprächslinguistik. Ein internationales Handbuch zeitgenössischer Forschung. Berlin, New York.
Brinkmann, Hennig (1974): Reduktion in gesprochener und geschriebener Rede. In: Gesprochene Sprache, 144–162.
Brock, Alexander/Hartung, Martin (Hgg.) (1998): Neuere Entwicklungen in der Gesprächsforschung. Tübingen.
Brons-Albert, Ruth (1982): Die Bezeichnung von Zukünftigem in der gesprochenen deutschen Standardsprache. Tübingen.
Brünner, Gisela (1991): Redewiedergabe in Gesprächen. In: DS 19, 1–15.
Brünner, Gisela (1999): Medienspezifische Aspekte der Kommunikation in medizinischen Fernsehsendungen. In: Bührig/Matras (Hgg.), 23–42.
Brünner, Gisela/Graefen, Gabriele (Hgg.) (1994): Texte und Diskurse. Methoden und Forschungsergebnisse der Funktionalen Pragmatik. Opladen.
Bublitz, Wolfram (1988): Supportive Fellow-Speakers and Cooperative Conversations. Amsterdam, Philadelphia.
Bublitz, Wolfram (1989): Repetition in Spoken Discourse. In: Heinz-Joachim Müllenbrock/Renate Noll-Wiemann (Hgg.): Anglistentag 1988 Göttingen, Vorträge. Tübingen, 352–368.
Bublitz, Wolfram (1996): *I bought a freezer – you've bought a freezer – they've bought a freezer* – Repetition as a Text-building Device. In: Bazzanella (ed.), 16–28.
Bühler, Karl (1965 [1934]): Sprachtheorie. Die Darstellungsfunktion der Sprache. Stuttgart.
Bührig, Kristin (1996): Reformulierende Handlungen. Zur Analyse sprachlicher Adaptierungsprozesse in institutioneller Kommunikation. Tübingen.
Bührig, Kristin/Matras, Yaron (Hgg.) (1999): Sprachtheorie und sprachliches Handeln. Festschrift für Jochen Rehbein zum 60. Geburtstag. Tübingen.
Burger, Harald (1996): Laien im Fernsehen. In: Biere/Hoberg (Hgg.), 41–80.
Burger, Harald (2002): Psychologische Beratungen im Fernsehen. In: Ulrich Breuer/Jarmo Korhonen (Hgg.): Mediensprache – Medienkritik. Frankfurt/M. etc., 305–335.
Burger, Harald/Buhofer, Annelies/Sialm, Ambros (1982): Handbuch der Phraseologie. Berlin, New York.
Burkhardt, Armin (1985): Der Gebrauch der Partikeln im gesprochenen Deutsch und im gesprochenen Italienisch. In: Günter Holtus/Edgar Radtke (Hgg.): Gesprochenes Italienisch in Geschichte und Gegenwart. Tübingen, 236–273.

Burkhardt, Armin (1998): Interjektionen: Begriff, Geschichte(n), Paraphrasen. In: Harden/Hentschel (Hgg.), 43–73.

Bürkli, Beatrice (1999): Sprachvariation in einem Großbetrieb. Eine individuenzentrierte Analyse anhand sprachlicher Tagesläufe. Tübingen, Basel.

Busler, Christine/Schlobinski, Peter (1997): „Was er (schon) konstruieren kann – das sieht er (oft auch) als Ellipse an", syntaktische Formate und Wissensstrukturen. In: Schlobinski (Hg.), 93–116.

Butterworth, Brian/Shallice, Tim/Watson, Frances L. (1990): Short-term retention without short-term memory. In: Vallar/Shallice (eds.), 187–213.

Chafe, Wallace L. (1979): The Flow of Thought and the Flow of Language. In: Givón (ed.), 159–181.

Chafe, Wallace L. (1982): Integration and Involvement In Speaking, Writing, and Oral Literature. In: Tannen (ed.), 35–53.

Chafe, Wallace L. (1985): Some Reasons for Hesitating. In: Deborah Tannen/Muriel Saville-Troike (eds.): Perspectives On Silence. Norwood, NJ, 77–89.

Chafe, Wallace L. (1987): Cognitive Constraints on Information Flow. In: Tolmin, Russel S. (ed.): Coherence and Grounding in Discourses. Amsterdam, 21–51.

Cherchi, Lucien (1985): On the Role of Ellipsis in Discourse Coherence. In: Meyer-Hermann/Rieser (Hgg.) Bd. 2, 224–249.

Cherubim, Dieter/Objartel, Georg/Schikorsky, Isa (1987): „Geprägte Form, die lebend sich entwickelt". Beobachtungen zu institutionsbezogenen Texten des 19. Jahrhunderts. In: WW 2/87, 144–176.

Christmann, Gabriela B. (1993): ‚Und da hab ich wirklich so einen Zornesausbruch gekriegt ...'. Moral mit Affekt: Die moralische Entrüstung am Beispiel von Ökologie-Gruppen. = Moral Nr. 6. Univ. Konstanz, Fachgruppe Soziologie.

Čmejrková, Svetla/Daneš, František/Havlová, Eva (eds.) (1994): Writing vs Speaking. Language, Text, Discourse, Communication. Tübingen.

Cook-Gumperz, Jenny (1992): Gendered Contexts. In: Auer/di Luzio (eds.), 177–198.

Cook-Gumperz, Jenny/Gumperz, John J. (1994): The Politics of a Conversation: Conversational Inference in Discussion. In: Allen D. Grimshaw (ed.): What's Going On Here? Complementary Studies of Professional Talk. Norwood, NJ, 373–397.

Coulmas, Florian (1981): Routine im Gespräch. Zur pragmatischen Fundierung der Idiomatik. Wiesbaden.

Couper-Kuhlen, Elizabeth (1983): Intonatorische Kohäsion. Eine makroprosodische Untersuchung. In: LiLi 49, 74–100.

Couper-Kuhlen, Elizabeth (1986): An Introduction to English Prosody. Tübingen.

Couper-Kuhlen, Elizabeth (1989/90): Spreech rhythm at turn transitions: Its functioning in everyday conversation. Part I and II. = KontRI Nr. 5 und 8.

Couper-Kuhlen, Elizabeth (1992): Contextualizing Discourse: The Prosody of Interactive Repair. In: Auer/di Luzio (eds.), 337–364.

Couper-Kuhlen, Elizabeth/Selting, Margret (eds.) (1996): Prosody in conversation. Interactional studies. Cambridge.

Cruttenden, Alan (1986): Intonation. London etc.

Dannerer, Monika (2002): Allen Ernstes scherzen? Formen und Funktionen von Scherzen und Lachen in innerbetrieblichen Besprechungen. In: Becker-Mrotzek/Fiehler (Hgg.), 89–115.

Deppermann, Arnulf (1997): Glaubwürdigkeit im Konflikt. Rhetorische Techniken in Streitgesprächen. Frankfurt/M. etc.

Deppermann, Arnulf (2001): Aspekte einer konversationsanalytischen Untersuchung von Wortsemantik. In: Helmut Gruber/Florian Menz (Hgg.): Interdisziplinarität in der Angewandten Sprachwissenschaft. Frankfurt/M., 57–77.

Deppermann, Arnulf (2002): Von der Kognition zur verbalen Interaktion: Bedeutungskonstitution im Kontext aus Sicht der Kognitionswissenschaften und der Gesprächsforschung. In: Deppermann/Spranz-Fogasy (Hgg.), 11–33.

Deppermann, Arnulf (2002a): Konstitution von Wortbedeutung im Gespräch. Eine Studie am Beispiel des jugendsprachlichen Bewertungsadjektivs *assi*. In: Deppermann/Spranz-Fogasy (Hgg.), 158–202.

Deppermann, Arnulf/Spranz-Fogasy, Thomas (Hgg.) (2002): be-deuten. Wie Bedeutung im Gespräch entsteht. Tübingen.

Deutrich, Karl-Helge/Schank, Gerd (1973): Situationsspezifischer Einsatz sprachlicher Mittel. Anregungen für den Deutschunterricht. In: DU 6/73, 100–119.

Dittmann, Jürgen (1976): Sprechhandlungstheorie und Tempusgrammatik. Futurformen und Zukunftsbezug in der gesprochenen deutschen Standardsprache. = Heutiges Deutsch I/8. München.

Dittmann, Jürgen (1988): Versprecher und Sprachproduktion. In: Gerhard Blanken/Jürgen Dittmann/Claus-W. Wallesch (Hgg.): Sprachproduktionsmodelle. Neuro- und psycholinguistische Theorien der Spracherzeugung. Freiburg, 35–82.

Dittmann, Jürgen (2001): Zum Zusammenhang von Grammatik und Arbeitsgedächtnis. In: Adamzik/Christen (Hgg.), 123–137.

Dittmann, Jürgen/Schmidt, Claudia (Hgg.) (2002): Über Wörter. Grundkurs Linguistik. Freiburg/Br.

Dittmar, Norbert (1997): Grundlagen der Soziolinguistik. Ein Arbeitsbuch mit Aufgaben. Tübingen.

Dittmar, Norbert (2000): Sozialer Umbruch und Sprachwandel am Beispiel der Modalpartikeln *halt* und *eben* in der Berliner Kommunikationsgemeinschaft nach der ‚Wende'. In: Peter Auer/Heiko Hausendorf (Hgg.): Kommunikation in gesellschaftlichen Umbruchsituationen. Tübingen, 199–234.

Dittmar, Norbert (2002): Lakmustest für funktionale Beschreibungen am Beispiel von *auch* (Fokuspartikel), *eigentlich* (Modalpartikel) und *also* (Diskursmarker). In: Cathrine Fabricius-Hansen u.a. (Hgg.): Modus, Modalverben, Modalpartikeln. Trier, 142–177.

Dittmar, Norbert/Bredel, Ursula (1999): Die Sprachmauer. Die Verarbeitung der Wende und ihrer Folgen in Gesprächen mit Ost- und WestberlinerInnen. Berlin.

Drescher, Martina (2001): The negotiation of affect in natural conversation. In: Edda Weigand/Marcelo Dascal (eds.): Negotiation and Power in Dialogue Interaction. Amsterdam, Philadelphia, 183–196.

Drescher, Martina (demn.): Sprachliche Aktivität: Darstellungen emotionaler Beteiligung am Beispiel von Gesprächen aus dem Französischen. Tübingen.

Drommel, Raimund (1974): Die Sprechpause als Grenzsignal im Text. Göppingen.

Duranti, Alessandro/Goodwin, Charles (eds.) (1992): Rethinking context. Language as an interactive phenomenon. Cambridge.

Ehlich, Konrad (1983): Deixis und Anapher. In: Gisa Rauh (Hg.): Essays on Deixis. Tübingen, 79–97.

Ehlich, Konrad (1983a) Text und sprachliches Handeln. Die Entstehung von Texten aus dem Bedürfnis nach Überlieferung. In: Aleida und Jan Assmann/Christof Hardmeier (Hgg.): Schrift und Gedächtnis. München, 24–43.

Ehlich, Konrad (1986): Interjektionen. Tübingen.

Ehlich, Konrad (1994): Funktion und Struktur schriftlicher Kommunikation. In: Günther/Ludwig (Hgg.), 18–41.

Ehlich, Konrad/Rehbein, Jochen (1977): Batterien sprachlicher Handlungen. In: Journal of Pragmatics 1, 393–406.

Ehlich, Konrad/Rehbein, Jochen (1982): Augenkommunikation. Methodenreflexion und Beispielanalyse. Amsterdam.

Eichhoff, Jürgen (1977–2000): Wortatlas der deutschen Umgangssprache. 4 Bde. Bern, München.

Eisenmann, Fritz (1973): Die Satzkonjunktionen in gesprochener Sprache. = Idiomatica 2. Tübingen.

Ekman, Paul (1988): Gesichtsausdruck und Gefühl. Paderborn.

Ekman, Paul/Friesen, Wallace (1969): The repertoire of nonverbal behavior: Categories, origins, usage, and coding. In: Semiotica 1, 49–98.

Engel, Ulrich (1974): Syntaktische Besonderheiten der deutschen Alltagssprache. In: Gesprochene Sprache, 199–228.

Erben, Johannes (1972): Deutsche Grammatik. Ein Abriß. München.

Erickson, Frederick (1986): Listening and speaking. In: Deborah Tannen/James E. Alatis (eds.): Languages and Linguistics: The Interdependence of Theory, Data, and Application. Washington DC, 294–319.

Erickson, Frederick (1988): Money tree, lasagna bush, salt and pepper: Social construction of topical cohesion in a conversation among Italian-Americans. In: Deborah Tannen (ed.): Analyzing Discourse: Text and Talk. = Georgetown University Round Table on Language and Linguistics 1981. Washington, DC., 43–70.

Erickson, Frederick (1992): „They Know All the Lines“: Rhythmic Organization and Contextualization in a Conversational Listing Routine. In: Auer/di Luzio (eds.), 365–397.

Erickson, Frederick/Shultz, Jeffrey (1982): The Counselor as Gatekeeper. Social Interaction in Interviews. New York, London etc.

v. Essen, Otto (1965): Grundzüge der hochdeutschen Satzintonation. Ratingen/Düsseldorf.

Fährmann, Rudolf (1982): Elemente der Stimme und Sprechweise. In: Scherer (Hg.), 138–163.

Feldbusch, Elisabeth (1989): Zur Parallelisierung geschriebener und gesprochener Sprache. In: Dies. (Hg.): Ergebnisse und Aufgaben der Germanistik am Ende des 20. Jahrhunderts. Hildesheim etc., 141–158.

Féry, Caroline (1993): German Intonational Patterns. Tübingen.

Fiehler, Reinhard (1990): Kommunikation und Emotion. Theoretische und empirische Untersuchungen zur Rolle von Emotionen in der verbalen Interaktion. Berlin, New York.

Fiehler, Reinhard (1994): Analyse- und Beschreibungskategorien für geschriebene und gesprochene Sprache. Alles eins? In: Čmejrková u.a. (eds.), 175–180.

Fiehler, Reinhard (1994a): Formen des Sprechens mit sich selbst. In: Brünner/Graefen (Hgg.), 179–198.

Fiehler, Reinhard (2000): Über zwei Probleme bei der Untersuchung gesprochener Sprache. In: Sprache und Literatur 85, 23–42.

Fiehler, Reinhard (2000a): Gesprochene Sprache – Gibt's die? In: Jahrbuch der ungarischen Germanistik 2000, 93–104.

Fiehler, Reinhard/Barden, Birgit/Elstermann, Mechthild/Kraft, Barbara (demn.): Eigenschaften gesprochener Sprache. Theoretische und empirische Untersuchungen zur Spezifik mündlicher Kommunikation. Tübingen.

Fischer, Rotraut (1992): Disfluenz als Kontextualisierungshinweis in telefonischen Beratungsgesprächen im Rundfunk. = KontRI No. 23.

Flusser, Vilém (1992): Die Schrift. Frankfurt/M.

Foppa, Klaus (1990): Topic progression and intention. In: Ivana Marková/Klaus Foppa (eds.): The Dynamics of Dialogue. New York etc., 178–200.

de Fornel, Michel (1992): The Return Gesture: Some Remarks on Context, Inference, and Iconic Gesture. In: Auer/di Luzio (eds.), 159–176.

Franck, Dorothea (1985): Sentences in conversational turns: A case of syntactic ‚double-bind'. In: Marcelo Dascal (ed.): Dialogue. An interdisciplinary approach. Amsterdam, 233–245.

Fraser, Bruce (1999): What are discourse markers? In: Journal of Pragmatics 31, 931–952.

French, Peter/Local, John (1983): Turn-competitive incomings. In: Journal of Pragmatics 7, 1983, 17–38.

Frick, Robert W. (1985): Communicating Emotion: The Role of Prosodic Features. In: Psychological Bulletin 97, 412–429.

Fritz, Gerd/Hundsnurscher, Franz (Hgg.) (1994): Handbuch der Dialoganalyse. Tübingen.

Ganijewa, Irina (1990): Syntaktische Beschreibung gesprochener Äußerungen. Methodenreflexion, Analyse und Ergebnisse. Diss. phil. Halle.

Gansel, Christina/Jürgens, Frank (2002): Textlinguistik und Textgrammatik. Wiesbaden.

Gersbach, Bernhard (1981): Die Vergangenheitstempora in oberdeutscher gesprochener Sprache. Formen, Vorkommen und Funktionen. = Idiomatica 9. Tübingen.

Gersbach, Bernhard/Graf, Rainer (1984): Wortbildung in gesprochener Sprache. 2 Bde. = Idiomatica 12, 13. Tübingen.

Gesprochene Sprache. Jahrbuch 1972 des Instituts für deutsche Sprache. = Sprache der Gegenwart 26. Düsseldorf 1974.

Gibbs, Raymond (1994): The Poetics of Mind: Figurative Thought, Language, and Understanding. Cambridge.

Gilles, Peter (2000): Intonation der Weiterverweisung. = InLiSt No. 19.

Gilles, Peter (2001): Die Intonation final fallender Nuklei. Eine kontrastive Untersuchung zum Hamburgischen und Berlinischen. In: Germanistische Linguistik 157/158, 167–200.

Givón, Talmy (1979): On Understandig Grammar. New York etc.

Givón, Talmy (ed.) (1979): Syntax and Semantics. Vol. 12: Discourse and Syntax. New York etc.

Goffman, Erving (1977): Rahmenanalyse. Ein Versuch über die Organisation von Alltagserfahrungen. Frankfurt/M.

Goodwin, Charles (1981): Conversational Organization: Interaction between Speakers and Hearers. New York.
Goodwin, Charles/Goodwin, Marjorie Harness (1992): Context, Activity and Participation. In: Auer/di Luzio (eds.), 77–100.
Goodwin, Charles/Goodwin, Marjorie Harness (1992a): Assessments and the construction of context. In: Duranti/Goodwin (eds.), 147–189.
Graf, Rainer (1977): Der Konjunktiv in der gesprochenen Sprache. Form, Vorkommen und Funktion. = Idiomatica 5. Tübingen.
Grötsch, Verena (1994): „Damals, zu DDR-Zeiten ..." Zur moralischen Kontamination von Vergleichselementen in ostdeutschen Familiengesprächen. = Moral Nr. 13. Univ. Konstanz, Fachgruppe Soziologie.
Gruber, Helmut (1996): Streitgespräche. Zur Pragmatik einer Diskursform. Opladen.
Gülich, Elisabeth (1970): Makrosyntax der Gliederungssignale im gesprochenen Französisch. München.
Gülich, Elisabeth (1982): La Phrase Segmentée en Français et en Allemand: Une Technique Particulière à la Communication Orale. In: Didactique des Langues Etrangères. Français, Allemand. Actes du colloque tenu à l'Université Lyon II 1981. Presses Universitaires de Lyon, 33–66.
Gülich, Elisabeth (1994): Formulierungsarbeit im Gespräch. In: Čmejrková u.a. (eds.), 77–95.
Gülich, Elisabeth/Kotschi, Thomas (1987): Reformulierungshandlungen als Mittel der Textkonstitution. Untersuchungen zu französischen Texten aus mündlicher Kommunikation. In: Wolfgang Motsch (Hg:): Satz, Text, sprachliche Handlung. Berlin, 199–261.
Gülich, Elisabeth/Kotschi, Thomas (1996): Textherstellungsverfahren in mündlicher Kommunikation. In: Motsch (Hg.), 37–80.
Günther, Hartmut/Ludwig, Otto (Hgg.) (1994): Schrift und Schriftlichkeit. Ein interdisziplinäres Handbuch. 1. Halbband. Berlin, New York.
Günther, Ulla (1993): Bedeutungskonstitution im Gespräch. In: Löffler (Hg.), Bd. 2, 141–149.
Günthner, Susanne (1995): Stilisierungsverfahren in der Redewiedergabe. Fachgruppe Sprachwisenschaft, Universität Konstanz, Arbeitspapier 69 (englisch in: Journal of Pragmatics 31, 685–708).
Günthner, Susanne (1996): The prosodic contextualization of moral work: analysis of reproaches in ‚why'-formats. In: Couper-Kuhlen/Selting (eds.), 271–302.
Günthner, Susanne (1997): Direkte und indirekte Rede in Alltagsgesprächen. Zur Interaktion von Syntax und Prosodie in der Redewiedergabe. In: Schlobinski (Hg.), 227–262.
Günthner, Susanne (1997a): Stilisierungsverfahren in der Redewiedergabe. Die ‚Überlagerung von Stimmen' als Mittel der moralischen Verurteilung in Vorwurfsrekonstruktionen. In: Selting/Sandig (eds.), 94–123.
Günthner, Susanne (1999): Entwickelt sich der Konzessivkonnektor *obwohl* zum Diskursmarker? Grammatikalisierungstendenzen im gesprochenen Deutsch. In: LB 180, 409–446.
Günthner, Susanne (2000): Grammatik im Gespräch. Zur Verwendung von *wobei* im gesprochenen Deutsch. In: Sprache und Literatur 85, 57–74.
Günthner, Susanne (2002): Zum kausalen und konzessiven Gebrauch des Konnektors *wo* im gegenwärtigen Deutsch. = InLiSt No. 31.

Günthner, Susanne/Knoblauch, Hubert (1995): Culturally Patterned Speaking Practices – The Analysis of Communicative Genres. In: Pragmatics, 5:1, 1–32.
Gumperz, John J. (1982) Discourse strategies. Cambridge.
Gumperz, John J. (1992): Contextualization and Understanding. In: Duranti/Goodwin (eds.), 229–252.
Gumperz, John (1994): Sprachliche Variabilität in interaktionsanalytischer Perspektive. In: Kallmeyer (Hg.), 611–639.
Gumperz, John J./Hymes, Dell (eds.) (1972): Directions in Sociolinguistics. The Ethnography of Communication. New York etc.
Gumperz, John/Kaltman, Hannah/O'Connor, Mary Catherine (1982): Cohesion in Spoken and Written Discourse: Ethnic Style and the Transition to Literacy. In: Tannen (ed.), 3–19.

Haiman, John (1990): Sarcasm as Theater. In: Cognitive Linguistics 1–2, 181–205.
Halford, Brigitte (1990): The Complexity of Oral Syntax. In: Halford/Pilch (Hgg.), 33–44.
Halford, Brigitte K. (1994): The Discourse Function of Intonation. In: Brigitte K. Halford/Herbert Pilch (Hgg.): Intonation. Tübingen, 69–88.
Halford, Brigitte/Pilch, Peter (Hgg.) (1990): Syntax gesprochener Sprachen. Tübingen.
Halwachs, Dieter u.a. (Hgg.) (1994): Sprache, Onomatopöie, Rhetorik, Namen, Idiomatik, Grammatik. Festschrift Karl Sornig. Grazer Linguistische Monographien 11. Graz.
Harden, Theo/Hentschel, Elke (Hgg.) (1998): Particulae particularum. Festschrift zum 60. Geburtstag von Harald Weydt. Tübingen.
Hartmann, Dietrich (1994): Mündlichkeit im Lexikon der gesprochenen Sprache des Deutschen. In: Peter Canisius u.a. (Hgg.): Text und Grammatik. Festschrift für Roland Harweg. Bochum, 189–204.
Hartmann, Dietrich (1995): Orality in Spoken German Standard and Substandard. In: Quasthoff (ed.), 138–168.
Hartmann, Dietrich (1999): Zur Phraseologiebildung mittels metonymischer Prozesse aus der Sicht der kognitiven Linguistik. In: Ruprecht S. Baur u.a. (Hgg.): Wörter in Bildern – Bilder in Wörtern. Baltmannsweiler, 219–238.
Hartmann, Dietrich (2000): Zu Wortbildung und Metaphorik im umgangssprachlichen Wortschatz des Ruhrgebiets. In: Niederdeutsches Wort 40, 27–46.
Hartmann, Dietrich (demn.): Bildhafte Strukturen im umgangssprachlichen und standardsprachlichen Wortschatz des Deutschen. In: Sabine Krämer-Neubert/Norbert Richard Wolf (Hgg.): Bayerische Dialektologie. Heidelberg.
Hartog, Jennifer (1994): Laienvorstellungen im genetischen Beratungsgespräch. In: Petra Löning/Jochen Rehbein (Hgg.): Arzt-Patienten-Kommunikation. Berlin, New York, 115–133.
Hartog, Jennifer (1996): Das genetische Beratungsgespräch. Institutionalisierte Kommunikation zwischen Experten und Nicht-Experten. Tübingen.
Hartog, Jennifer/Rüttenauer, Martin (1982): Über die Partikel *eben*. In: DS 11, 69–82.
Hartung, Martin (1996): Ironische Äußerungen in privater Scherzkommunikation. In: Kotthoff (Hg.), 109–143.
Hartung, Martin (1998): Ironie in der Alltagssprache. Eine gesprächsanalytische Untersuchung. Opladen, Wiesbaden.

Hartung, Wolfdietrich (1989): Prinzipien der Organisation mündlicher und schriftlicher Kommunikation: Gemeinsamkeiten und Besonderheiten. In: Kořensky/Hartung (Hgg.), 1–12.

Hartung, Wolfdietrich (1990): Informativität und Interaktionalität in mündlicher Kommunikation. In: Prokop (Hg.), 55–67.

Hartung, Wolfdietrich (1996): *wir könn=n ruhig weitersprechen bis mittags wenn wir wollen* – Die Bearbeitung von Perspektiven-Divergenzen durch das Ausdrücken von Gereiztheit. In: Kallmeyer (Hg.), 119–190.

Hausendorf, Heiko (1995): ‚Man spricht zwar eine Sprache aber …' Die Wiedervereinigung als Kommunikationsproblem. In: Marek Czyzewski u.a. (Hgg.): Nationale Selbst- und Fremdbilder im Gespräch. Opladen, 120–144.

Hausendorf, Heiko (2000): Zugehörigkeit durch Sprache. Eine linguistische Studie am Beispiel der deutschen Wiedervereinigung. Tübingen.

Hausendorf, Heiko (2003): Deixis and speech situation revisited. In: Friedrich Lenz (ed.): Deictic Conceptualization of Space, Time and Person. Amsterdam, 243–263.

Hausendorf, Heiko/Quasthoff, Uta (1995): Discourse and Oral Contextualization: Vocal Cues. In: Quasthoff (ed.), 220–255.

Heath, Christian (1984): Talk and recipiency: sequential organization in speech and body movement. In: Atkinson/Heritage (eds.), 247–265.

Heath, Christian (1992): Gesture's Discrete Tasks: Multiple Relevancies in Visual Conduct and in the Contextualisation of Language. In: Auer/di Luzio (eds.), 101–127.

Heinemann, Wolfgang/Viehweger, Dieter (1991): Textlinguistik. Eine Einführung. Tübingen.

Heinze, Helmut (1979): Gesprochenes und geschriebenes Deutsch. Vergleichende Untersuchungen von Bundestagsreden und deren schriftlich aufgezeichneter Version. Düsseldorf.

Helmig, Günter (1972): Gesprochene und geschriebene Sprache und ihre Übergänge. Beobachtungen zur Syntax und zum Aufbau von Erzählungen zehnjähriger Schüler. In: DU 24, 5–25.

Henne, Helmut/Rehbock, Helmut (1982): Einführung in die Gesprächsanalyse. 2. Aufl. Berlin, New York.

Hennig, Mathilde, (1998): Tempus – gesprochene und geschriebene Welt? In: DaF 35, 227–232.

Hennig, Mathilde (2000): Tempus und Temporalität in geschriebenen und gesprochenen deutschen Texten. Tübingen.

Hennig, Mathilde (2000a): Können gesprochene und geschriebene Sprache überhaupt verglichen werden? In: Jahrbuch der ungarischen Germanistik 2000, 105–125.

Henn-Memmesheimer, Beate (1997): Verwendung von Elementen des Standard-Nonstandard-Kontinuums als Ergebnis funktionaler Handlungswahl. In: Klaus J. Mattheier (Hg.): Norm und Variation. Frankfurt/M. etc., 53–67.

Henn-Memmesheimer, Beate (Hg.) (1998): Sprachliche Varianz als Ergebnis von Handlungswahl. Tübingen.

Hentschel, Elke (1986): Funktion und Geschichte deutscher Partikeln. *Ja, doch, halt* und *eben*. Tübingen.

Herrmann, Karin (1992): Thematische Organisation und Präferenzordnung in telefonischen Verabredungen. Magisterarbeit Universität Mannheim.

Herrmann-Winter, Renate (1979): Studien zur gesprochenen Sprache im Norden der DDR. Soziolinguistische Untersuchungen im Kreis Greifswald. Berlin.

Hinnenkamp, Volker/Selting, Margret (Hgg.) (1989): Stil und Stilisierung. Arbeiten zur interpretativen Soziolinguistik. Tübingen.

Hinnenkamp, Volker (1998): Mißverständnisse in Gesprächen. Eine empirische Untersuchung im Rahmen der Interpretativen Sozioliguistik. Opladen.

Hoffmann, Ludger (1983): Kommunikation vor Gericht. Tübingen.

Hoffmann, Ludger (1991): Anakoluth und sprachliches Wissen. In: DS 19, 97–119.

Hoffmann, Ludger (1992): Thema und Rhema. In: Folia Linguistica XXVI/1–2, 29–46.

Hoffmann, Ludger (1995): Gewichtung: ein funktionaler Zugang zur Grammatik. In: DU 47, 23–36.

Hoffmann, Ludger (1998): Grammatik der gesprochenen Sprache. = Studienbibliographien Srachwissenschaft 25. Heidelberg.

Hoffmann, Ludger (1999): Ellipse und Analepse. In: Redder/Rehbein (Hg.), 69–90.

Höhle, Tilman N. (1991/92): Über Verum-Fokus im Deutschen. In: Joachim Jacobs (Hg.): Informationsstruktur und Grammatik. = LB Sonderheft 4, 112–142.

Höhne-Leska, Christel (1975): Statistische Untersuchungen zur Syntax gesprochener und geschriebener deutscher Gegenwartssprache. = Abhandlungen der Sächs. Akad. d. Wiss. zu Leipzig, Phil.-hist. Klasse 59, H. 1, Berlin.

Holly, Werner (1979): Imagearbeit in Gesprächen. Tübingen.

Holly, Werner (1988): Weiterführende Nebensätze in sprachgeschichtlicher Perspektive. In: ZGL 16.3, 310–322.

Holly, Werner (1990): Politikersprache. Inszenierungen und Rollenkonflikte im informellen Handeln eines Bundestagsabgeordneten. Berlin, New York.

Holly, Werner (1995): Secondary Orality in the Electronic Media. In: Quasthoff (ed.), 340–363.

Hopper, Robert (1992): Telephone Conversation. Bloomington, Indianapolis.

Hossbach, Stefanie (1997): Zur Redewiederaufnahme im Diskurs. Münster.

Iványi, Zsuzsanna (2002): Gesprächsanalytische Untersuchung von Wortfindungsstörungen. In: Schecker (Hg.), 62–76.

Jefferson, Gail (1972): Side Sequences. In: Sudnow (ed.), 294–338.

Jefferson, Gail (1990): List construction as a task and resource. In: George Psathas (ed.): Interactional Competence. Washington D.C., 63–92.

Jürgens, Frank (1998): Möglichkeiten der syntaktischen Segmentierung und Kategorisierung in der gesprochenen Sprache. In: Brock/Hartung (Hgg.), 154–168.

Jürgens, Frank (1999): Auf dem Weg zu einer pragmatischen Syntax. Eine vergleichende Fallstudie zu Präferenzen in gesprochen und geschrieben realisierten Textsorten. Tübingen.

Kallmeyer, Werner (1978): Fokuswechsel und Fokussierungen als Aktivitäten der Gesprächskonstitution. In: Reinhard Meyer-Hermann (Hg.): Sprechen, Handeln, Interaktion. Tübingen, 191–241.

Kallmeyer, Werner (1979): Kritische Momente. Zur Konversationsanalyse von Interaktionsstörungen. In: Wolfgang Frier/Gerd Labroisse (Hgg.): Grundfragen der Textwissenschaft. = Amsterdamer Beiträge zur Neueren Germanistik 8, 59–111.

Kallmeyer, Werner (1979a): „(Expressif) Eh ben dis donc, hein' pas bien" – Zur Beschreibung von Exaltation als Interaktionsmodalität. In: Rolf Kloepfer (Hg.): Bildung und Ausbildung in der Romania. Akten des Romanistentages 1977. Bd. 1. München, 549–568.

Kallmeyer, Werner (1981): Gestaltungsorientiertheit in Alltagserzählungen. In: Rolf Kloepfer/Gisela Janetzke-Dillner (Hgg.): Erzählung und Erzählforschung im 20. Jahrhundert. Stuttgart, 409–429.

Kallmeyer, Werner (1985): Handlungskonstitution im Gespräch. Dupont und sein Experte führen ein Beratungsgespräch. In: Elisabeth Gülich/Thomas Kotschi (Hgg.): Grammatik, Konversation, Interaktion. Beiträge zum Romanistentag 1983. Tübingen, 81–122.

Kallmeyer, Werner (1987): Bemerkungen zum Verhältnis von Sprache und Interaktion am Beispiel von ‚Ja Aber'. In: Ch. Russ/C. Volkmar (Hgg.): Sprache und Gesellschaft in deutschsprachigen Ländern. München, 53–74.

Kallmeyer, Werner (Hg.) (1994): Kommunikation in der Stadt. Teil 1. Exemplarische Analysen des Sprachverhaltens in Mannheim. Berlin, New York.

Kallmeyer, Werner (Hg.) (1996): Gesprächsrhetorik. Rhetorische Verfahren im Gesprächsprozeß. Tübingen.

Kallmeyer, Werner/Keim, Inken (1994): Phonologische Variation als Mittel der Symbolisierung sozialer Identität in der Filsbachwelt. In: Kallmeyer (Hg.), 141–249.

Kallmeyer, Werner/Keim, Inken (1994a): Formelhaftes Sprechen in der Filsbachwelt. In: Kallmeyer (Hg.), 250–327.

Kallmeyer, Werner/Keim, Inken (1996): Divergent Perspective and Social Style in Conflict Talk. In: Folia Linguistica XXX/3–4, 271–298.

Kallmeyer, Werner/Schmitt, Reinhold (1993): Die Markierung von oppositiven Relationen in komplexen Äußerungen. = Typoskript des SFB 245, Teilprojekt „Initiative Reaktionen". Heidelberg, Mannheim.

Kallmeyer, Werner/Schütze, Fritz (1976): Konversationsanalyse. In: Studium Linguistik 1, 1–28.

Kehrein, Roland (2001): Linguistische und psychologische Aspekte der Erforschung des prosodischen Emotionsausdrucks. In: Germ. Ling. 157/158, 91–124.

Kehrein, Roland (2002): Prosodie und Emotionen. Tübingen.

Kehrein, Roland/Rabanus, Stefan (2001): Ein Modell zur funktionalen Beschreibung von Diskurspartikeln. In: Germ. Ling. 157/158, 33–50.

Keim, Inken (1995): Kommunikative Stilistik einer sozialen Welt „kleiner Leute" in der Mannheimer Innenstadt. Berlin, New York.

Keim, Inken (1996): Verfahren der Perspektivenabschottung und ihre Auswirkung auf die Dynamik des Argumentierens. In: Kallmeyer (Hg.), 191–278.

Keim, Inken (2001): Die Powergirls. Aspekte des kommunikativen Stils einer Migrantinnengruppe aus Mannheim. In: Jakobs/Rothkegel (Hgg.), 375–400.

Keim, Inken (2002): Bedeutungskonstitution und Sprachvariation. Funktionen des ‚Gastarbeiterdeutsch' in Gesprächen junger Migrantinnen. In: Deppermann/Spranz-Fogasy (Hg.), 134–157.

Keim, Inken/Schütte, Wilfried (Hgg.) (2002): Soziale Welten und kommunikative Stile. Festschrift für Werner Kallmeyer. Tübingen.

Kendon, Adam (1973): The Role of Visible Behavior in the Organization of Social Interaction. In: Mario v. Cranach/Ian Vine (eds.): Social Communication and Movement. London, 29–74.

Kendon, Adam (1980): Gesticulation and Speech: Two Aspects of the Process of Utterance. In: Key (ed.), 207–227.
Kendon, Adam (1985): Some Uses of Gesture. In: Deborah Tannen/Muriel Saville-Troike (eds.): Perspectives on Silence. Norwood, NJ, 215–234.
Kendon, Adam (1992): The negotiation of context in face-to-face interaction. In: Duranti/Goodwin (eds.), 323–334.
Kendon, Adam (2000): Language and gesture: unity or duality? In: McNeill (ed.), 47–63.
Kendon, Adam/Ferber, Andrew (1973): A Description of Some Human Greetings. In: Richard P. Michael/John H. Crook (eds.): Comparative Ecology and Behaviour of Primates. London, New York, 591–668.
Kendon, Adam/Harris, Richard M./Key, Mary Ritchie (eds.) (1975): Organization of Behavior in Face-to-Face Interaction. The Hague.
Keseling, Gisbert (1989): Die Partikel ÄH. Ein paraverbales Element im Sprachsystem. In: Weydt (Hg.), 575–591.
Key, Mary Ritchie (ed.) (1980): The Relationship of Verbal and Nonverbal Communication. The Hague.
Kindt, Walther (1985): Dynamische Semantik. In: Burghard Rieger (Hg.): Dynamik in der Bedeutungskonstitution. Hamburg, 95–141.
Kindt, Walther (1994): Satzbegriff und gesprochene Sprache. In: Lingua 94, 25–48.
Kindt, Walther (2002): Koordinations-, Konstruktions- und Regulierungsprozesse bei der Bedeutungskonstitution: Neue Ergebnisse der Dynamischen Semantik. In: Deppermann/Spranz-Fogasy (Hgg.), 34–58.
Klein, Wolfgang (1985): Ellipse, Fokusgliederung und thematischer Stand. In: Meyer-Hermann/Rieser (Hgg.), 1–25.
Klein, Wolfgang (1995): Schlichten in der Vergleichsbehörde. Die Herbeiführung von Einigung. In: Werner Nothdurft (Hg.): Schlichtung. Bd. 1. Streit schlichten. Berlin, New York, 27–133.
Koch, Peter/Oesterreicher, Wulf (1985): Sprache der Nähe – Sprache der Distanz. Mündlichkeit und Schriftlichkeit im Spannungsfeld von Sprachtheorie und Sprachgeschichte. In: Romanistisches Jahrbuch 36, 15–43.
Koch, Peter/Oesterreicher, Wulf (1990): Gesprochene Sprache in der Romania: Französisch, Italienisch, Spanisch. = Romanische Arbeitshefte 31. Tübingen.
Koerfer, Armin (1979): Zur konversationellen Funktion von *ja aber*. In: Weydt (Hg.), 14–29.
Köhler, Angela/Kraft, Burkhard/Löchl, Marion (1973): „Wieviel spricht man am Tag"? Quantitative Angaben zur Sprachverwendung in einem bestimmten Zeitraum. In: Wackernagel-Jolles (Hg.), 183–213.
König, Werner (1988): Zum Problem der engen phonetischen Transkription. In: ZDL LV, H. 2, 155–178.
König, Werner (1989): Atlas zur Aussprache des Schriftdeutschen in der Bundesrepublik Deutschland. 2 Bde. München.
König, Werner (1993): dtv-Atlas zur deutschen Sprache. Tafeln und Texte. 10. überarb. Aufl. München.
Kohler, Klaus (1995): Einführung in die Phonetik des Deutschen. Berlin.
Kořensky, Jan/Hartung, Wolfdietrich (Hgg.) (1989): Gesprochene und geschriebene Kommunikation. Voraussetzungen und gesellschaftliche Funktion. = Linguistica XVIII, Čekoslovenská akademie ved. Prag.

Kossakowski, Astrid (2000): Satzabbrüche in Gesprächen. Zu den Bedingungen ihres Vorkommens bei einer ansonsten grammatisch sehr normorientierten Sprechergruppe. In: Betten/Du-nour (Hgg.), 338–362.

Kotschi, Thomas (1996): Textkonstitutionsstruktur und Informationsstruktur. In: Motsch (Hg.), 241–271.

Kotschi, Thomas (2001): Formulierungspraxis als Mittel der Gesprächsaufrechterhaltung. In: Brinker u.a. (Hgg.), 1340–1348.

Kotthoff, Helga (1993): Unterbrechungen, Überlappungen und andere Interventionen. In: DS 21, 162–185.

Kotthoff, Helga (1996): Witzige Darbietungen als Talk-Shows. Zur konversationellen Konstruktion eines sozialen Milieus. In: Dies. (Hg.), 145–191.

Kotthoff, Helga (1996a): Spaß verstehen. Zur Pragmatik von konversationellem Humor. Habilitationsschrift Univ. Wien.

Kotthoff, Helga (Hg.) (1996b): Scherzkommunikation. Beiträge aus der empirischen Gesprächsforschung. Opladen.

Kotthoff, Helga (1997): Erzählstile von mündlichen Witzen. Zur Erzielung von Komikeffekten durch Dialoginszenierungen und die Stilisierung sozialer Typen im Witz. In: Selting/Sandig (Hgg.), 123–169.

Kotthoff, Helga (2000): Konversationelle Parodie. Über komische Intertextualität in der Alltagskommunikation. In: Germ. Ling. 153, 159–186.

Kotthoff, Helga (2002): Ironie in Privatgesprächen und in Fernsehdiskussionen. In: Keim/Schütte (Hgg.), 445–472.

Kraft, Barbara (1999): Aufforderungsausdrücke als Mittel kommunikativer Lenkung. In: Bührig/Matras (Hgg.), 247–263.

Krämer, Sybille (1996): Sprache und Schrift oder: Ist Schrift verschriftete Sprache? In: Zs. f. Sprachwiss. 15.1, 92–112.

Krüger, Hans-Peter/Vollrath, Mark (2001): Temporal Analysis of Speech Patterns in the Real World Using the LOGOPORT. www.psychologie.uni-wuerzburg.de/methoden/pages/forschung/ambulatoryneu.html (4.7.01)

Kühn, Christine (2002): Körper – Sprache. Elemente einer sprachwissenschaftlichen Explikation non-verbaler Kommunikation. Frankfurt/M.

Küper, Christoph (1991): Geht die Nebensatzstellung im Deutschen verloren? Zur pragmatischen Funktion der Wortstellung in Haupt- und Nebensätzen. In: DS 19, 133–158.

Labov, William (1976/78): Sprache im sozialen Kontext. 2 Bde. Hg. von Norbert Dittmar/Bert-Olaf Rieck. Königstein/Ts.

Labov, W./Labov, T. (1986): Public discourse and the problem of social order. In: Titus Ensink et al. (eds.): Discourse Analysis and Public Life. Dordrecht, Providence, 225–253.

Langner, Michael (1994): Zur kommunikativen Funktion von Abschwächungen. = Studium Sprachwissenschaft, Beiheft 23. Münster.

Latzel, Sigbert (1977): Die deutschen Tempora Perfekt und Präteritum. = Heutiges Deutsch III/2. München.

Lehiste, Ilse (1979): Perception of sentence and paragraph boundaries. In: B. Lindblom/S. Öhman (eds.): Frontiers of Speech Communication Research. London, 191–201.

Leska, Christel (1965): Vergleichende Untersuchungen zur Syntax gesprochener Sprache. In: PBB (H) 87, 427–464.
Leuninger, Helen (1993): Reden ist Schweigen, Silber ist Gold. Gesammelte Versprecher. Zürich.
Levelt, Willem J.M. (1989): Speaking. From Intention to Articulation. Cambridge Mass., London.
Levelt, Willem J.M. (1993): Language Use in Normal Speakers and its Disorders. In: Blanken, Gerhard u.a. (eds.): Linguistic Disorders and Pathologies. An International Handbook. Berlin, New York, 1–15.
Levinson, Stephen (1979): Activity Types and Language. In: Linguistics 17, 365–399.
Linke, Angelika (1985): Gespräche im Fernsehen. Eine diskursanalytische Untersuchung. Bern etc.
Local, John (1992): Continuing and Restarting. In: Auer/di Luzio (eds.), 273–296.
Local, John/Kelly, John (1986): Projection and ‚silences'. Notes on phonetic and conversational structure. In: Human Studies 9, 185–204.
Löffelad, Peter (1989): Das Adjektiv in gesprochener Sprache. = Idiomatica 16. Tübingen.
Löffler, Heinrich (1975): Die sprachliche Ironie. Ein Problem der pragmatischen Textanalyse. In: DS 3, 120–130.
Löffler, Heinrich (1985): Germanistische Soziolinguistik. Berlin.
Löffler, Heinrich (1989): Fernsehgespräche im Vergleich: Gibt es kultur- oder programmspezifische Gesprächsstile? In: Werner Holly u.a. (Hgg.): Redeshows. Fernsehdiskussionen in der Diskussion. Tübingen, 92–115.
Löffler, Heinrich (Hg.) (1993): Dialoganalyse IV. Referate der 4. Arbeitstagung, Basel 1992. 2 Bde. Tübingen.
Löffler, Heinrich/Jakob, Karlheinz/Kelle, Bernhard (Hgg.) (1994): Texttyp, Sprechergruppe, Kommunikationsbereich. Festschrift für Hugo Steger. Berlin, New York.
Lösener, Hans (1999): Der Rhythmus in der Rede. Linguistische und literaturwissenschaftliche Aspekte des Sprachrhythmus. Tübingen.
Lötscher, Andreas (1985): Syntaktische Bedingungen der Topikalisierung. In: DS 13, 207–229.
Lötscher, Andreas (1999): Topikalisierungsstrategien und die Zeitlichkeit der Rede. In: Redder/Rehbein (Hgg.), 143–169.
Lucius-Hoene, Gabriele/Deppermann, Arnulf (2002): Rekonstruktion narrativer Identität. Ein Arbeitsbuch zur Analyse narrativer Interviews. Opladen.
Luckmann, Thomas (1986): Grundformen der gesellschaftlichen Vermittlung des Wissens: Kommunikative Gattungen. In: Kölner Zs. f. Soziologie und Sozialpsychologie. Sonderheft 27, 191–211.
Lüger, Heinz-Helmut (1980): Formen rituellen Sprachgebrauchs. In: DS 8, 21–39.

Macha, Jürgen (1991): Der flexible Sprecher. Untersuchungen zu Sprache und Sprachbewußtsein rheinischer Handwerksmeister. Köln.
Mackeldey, Roger (1987): Alltagssprachliche Dialoge. Kommunikative Formen und syntaktische Strukturen. Leipzig.
Mann, William C./Thompson, Sandra A. (1986): Relational Propositions in Discourse. In: Discourse Processes 9, 57–90.
Martinet, André (1990): La syntaxe de l'oral. In: Halford/Pilch (Hgg.), 121–136.

McNeill, David (1992): Hands and Mind. What Gestures Reveal about Thought. Chicago.

McNeill, David (ed.) (2000): Language and Gesture. Cambridge.

Meise, Katrin (1996): Une forte absence. Schweigen in alltagsweltlicher und literarischer Kommunikation. Tübingen.

Meng, Katharina/Schrabback, Susanne (1994): Interjektionen im Erwachsenen-Kind-Diskurs. In: Brünner/Graefen (Hgg.), 199–217.

Meringer, Rudolf/Mayer, Karl (1895): Versprechen und Verlesen. Eine psychologisch-linguistische Studie. Stuttgart. Neudruck Amsterdam 1978.

Meyer-Hermann, Reinhard/Rieser, Hannes (Hgg.) (1985): Ellipsen und fragmentarische Ausdrücke. 2 Bde. Tübingen.

Mielniczuk, Anna (1989): Planen, Planabweichungen, Planschwächen. Karlsruhe. = Diss. phil. Freiburg/Br.

Mihm, Arend (1995): Die Realität des Ruhrdeutschen – soziale Funktion und sozialer Ort einer Gebietssprache. In: Ehlich, Konrad u.a. (Hgg.): Sprache und Literatur an der Ruhr. Essen, 15–34.

Mihm, Arend (2000): Die Rolle der Umgangssprachen seit der Mitte des 20. Jahrhunderts. In: Werner Besch u.a. (Hgg.): Sprachgeschichte. Ein Handbuch zur Geschichte der deutschen Sprache und ihrer Erforschung. 2. Teilbd. Berlin, New York, 2107–2137.

Miller, Jim/Weinert, Regina (1998): Spontaneous Spoken Language. Syntax and Discourse. Oxford.

Mikosch, Ingrid (1987): Die Präpositionen in gesprochener Sprache. Vorkommen und Funktion. = Idiomatica Bd. 14. Tübingen.

Miller, George A. (1956): The magical number seven ‚plus or minus two'. In: Psychological Review 63, 81–97.

Moosmüller, Silvia (1989): Phonological variation in parliamentary discussions. In: Ruth Wodak (ed.): Language, Power and Ideology. Amsterdam, Philadelphia, 165–180.

Motsch, Wolfgang (Hg.) (1996): Ebenen der Textstruktur. Sprachliche und kommunikative Prinzipien. Tübingen.

Mozziconacci, Silvie (1995): Pitch variations and emotions in speech. In: Proceedings of the XIIIth International Congress of Phonetic Sciences 95, Vol. 1, 178–181.

Müller, Cornelia (1998): Redebegleitende Gesten. Kulturgeschichte – Theorie – Sprachvergleich. Berlin.

Müller, Frank Ernst (1989): Lautstilistische Muster in Alltagstexten von Süditalienern. In: Hinnenkamp/Selting (Hgg.), 61–82.

Müller, Frank Ernst (1991): Metrical Emphasis: Rhythmic Scansions in Italian Conversation. = KontRI Nr. 14.

Müller, Klaus (1983): Formen der Markierung von ‚Spaß' und Aspekte der Organisation des Lachens in natürlichen Dialogen. In: DS 11, 289–321.

Müllerová, Olga (1989): Gesprochener und geschriebener Text vom Gesichtspunkt der Produktion. In: Kořensky/Hartung (Hgg.), 13–27.

Nerius, Dieter (1987): Gesprochene und geschriebene Sprache. In: Ulrich Ammon u.a. (Hgg.): Soziolinguistik. Ein internationales Handbuch zur Wissenschaft von Sprache und Gesellschaft. Berlin, New York, 832–841.

Neuber, Baldur (2002): Prosodische Formen in Funktion. Leistungen der Suprasegmentalia für das Verstehen, Behalten und die Bedeutungs(re)konstruktion. Frankfurt/M. etc.

Nothdurft, Werner (1992): Müll reden. Mikroanalytische Fallstudie einer Bürgerversammlung zum Thema ‚Müllverbrennung'. = Arbeiten zur Risiko-Kommunikation, Heft 32. Jülich.

Nothdurft, Werner (1993): Gezänk und Gezeter. Über das verbissene Streiten von Nachbarn. In: Johannes Janota (Hg.): Kultureller Wandel und die Germanistik in der Bundesrepublik. Vorträge des Augsburger Germanistentages 1991. Tübingen, 67–80.

Nothdurft, Werner (1996): Schlüsselwörter. Zur rhetorischen Herstellung von Wirklichkeit. In: Kallmeyer (Hg.), 351–418.

Nothdurft, Werner/Schwitalla, Johannes (1995): Gemeinsam musizieren. Plädoyer für ein neues Leitbild für die Betrachtung mündlicher Kommunikation. In: DU 1/95, 30–42.

Nübling, Damaris (1998): Wann werden die deutschen Präpositionen flektieren? Grammatisierungswege zur Flexion. In: Ray Fabri u.a. (eds.): Models of Inflection. Tübingen, 266–289.

Nübling, Damaris (2001): Von *oh mein Jesus!* zu *oje!* Der Interjektionalisierungspfad von der sekundären zur primären Interjektion. In: DS 29, 20–45.

Nübling, Damaris (demn.): Die prototypische Interjektion: Ein Forschungsbericht. Erscheint in: Zs. für Semiotik.

Ochs, Elinor (1979): Planned and unplanned discourse. In: Givón (ed.), 51–80.

Ong, Walter J. (1987): Oralität und Literalität. Die Technologisierung des Wortes. Opladen.

Ortner, Hanspeter (1982): Textsortenspezifische Kurzsatztypen. In: DS 10, 119–138.

Ortner, Hanspeter (1987): Die Ellipse. Ein Problem der Sprachtheorie und der Grammatikschreibung. Tübingen.

van Os, Charles (1989): Aspekte der Intensivierung im Deutschen. Tübingen.

Penzinger, Christine (1983): Hyperkorrekturen. In: Peter H. Nelde (Hg.): Vergleichbarkeit von Sprachkontakten. Bonn, 79–88.

Petter-Zimmer, Yvonne (1990): Politische Fernsehdiskussionen und ihre Adressaten. Tübingen.

Pheby, John (1981): Phonologie: Intonation. In: Karl Erich Heidolph u.a.: Grundzüge einer deutschen Grammatik. Berlin, 839–897.

Pöppel, Ernst (1989): Eine neuropsychologische Definition des Zustands „bewußt". In: Ders. (Hg.): Gehirn und Bewußtsein. Weinheim, 17–32.

Poizner, Howard/Klima, Edward S./Bellugi, Ursula (1990): Was die Hände über das Gehirn verraten. Neuropsychologische Aspekte der Gebärdensprachforschung. Hamburg.

von Polenz, Peter (1988): Deutsche Satzsemantik. Grundbegriffe des Zwischen-den-Zeilen-Lesens. Berlin, New York.

Polikarpow, Alexander (1997): Parataktische Konstruktionen im gesprochenen Deutsch. In: Schlobinski (Hg.), 181–208.

Pomerantz, Anita (1984): Agreeing and disagreeing with assessments: Some features of preferred/dispreferred turn shapes. In: Atkinson/Heritage (eds.), 57–101.

Pomerantz, Anita (1986): Extreme Case formulations: A way of legitimizing claims. In: Human Studies 9, 219–229.

Pompino-Marschall, Bernd (1995): Einführung in die Phonetik. Berlin, New York.

Prokop, Izabela (Hg.) (1990): Gesprochene Sprache I. Materialien des I. wissenschaftlichen Symposiums „Linguistische Studien zur gesprochenen Sprache“. Poznan.

Quasthoff, Uta (1980): Erzählen in Gesprächen. Tübingen.

Quasthoff, Uta M. (ed.) (1995): Aspects of Oral Communication. Berlin, New York.

Quasthoff, Uta (2001): Erzählen als interaktive Gesprächsstruktur. In: Brinker u.a. (Hgg.), 1293–1309.

Rabanus, Stefan (2001): Intonatorische Verfahren im Deutschen und Italienischen. Gesprächsanalyse und autosegmentale Phonologie. Tübingen.

Raible, Wolfgang (1994): Orality and Literacy. In: Günther/Ludwig (Hgg.), 1–17.

Ramge, Hans (1973): Spontane Selbstkorrekturen im Sprechen von Schulanfängern. In: Diskussion Deutsch 12, 165–190.

Ramge, Hans (1978): Komunikative Funktionen des Dialekts im Sprachgebrauch von Lehrern während des Unterrichts. In: Ulrich Ammon u.a. (Hgg.): Grundlagen einer dialektorientierten Sprachdidaktik. Weinheim, Basel, 197–227.

Ramge, Hans (2000): Fernsehkommentare – Kommentieren zwischen Mündlichkeit und Schriftlichkeit. In: Gerd Fritz/Andreas H. Jucker (Hgg.): Kommunikationsformen im Wandel der Zeit. Tübingen, 137–158.

Rasoloson, Janie N. (1994): Interjektionen im Kontrast. Frankfurt/M., Berlin etc.

Rath, Rainer (1976): Performanzerscheinungen im gesprochenen Deutsch. In: Proceedings of the Fourth International Congress of Applied Linguistics. Vol. 2. Stuttgart, 289–301.

Rath, Rainer (1979): Kommunikationspraxis. Göttingen.

Rath, Rainer (1985): Geschriebene und gesprochene Form der heutigen Standardsprache. In: Sprachgeschichte. Ein Handbuch zur Geschichte der deutschen Sprache und ihrer Erforschung. Hg. von Werner Besch, Oskar Reichmann, Stefan Sonderegger. 2. Halbbd., Berlin, New York, 1651–1663.

Rath, Rainer (1985a): Sprachgefühl und Korrektur. In: Grazer Linguistische Studien 24, 137–162.

Rath, Rainer (1990): „Satz“ und „Äußerungseinheit“. Syntaktische und interaktive Struktur in der Sprache? In: Eynar Leupold/Yvonne Petter (Hgg.): Interdisziplinäre Sprachforschung und Sprachlehre. = FS Albert Raasch. Tübingen, 197–216.

Rath, Rainer (1992): Sprechen wir in Sätzen? Über Einheitenbildung im Alltagsdialog. In: Peter Suchsland (Hg.): Biologische und soziale Grundlagen der Sprache. Tübingen, 249–263.

Rath, Rainer (1993): Äußerungseinheiten als Bedeutungseinheiten. In: Gerhard Bartels/Inge Pohl (Hgg.): Wortschatz – Satz – Text. Frankfurt/M., 459–472.

Rath, Rainer (1994): Was ist aus der Erforschung der gesprochenen deutschen Sprache geworden? In: Löffler u.a. (Hgg.), 375–395.

Rath, Rainer (1997): „Äußerungseinheit“ oder „möglicher Satz“? In: DS 25, 1–20.

Reck, Sabine (1987): Zur Realisierung der Kasusmorpheme in gesprochener und geschriebener Sprache. Untersuchungen bei Hamburger Schülern einer 6. Klasse. = Arbeiten zur Mehrsprachigkeit 24. Univ. Hamburg.

Redder, Angelika (1989): Konjunktionen, Partikeln und Modalverben als Sequenzierungsmittel im Unterrichtsdiskurs. In: Edda Weigand/Franz Hundsnurscher (Hgg.): Dialoganalyse II. Bd. 2. Tübingen, 393–407.
Redder, Angelika (1990): Grammatiktheorie und sprachliches Handeln: „denn" und „da". Tübingen.
Redder, Angelika (1994): „Bergungsunternehmen" – Prozeduren des Malfeldes beim Erzählen. In: Brünner/Graefen (Hgg.), 238–264.
Redder, Angelika/Rehbein, Jochen (Hgg.) (1999): Grammatik und mentale Prozesse. Tübingen.
Rehbein, Jochen (1979): Sprechhandlungsaugmente. Zur Organisation der Hörersteuerung. In: Weydt (Hg.), 58–74.
Rehbein, Jochen (1981): Announcing – On Formulating Plans. In: Florian Coulmas (ed.): Conversational Routine. The Hague etc., 215–258.
Rehbein, Jochen (1989): Mündliche Schriftlichkeit. Versionen einer Körperverletzung in einer Berufungsverhandlung. In: Ludger Hoffmann (Hg.): Rechtsdiskurse. Tübingen, 251–326.
Rehbein, Jochen (1992): Zur Wortstellung im komplexen deutschen Satz. In: Ludger Hoffmann (Hg.): Deutsche Syntax. Ansichten und Aussichten. Berlin, New York, 523–569.
Rehbein, Jochen (1999): Zum Modus von Äußerungen. In: Redder/Rehbein (Hgg.), 91–139.
Richter, Günther (1990): Kann es eine Theorie der gesprochenen Sprache geben?. In: Prokop (Hg.), 7–21.
Richter, Günther (Hg.) (1992): Methodische Grundfragen der Erforschung der gesprochenen Sprache. Frankfurt/M. etc.
Roderburg, Sylvia (1998): Die sprachliche Konstruktion der Wirklichkeit. Metaphern in Therapiegesprächen. Wiesbaden.
Rolf, Eckard (1993): Die Funktionen von Gebrauchstextsorten. Berlin, New York.
Rönfeldt, Barbara/Auer, Peter (2002): Erinnern und Vergessen. Erschwerte Wortfindung als interaktives und soziales Problem. In: Schecker (Hg.), 77–108.
Rost-Roth, Martina (1998): Modalpartikeln in Argumentationen und Handlungsvorschlägen. In: Harden/Hentschel (Hgg.), 293–324.
Roth, Marita (demn.): Stereotype in gesprochener Sprache. Eine linguistische Analyse narrativer Interviews mit Ost- und Westberliner Sprechern 1993–1996. Diss. phil. Würzburg.
Roye, Hans-Walter (1981): Segmentierung und Hervorhebung in gesprochener deutscher Standardsprache. Diss. phil. Aachen.
de Ruiter, Jan Peter (2000): The production of gesture and speech. In: McNeill (ed.), 284–311.
Ruoff, Arno (1979): „Am Mittwoch, dem 11. Oktober 1899". Zu Formen von Datumsangaben und ihrer Verwendung in der gesprochenen Sprache. In: Sprache und Sprechen. Festschrift für Eberhard Zwirner. Tübingen, 65–75.
Ruoff, Arno (1990): Häufigkeitswörterbuch gesprochener Sprache, gesondert nach Wortarten, alphabetisch, rückläufig-alphabetisch und nach Häufigkeit geordnet. Tübingen.

Sachweh, Svenja (1991): Sprache im Alter: Charakteristika der gesprochenen Sprache im Alter. Magisterarbeit, Universität Freiburg/Br.

Sachweh, Svenja (1999): „Schätzle hinsitze!“. Kommunikation in der Altenpflege. Frankfurt/M. etc.
Sacks, Harvey (1971): Das Erzählen von Geschichten innerhalb von Unterhaltungen. In: Kölner Zs. für Soziologie und Sozialpsychologie, Sonderheft 15, 307–314.
Sacks, Harvey (1992): Lectures on Conversation. Ed. by Gail Jefferson. 2 Vols. Cambridge, Mass.
Sacks, Harvey/Schegloff, Emanuel A./Jefferson, Gail (1974): A Simplest Systematics for the Organization of Turn-Taking in Conversation. In: Language 50, 1974, 696–735.
Sager, Sven F. (2001): Bedingungen und Möglichkeiten nonverbaler Kommunikation. In: Brinker u.a. (Hgg.), 1132–1141.
Salewski, Kerstin (1998): Zur Homogenität des Substandards älterer Bergleute im Ruhrgebiet. Stuttgart.
Sandhöfer-Sixel, Judith (1988): Modalität und gesprochene Sprache. Stuttgart.
Sandig, Barbara (1976): Schriftsprachliche Norm und die Beschreibung und Beurteilung spontan gesprochener Sprache. In: Gunter Presch/Klaus Gloy (Hgg.): Sprachnormen II. Stuttgart-Bad Cannstatt, 93–105.
Sandig, Barbara (1986): Stilistik der deutschen Sprache. Berlin, New York.
Sandig, Barbara (2000): Zu einer Gesprächs-Grammatik: Prototypische elliptische Strukturen und ihre Funktionen im mündlichen Erzählen. In: ZGL 28, 291–318.
Schank, Gerd (1975): Morphologie und Satzphonetik. Beobachtungen und Überlegungen zur Untersuchung der Morphologie in gesprochener deutscher Standardsprache. In: WW 25, 361–377.
Schank, Gerd (1979): Zum Problem der Natürlichkeit von Gesprächen in der Konversationsanalyse. In: Jürgen Dittmann (Hg.): Arbeiten zur Konversationsanalyse. Tübingen, 73–93.
Schank, Gerd (1981): Untersuchungen zum Ablauf natürlicher Dialoge. München.
Schank, Gerd (1981a): Gliederungssignale und Gesprächsorganisation. In: Dieter Metzing (Hg.): Dialogmuster und Dialogprozesse. Hamburg, 32–51.
Schank, Gerd (1989): Redeerwähnung im Interview. Strukturelle und konversationelle Analysen an vier Interviewtypen. Düsseldorf.
Schank, Gerd/Schoenthal, Gisela (1976): Gesprochene Sprache. Eine Einführung in Forschungsansätze und Analysemethoden. Tübingen
Schank, Gerd/Schwitalla, Johannes (1980): Gesprochene Sprache und Gesprächsanalyse. In: Lexikon der germanistischen Linguistik. 2. Aufl., hg. v. Hans Peter Althaus u.a. Tübingen, 313–322.
Schatte, Christoph (1993): Funktionsklassen von Modalwörtern in der gesprochenen Sprache. In: Richter (Hg.), 98–103.
Schecker, Michael (1986): ‚Insistieren‘ als Typus strategischer Interaktion. In: Franz Hundsnurscher/Edda Weigand (Hgg.): Dialoganalyse. Referate der 1. Arbeitstagung Münster 1986. Tübingen, 241–247.
Schecker, Michael (Hg.) (2002): Wortfindung und Wortfindungsstörungen. Tübingen.
Scheflen, Albert E. (1972): Body Language and the Social Order. Englewood Cliffs, NJ.
Schegloff, Emanuel A. (1972): Sequencing in conversational openings. In: Gumperz/Hymes (eds.), 346–380.
Schegloff, Emanuel A. (1979): The relevance of repair to syntax-for-conversation. In: Givón (ed.), 261–286.

Schegloff, Emanuel A. (1980): Preliminaries to preliminaries: ‚Can I ask you a question?‘. In: Sociological Inquiry 50, 104–151.
Schegloff, Emanuel A. (1990): On the organization of sequences as a source of „coherence" in talk-in-interaction. In: Bruce Dorval u.a. (eds.): Conversational Organization and its Development. Norwood, 51–77.
Schegloff, Emanuel A./Sacks, Harvey (1973): Opening up closings. In: Semiotica 8, 289 327.
Schegloff, Emanuel A./Jefferson, Gail/Sacks, Harvey (1978): The preference for self-correction in the organization of repair in conversation. In: Language 53, 361–382.
Scherer, Klaus R. (Hg.) (1982): Vokale Kommunikation. Nonverbale Aspekte des Sprachverhaltens. Weinheim, Basel.
Scherer, Klaus R. (1982): Die vokale Kommunikation emotionaler Erregung. In: Ders. (Hg.), 287–306.
Scheutz, Hannes (1992): Apokoinukonstruktionen. Gegenwartssprachliche Erscheinungsformen und Aspekte ihrer historischen Entwicklung. In: Andreas Weiss (Hg.): Dialekte im Wandel. Referate der 4. Tagung zur bayerisch-österreichischen Dialektologie, Salzburg 1989. Göppingen, 243–264.
Scheutz, Hannes (1997): Satzinitiale Voranstellungen im gesprochenen Deutsch als Mittel der Themensteuerung und Referenzkonstitution. In: Schlobinski (Hg.), 27–54.
Scheutz, Hannes (2001): On causal combining: The case of weil in spoken German. In: Elizabeth Couper-Kuhlen/Margret Selting (eds.): Linguistic Interaction. London, 111–139.
Schiffrin, Deborah (1994): Making a List. In: Discourse Processes 17, 377–406.
Schlobinski, Peter (1988): Code-switching im Berlinischen. In: Norbert Dittmar/Peter Schlobinski (Hgg.): Wandlungen einer Stadtsprache. Berlin, 83–102.
Schlobinski, Peter (1992): Funktionale Grammatik und Sprachbeschreibung. Eine Untersuchung zum gesprochenen Deutsch sowie zum Chinesischen. Opladen.
Schlobinski, Peter (1994): Über die pragmatischen Funktionen der Konnektoren *und* und *aber*. In: Halwachs u.a. (Hgg.), 213–226.
Schlobinski, Peter (1997): Zur Analyse syntaktischer Strukturen in der gesprochenen Sprache. In: Ders. (Hg.), 9–26.
Schlobinski, Peter (Hg.) (1997): Syntax des gesprochenen Deutsch. Opladen.
Schieders, Guido (2002): Verärgerung in Reklamationsgesprächen. In: Becker-Mrotzek/Fiehler (Hgg.), 115–143.
Schmidt, Claudia (1988): ‚Typisch weiblich – typisch männlich‘. Geschlechtstypisches Kommunikationsverhalten in studentischen Kleingruppen. Tübingen.
Schmidt, Jürgen Erich (2001): Bausteine der Intonation? In: Germ. Ling. 157/158, 9–32.
Schmitt, Reinhold (1992): Die Schwellensteher. Sprachliche Präsenz und sozialer Austausch in einem Kiosk. Tübingen.
Schmitt, Reinhold (1993): Kontextualisierung und Konversationsanalyse. In: DS 21, 326–354.
Schmitt, Reinhold, (2002): Hierarchie in Arbeitsgruppen als stilbildender Aspekt. In: Keim/Schütte (Hgg.), 113–136.
Schönherr, Beatrix (1997): Syntax – Prosodie – nonverbale Kommunikation: Empirische Untersuchungen zur Interaktion sprachlicher und parasprachlicher Ausdrucksmittel im Gespräch. Tübingen.

Schoenthal, Gisela (1976): Das Passiv in der deutschen Standardsprache. = Heutiges Deutsch I/7. München.
Schoenthal, Gisela (1977): Aktiv und Passiv im Deutschunterricht. In: DU 29, 41–50.
Schoenthal, Gisela (1987): Kontextsemantische Analysen zum Passivgebrauch im heutigen Deutsch. In: Das Passiv im Deutschen. Akten des Kolloquiums über das Passiv im Deutschen. Hg. vom Centre de Recherche en Linguistique Germanique (Nice). Tübingen, 161–179.
Schöps, K. (1977): Ausklammerung in gesprochener Sprache. Masch. Staatsarbeit, Univ. Saarbrücken.
Schröder, Peter (1984): Wortstellung in der deutschen Standardsprache. Diss. phil. Freiburg.
Schröder, Peter (1998): Zur Reinterpretation traditioneller grammatischer Kategorien im Rahmen interaktionsorientierter Gesamtkonzepte: ‚Anakoluthe' mit ikonischer Qualität. In: Harald Pors u.a. (Hgg.): Sprachgermanistik in Skandinavien III. Arhus, 57–80.
Schröder, Peter/Steger, Hugo (Hgg.) (1981): Dialogforschung. = Sprache der Gegenwart 54. Düsseldorf.
Schu, Josef/Stein, Stephan (1994): Lexikalische Gliederungssignale in spontan gesprochener Sprache: Mehr Fragen als Antworten? In: DS 22, 241–260.
Schubarth, Bettina (2001): Ironie in Institutionen. Die Reflexion gesellschaftlichen Wissens im ironischen Sprechen. München.
Schütte, Wilfried (1987): Muster und Funktionen von Kommunikationsspielen in latenten Konflikten: Pflaumereien und andere aggressive Späße. In: Gerd Schank/Johannes Schwitalla (Hgg.): Konflikte in Gesprächen. Tübingen, 239–291.
Schütte, Wilfried (1991): Scherzkommunikation unter Orchestermusikern. Interaktionsformen in einer Berufswelt. Tübingen.
Schwitalla, Johannes (1986): Sprach- und Redevielfalt in der Literatur und im Alltag. In: Gerhard Rupp/Edda Weigand (Hgg.): Jahrbuch der Deutschdidaktik 1986. Tübingen, 127–148.
Schwitalla, Johannes (1988): Kommunikative Bedingungen für Ergänzungsrealisierungen. In: Gerhard Helbig (Hg.): Valenz, semantische Kasus und/oder „Szenen". = Ling. Studien, Reihe A, Bd. 180. Berlin, 74–84.
Schwitalla, Johannes (1991): Das Illustrieren – eine narrative Textsorte mit zwei Varianten. In: Jürgen Dittmann u.a. (Hgg.): Erscheinungsformen der deutschen Sprache. Festschrift für Hugo Steger. Berlin, 189–204.
Schwitalla, Johannes (1993): Über einige Weisen des gemeinsamen Sprechens. In: Zs. f. Sprachwiss. 11, H. 1, 68–98.
Schwitalla, Johannes (1994a): Die Vergegenwärtigung einer Gegenwelt. Sprachliche Formen der sozialen Abgrenzung in einer Jugendlichengruppe. In: Kallmeyer (Hg.), 467–509.
Schwitalla, Johannes (1994b): Sprachliche Ausdrucksformen für soziale Identität beim Erzählen. In: Kallmeyer (Hg.), 510–577.
Schwitalla, Johannes (1994c): Gesprochene Sprache – dialogisch gesehen. In: Fritz/Hundsnurscher (Hgg.), 17–36.
Schwitalla, Johannes (1994d): Vom Sektenprediger- zum Plaudererton. Bemerkungen zur Prosodie von Politikerreden vor und nach 1945. In: Heinrich Löffler u.a. (Hgg.): Texttyp, Sprechergruppe, Kommunikationsbereich. Festschrift für Hugo Steger. Berlin, New York, 208–224.

Schwitalla, Johannes (1995): Kommunikative Stilistik zweier Sozialwelten in Mannheim-Vogelstang. = Schriften des IDS, Bd. 4.4. Berlin, New York.
Schwitalla (1995a): Namen in Gesprächen. In: Ernst Eichler u.a. (Hgg.): Namenforschung. Ein internationales Handbuch zur Onomastik. 1. Teilband. Berlin, New York, 498–504.
Schwitalla, Johannes (1995b): Poetisches in der Alltagskommunikation. In: Halwachs u.a. (Hgg.): 228–243.
Schwitalla, Johannes (2001): Gesprochene-Sprache Forschung und ihre Entwicklung zu einer Gesprächsanalyse. In: Brinker u.a. (Hgg.), 896–903.
Schwitalla, Johannes (2001a): Lächelndes Sprechen und Lachen als Kontextualisierungsverfahren. In: Adamzik/Christen (Hgg.), 325–344.
Schwitalla, Johannes (2002): Kleine Wörter. Partikeln im Gespräch. In: Dittmann/Schmidt (Hgg.), 259–282.
Schwitalla, Johannes (2002a): Kohäsion statt Kohärenz. Bedeutungsverschiebungen nach dem Sprecherwechsel – vornehmlich in Streitgesprächen. In: Deppermann/Spranz-Fogasy (Hgg.), 106–118.
Selting, Margret (1983): Institutionelle Kommunikation: Stilwechsel als Mittel strategischer Interaktion. In: LB 86, 29–48.
Selting, Margret (1987): Verständigungsprobleme. Eine empirische Analyse am Beispiel der Bürger-Verwaltungs-Kommunikation. Tübingen.
Selting, Margret (1989): Konstitution und Veränderung von Sprechstilen als Kontextualisierungsverfahren. In: Hinnenkamp/Selting (Hgg.), 203–225.
Selting, Margret (1993): Voranstellungen vor den Satz. Zur grammatischen Form und interaktiven Funktion von Linksversetzung und Freiem Thema im Deutschen. In: ZGL 21, 291–319.
Selting, Margret (1994): Emphatic speech style – with special focus on the prosodic signalling of heightened emotive involvement in conversation. In: Journal of Pragmatics 22, 375–408.
Selting, Margret (1995): Prosodie im Gespräch. Aspekte einer interaktionalen Phonologie der Konversation. Tübingen.
Selting, Margret (1995a): Der ‚mögliche Satz' als interaktiv relevante syntaktische Kategorie. In: LB 158, 298–325.
Selting, Margret (1996): Prosody as an activity-type distinctive cue in conversation: the case of so-called ‚astonished' questions in repair initiation. In: Couper-Kuhlen/Selting (eds.), 231–270.
Selting, Margret (1996a): On the interplay of syntax and prosody in the constitution of turn-constructional units and turns in conversation. In: Pragmatics 6, 357–388.
Selting, Margret (1997): Sogenannte ‚Ellipsen' als interaktiv relevante Konstruktionen? Ein neuer Versuch über die Reichweite und Grenzen des Ellipsenbegriffs für die Analyse gesprochener Sprache. In: Schlobinski (Hg.), 117–156.
Selting, Margret (1998): Fragments of TCUs as deviant cases of TCU-production in conversational talk. = InLiST No. 9.
Selting, Margret (1999): Communicative style. In: Jef Verschueren u.a. (eds.): Handbook of Pragmatics. Amsterdam, Philadelphia, 1–24.
Selting, Margret (1999a): Kontinuität und Wandel der Verbstellung von ahd. *wanta* bis gwd. *weil*. In: ZGL 27, 167–204.
Selting, Margret (2000): Berlinische Intonationskonturen: Der ‚Springton'. In: DS 28, 193–231.

Selting, Margret (2001): Berlinische Intonationskonturen: ‚Die Treppe aufwärts'. In: Zs. f. Sprachwiss. 20, 66–116.
Selting, Margret (2001a): Fragments of units as deviant cases of unit production in conversational talk. In: Margret Selting/Elizabeth Couper-Kuhlen (eds.): Studies in Interactional Linguistics. Amsterdam, Philadelphia, 229–258.
Selting, Margret (2002): Dresdener Intonation: Treppenkonturen. = InLiSt No. 28.
Selting, Margret (2002a): Dresdener Intonation: Fallbögen. = InLiSt No. 29.
Selting, Margret/Sandig, Barbara (Hgg.) (1997): Sprech- und Gesprächsstile. Berlin, New York.
Selting, Margret u.a. (1998): Gesprächsanalytisches Transkriptionssystem (GAT). In: LB 173, 91–122.
Sieberg, Bernd (1984): Perfekt und Imperfekt in der gesprochenen Sprache. Diss. phil. Bonn.
Söll, Ludwig (^{3}1985): Gesprochenes und geschriebenes Französisch. = Grundlagen der Romanistik 6. Berlin.
Sornig, Karl (1983): Indikatoren der Rollendistanz in Alltagsgesprächen. In: Barbara Sandig (Hg.): Stilistik II: Gesprächsstile. = Germ. Linguistik 5–6/81. Hildesheim etc., 223–260.
Sornig, Karl (1989): Modische Interjektionen, oder der Fall GULP. In: Weydt (Hg.), 524–534.
Sornig, Karl (1990): Umgangssprache: Zwischen Standardnorm und Intim-Variante. In: International Journal of the Society of Language 83, 83–103.
Spiegel, Carmen (1995): Streit. Eine linguistische Untersuchung verbaler Interaktionen in alltäglichen Zusammenhängen. Tübingen.
Spiegel, Carmen (1996): „bei ihrer wegwerfmentalität geht unsere welt zugrunde". Zum Topos „Eine Welt" in umweltpolitischen Auseinandersetzungen. In: DU 2/96, 102–107.
Spiegel, Carmen (1996a): Bedeutungskonstitution im Gespräch: Die Geschichte eines Ledersofas. In: Joachim Grabowski u.a. (Hgg.): Bedeutung, Konzepte, Bedeutungskonzepte. Opladen, 277–300.
Spiegel, Carmen (1997): Selbst- und Fremdstilisierungen in umweltpolitischen Auseinandersetzungen. In: Selting/Sandig (Hgg.), 286–315.
Spitzer, M. (1993): Assoziative Netzwerke, formale Denkstörungen und Schizophrenie. In: Der Nervenarzt 64, 147–159.
Spranz-Fogasy, Thomas (1993): Beteiligungsrollen und interaktive Bedeutungskonstitution. = Arbeiten aus dem SFB 245, Sprache und Situation, Nr. 52. Heidelberg, Mannheim.
Spranz-Fogasy, Thomas (1997): Interaktionsprofile. Die Herausbildung individueller Handlungstypik in Gesprächen. Opladen.
Stark, Elisabeth (1997): Voranstellungsstrukturen und topic-Markierungen im Gegenwartsfranzösischen. Tübingen.
Steger, Hugo (1964): Gruppensprache. In: Zs. f. Mundartforschung 31, 125–138.
Steger, Hugo (1982): Über die Würde der alltäglichen Sprache und die Notwendigkeit von Kultursprachen. Mannheim, Wien, Zürich.
Steger, Hugo (1983): Über Textsorten und andere Textklassen. In: Textsorten und literarische Gattungen. Dokumentation des Germanistentages in Hamburg 1979. Berlin, 25–67.

Steger, Hugo (1987): Bilden „gesprochene Sprache“ und „geschriebene Sprache“ eigene Sprachvarietäten? In: Hugo Augst (Hg.): Wörter. Schätze, Fugen und Fächer des Wissens. Festschrift für Theodor Lewandowski. Tübingen, 35–58.
Steger, Hugo (1991): Alltagssprache. Zur Frage nach ihrem besonderen Status in medialer und semantischer Hinsicht. In: Wolfgang Raible (Hg.): Symbolische Formen, Medien, Identität. = Jahrbuch 1989/90 des SFB „Übergänge und Spannungsfelder zwischen Mündlichkeit und Schriftlichkeit“. Tübingen, 55–112.
Steger, Hugo/Deutrich, Helge/Schank, Gerd/Schütz, Eva (1974): Redekonstellation, Redekonstellationstyp, Textexemplar, Textsorte im Rahmen eines Sprachverhaltensmodells. In: Gesprochene Sprache, 39–97.
Stegner, Juliane (1985): Ellipse als Mittel zum Ausdruck der Thema-Rhema-Struktur. In: Meyer-Hermann/Rieser (Hgg.), Bd. 1, 25–54.
Stein, Stephan (1995): Fomelhafte Sprache. Untersuchungen zu ihren pragmatischen und kognitiven Funktionen. Frankfurt/M.
Stock, Eberhard (1996): Text und Intonation. In: Sprachwissenschaft 21, 211–240.
Stock, Eberhard (2000): Zur Untersuchung und Beschreibung des Sprechrhythmus im Deutschen. In: Zs. für Angewandte Linguistik 32, 3–18.
Streeck, Jürgen (1994): Leichte Muse im Gespräch. Über die Unterhaltungskunst älterer Frauen in der Filsbachwelt. In: Kallmeyer (Hg.), 578–610.
Streeck, Jürgen (1995): On Projection. In: Esther Goody (ed.): Social Intelligence and Interaction. Cambridge, 87–110.
Streeck, Jürgen/Knapp, Mark L. (1992): The Interaction of Visual and Verbal Features in Human Communication. In: Fernando Poyatos (ed.): Advances in Nonverbal Communication. Amsterdam, Philadelphia, 3–23.
Strube, Gerhard (1997): Sprachverarbeitung und Arbeitsgedächtnis: Syntaktische Analyse als automatischer Prozeß. In: Heinz Mandl (Hg.): Schwerpunktthema Wissen und Handeln. Göttingen etc., 896–903.
Sudnow, David (ed.) (1972): Studies in Social Interaction. New York, London.

Tannen, Deborah (ed.) (1982): Coherence in Spoken and Written Language. Norwood, NJ.
Tannen, Deborah (1982a): Oral and Literate Strategies in Spoken and Written Narratives. In: Language 58, 1–21.
Tannen, Deborah (1989): Talking voices. Repetition, dialogue, and imagery in conversational discourse. Cambridge etc.
Techtmeier, Bärbel (1985): Das Gespräch. Funktionen, Formen und Strukturen. Berlin.
Thim-Mabrey, Christiane (1988): Satzadverbialia und andere Ausdrücke im Vorvorfeld. In: DS 16, 52–67.
Timm, Caja/Augenstein, Susanne (1996): Lachen und Scherzen in einer Aushandlungssituation oder: Zwei Männer vereinbaren einen Termin. In: Kotthoff (Hg.), 221–253.
Thurmair, Maria (1989): Modalpartikeln und ihre Kombinationen. Tübingen.
Thurmair, Maria (1991): Warten auf das Verb. Die Gedächtnisrelevanz der Verbklammer im Deutschen. In: Jahrbuch Deutsch als Fremdsprache 17, 174–202.
Tiittula, Liisa (1994): Verständigungsprozeduren in interkulturellen Geschäftsverhandlungen. In: Theo Bungarten (Hg.): Sprache und Kultur in der interkulturellen Marketingkommunikation. Tostedt, 215–230.

Tillmann, Hans-Guenther/Mansell, Phil (1980): Phonetik: lautsprachliche Zeichen, Sprachsignale und lautsprachlicher Kommunikationsprozeß. Stuttgart.

Tophinke, Doris (2000): Autonome Aspekte gesprochener und geschriebener Sprache. Theoretische Überlegungen und empirische Befunde. In: Sprache und Literatur 85, 3–22.

Tucholsky, Kurt (1961): Gesammelte Werke. Bd. 2. Reinbek.

Uhmann, Susanne (1991): Fokusphonologie. Eine Analyse deutscher Intonationskonturen im Rahmen der nicht-linearen Phonologie. Tübingen.

Uhmann, Susanne (1992): Contextualizing Relevance: On Some Forms and Functions of Speech Rate Changes in Everyday Conversation. In: Auer/di Luzio (eds.), 297–336.

Uhmann, Susanne (1993): Das Mittelfeld im Gespräch. In: Marga Reis (Hg.): Wortstellung und Informationsstruktur. Tübingen, 313–354.

Uhmann, Susanne (1996): On rhythm in everyday German conversation: beat clashes in assessment utterances. In: Couper-Kuhlen/Selting (eds.), 303–365.

Uhmann, Susanne (1996a): Nur ein Sturm im Lexikonglas: Zur aktuellen Verbstellungsvariation in *weil*-Sätzen. In: Wuppertaler Arbeitspapiere zur Sprachwissenschaft 13, 1–26.

Uhmann, Susanne (1997): Selbstreparaturen in Alltagsdialogen: Ein Fall für eine integrative Konversationstheorie. In: Schlobinski (Hg.), 157–180.

Unger, Frank (1989): Die Implizitheit des kommunikativen Sinns von dialogischen Kurzäußerungen. In: Margot Pätzold/Petra Lindemann (Hgg.): Kommunikationstagung 1989. = Ling. Studien, Reihe A, Bd. 199. Berlin, 154–163.

Vachek, Josef (1989): Written Language Revisited. Amsterdam, Philadelphia.

Vahl-Seyfarth, Ellen (1987): Das unbestimmte Subjekt in gesprochener Sprache. Tübingen.

Vallar, Guiseppe/Shallice, Tim (eds.) (1990): Neuropsychological impairments of short-term memory. Cambridge etc.

Wackernagel-Jolles (1971): Untersuchungen zur gesprochenen Sprache: Beobachtungen zur Verknüpfung spontanen Sprechens. Göppingen.

Wackernagel-Jolles, Barbara (1973): „Nee also, Mensch, weißt du ...“. Zur Funktion der Gliederungssignale in der gesprochenen Sprache. In: Dies. (Hg.), 159–181.

Wackernagel-Jolles, Barbara (Hg.) (1973): Aspekte der gesprochenen Sprache. Deskriptions- und Quantifizierungsprobleme. Göppingen.

Wahmhoff, Sibylle (1981): Die Funktionen der Paraphrase in gesprächspsychotherapeutischen Beratungen. In: DS 9, 97–118.

Wahmhoff, Sibylle/Wenzel, Angelika (1979): Ein *hm* ist noch lange kein *hm* – oder – Was heißt klientenbezogene Gesprächsführung? In: Jürgen Dittmann (Hg.): Arbeiten zur Konversationsanalyse. Tübingen, 258–297.

Wallbott, Harald (1988): Gesprochenes und Ungesprochenes. Die Rolle verschiedener Verhaltensmodalitäten in Urteils- und Eindrucksbildung. In: Helma Behme (Hg.): Angewandte Sprechwissenschaft. = ZDL Beiheft 59, 209–222.

Weber, Heinz (1984): Du hast keine Chance, aber nutze sie! Sprachfindung als Identitätsproblem. In: Spricht die Jugend eine andere Sprache? Heidelberg, 55–124.

Wegener, Heide (1993): *weil – das hat schon seinen Grund*. Zur Verbstellung in Kausalsätzen mit *weil* im gegenwärtigen Deutsch. In: DS 21, 289–305.

Wegener, Philipp (1885): Über die Grundfragen des Sprachlebens. Halle.
Weigand, Edda (1993): Mündlich und schriftlich – ein Verwirrspiel. In: Löffler (Hg.) Bd. 1, 137–150.
Weinert, Regina (2000): Satzbegriff, Einheiten und Verbindungen in gesprochener Sprache. Syntax oder Diskurs? In: Sprache und Literatur 85, 75–96.
Weingarten, Rüdiger (1990): Reformulierungen in der Gesprächspsychotherapie. In: Konrad Ehlich u.a. (Hgg.): Medizinische und therapeutische Kommunikation. Opladen, 228–240.
Weiss, Andreas (1975): Syntax gesprochener Gespräche. Einflüsse von Situation und Thema auf das Sprachverhalten. Düsseldorf.
Weiss, Andreas E. (2000): Satzverknüpfung in erzählenden Passagen des Israel-Corpus. In: Betten/Du-nour (Hgg.), 271–310.
Wenzel, Angelika (1981): Funktionen kommunikativer Paraphrasen. Am Beispiel von Gesprächen von Bürgern und Beamten im Sozialamt. In: Schröder/Steger (Hgg.), 385–401.
Werlen, Iwar (1984): Ritual und Sprache. Zum Verhältnis von Sprechen und Handeln in Ritualen. Tübingen.
Wessely, Gerda (1981): Nebensätze im spontanen Gespräch. Wien.
Weydt, Harald (Hg.) (1979): Die Partikeln der deutschen Sprache. Berlin, New York.
Weydt, Harald (Hg.) (1983): Partikeln und Interaktion. Tübingen.
Weydt, Harald (1989): Sprechen mit Partikeln. Berlin, New York.
Weydt, Harald (1993): Was ist ein gutes Gespräch? In: Löffler (Hg.), Bd. 1, 3–19.
Wichter, Sigurd (1980): Die Abfolge aus Nominalphrase und Satz als Einheit des gesprochenen Deutsch. In: ZGL 8, 34–50.
Williams, Carl E./Stevens, Kenneth N. (1982): Akustische Korrelate diskreter Emotionen. In: Scherer (Hg.), 307–325.
Willkop, Eva Maria (1988): Gliederungspartikeln im Dialog. München.
Winkler, Christian (1969): Der Einschub. In: Ulrich Engel u.a. (Hgg.): Festschrift für Hugo Moser zum 60. Geburtstag. Düsseldorf, 282–295.
Wolf, Norbert Richard (1985): Pragmatische Elemente in der Grammatik der deutschen Gegenwartssprache. In: Erwin Koller/Hans Moser (Hgg.): Studien zur deutschen Grammatik. Festschrift für Johannes Erben. Innsbruck, 395–412.
Wolf, Ricarda (1997): Zur stilistischen Relevanz intonatorischer Kontrastierung beim Formulieren. In: Selting/Sandig (Hgg.), 44–93.
Wunderlich, Dieter (1976): Studien zur Sprechakttheorie. Frankfurt/M.
Wunderlich, Dieter (1988): Der Ton macht die Melodie – Zur Phonologie der Intonation des Deutschen. In: Hans Altmann (Hg.): Intonationsforschungen. Tübingen, 1–40.

Zahn, Günther (1991): Beobachtungen zur Ausklammerung und Nachfeldbesetzung in gesprochenem Deutsch. Erlangen.
Zifonun, Gisela/Hoffmann, Ludger/Strecker, Bruno (1997): Grammatik der deutschen Sprache. 3 Bde. Berlin, New York.
Zimmermann, Gerhard (1987): Phonetische und paralinguistische Beobachtungen zur fiktionalen preußischen und sächsischen Offizierssprache. In: ZDL 54, 28–60.
Zimmermann, Heinz (1965): Zu einer Typologie des spontanen Gesprächs. Syntaktische Studien zur baseldeutschen Umgangssprache. Bern.
Zumthor, Paul (1990): Einführung in die mündliche Dichtung. Berlin.

Sachregister (mit sinnentsprechenden Stellen)